지 중 해
시돈
다메섹
다메섹
(다마스쿠스)
아람
헤르몬산
두로
단
갈릴리
갈릴리 바다
바산(고원지대)
아르곱
그술
나사렛
므깃도
길르앗라못
사마리아
사마리아
세겜
실로
브니엘
암몬
랍바(암몬)
헤스본
벧엘
미스바
기브온
여리고
길갈
예루살렘
베들레헴
유다
유다 산지
염 해
(사해)
헤브론
아스글론
가사
블레셋
그랄
브엘세바
아말렉
모압
미스바
(길하레셋)
그데못광야
소금골짜기
(싯딤골짜기)
네 게 브
브엘라해로이
에돔
아라바
바란광야
가데스바네아
성경2.0 지도 기호
▲ 산
○ 도시(불확실한 위치)
● 도시
● 주요도시
— 바다, 강, 호수 : 파란색 글씨
— 고대 근동 국가, 지역 : 보라색 글씨
— 평야, 산지 골짜기 : 녹색 글씨

성경2.0 지도 기호
산
도시(불확실한 위치)
도시
주요도시, 지명
교회(요한계시록 7교회)
바다, 강, 호수 : 파란색
고대 근동 국가, 지역 : 보라색
고원, 산맥, 광야 : 녹색
현대 지명 : 빨간색
흑 해
지 중 해
에게해
티레니아해
아드리아해
홍 해
<리비아>
<이집트>
애굽
<시리아>
<이라크>
<이란>
<터키>
<요르단>
<쿠웨이트>
쿠웨이트
<사우디아라비아>
시로-아라비아
메소포타미아
바벨론
바그다드
니느웨
아수르
갈그미스
하란(밧단아람)
안디옥
다메섹
다마스쿠스
예루살렘
가사
시내 반도
미디안
에돔
모압
암몬
아모리
앗시리아
바빌로니아
수메르
갈대아
우르
수사
엘람
갈라디아
갑바도기아
루가오니아
이스탄불
(비잔티움)
에베소
서머나
버가모
두아디라
사데
빌라델비아
라오디게아
골로새
고린도
아덴(아테네)
빌립보
데살로니가
시실리아
누 비 아
상부 이집트
하부 이집트
알렉산드리아
구레네

성경통독을 위한 최고의 자습서

성경 The Bible 2.0

3 여호수아, 사사기, 룻기

성경2.0 성경 통독을 위한 고품격 성경만화

글 김동순 | **그림** 배광선 | **감수** 문학진

초판 1쇄 발행 2013년 9월 5일
초판 20쇄 발행 2024년 2월 20일

발행처 (주)CMcreative
발행인 이길우
책임 편집 오경희
CG 장유미, 신선영
그림 스탭 이상일, 강지선
표지 디자인 송우진
본문 편집 디자인 SONBOM 민하늬, 김원경, 강현아
마케팅 김돈영
제작 지원 정선숙
인쇄 미래피앤피 최영민

등록번호 제387-2012-000039호
등록일자 2012.6.12

주소 경기도 고양시 덕양구 청초로66 덕은리버워크 A819호
전화 032-325-2181(편집부), 032-325-9600(영업부) | **팩스** 032-325-3181

ISBN 978-89-97923-04-5
ISBN 978-89-97923-01-4(세트)

책값은 표지에 있습니다.
잘못된 책은 구입하신 곳에서 교환해 드립니다.

성경2.0 공식 블로그 http://blog.daum.net/cmcm2012(Daum 블로그 검색: 성경2.0)

성경통독을 위한 최고의 자습서

성경 The Bible 2.0

❸ 여호수아, 사사기, 룻기

김동순 글 | 배광선 그림 | 문학진 감수

CM creative

오랜 세월을 빚어 내놓은 《성경2.0》

2004년에 하나님을 믿게 된 후, 당시 다니던 온누리교회의 구내 서점에서 제 수준에 맞는 책을 찾아보았습니다. 이제 막 하나님을 알아 가기 시작한 제 눈에 들어온 것은 성경 만화책들이었는데, 대부분이 어린이를 대상으로 한 것이었습니다. 내용 또한 성경 전체를 다룬 것은 찾아보기 힘들고, 흥미를 끄는 성경 속 사건 위주의 책들이 많았습니다. 주중의 가족 단위 성경공부 모임에서도 성경의 한 부분씩 따로따로 다루는 형식이어서 성경 전체를 알고 싶은 열망이 있었던 제게는 아쉬움만 남겨주었습니다.

대략적이라도 성경 전체를 알고 싶었습니다. 그래서 성경을 일독하기로 마음먹었습니다. '표준새번역' 성경은 엄두가 나지 않아 '쉬운성경'을 읽기 시작했습니다. 틈틈이 읽다 보니 1년 정도 걸리더군요. 그런데 머리 속에 남는 것이 거의 없었습니다. '쉬운' 성경이라지만 읽는 도중에 무슨 뜻인지 이해되지 않아서 계속 같은 자리만 읽었던 경우도 자주 있었습니다. "40이 넘은 나이에도 하나님 말씀 이해하기가 이렇게 어렵다니 원……."

그 전부터 만화책을 전문적으로 만들고 있었던 저는 그때부터 제대로 된 성경 만화를 만들어 보자는 생각을 자연스레 가지게 되었고, 차츰 구상에 들어갔습니다. 2007년에 김동순 작가를 만나면서 제 구상은 구체화되기 시작했고, 2008년부터 본격적으로 제작에 들어갔습니다.

"성경의 의미를 훼손하지 않는 범위 안에서 '최대한 쉽게' '성경의 모든 것'을 담자!"

열정 하나만 가지고 의욕적으로 시작했지만 일은 예상했던 것보다 훨씬 방대했습니다. 몇몇 사람이 단 시간에 할 수 있는 일이 아니었습니다. 일의 진도는 느렸고, 어디서부터 손을 대야 할지 난감할 정도로 많은 문제를 안고 있었습니다. 출간 일정이 여러 번 미뤄지고 수정과 재작업이 반복되었습니다. 모든 시나리오가 몇 번에 걸쳐 수정되고 다시 쓰였는지 모릅니다. 1권 창세기 편은 아예 그림을 다시 그리기까지 했습니다.

이 일을 계속 진행해야 하나 회의가 드는 위기도 있었습니다. 그런 우여곡절 끝에 7년의 인고의 세월을 안고 이 책을 세상에 내놓게 되었습니다. 그러나 기대보다 많은 걱정이 앞섭니다. 미흡한 부분이 많을 거라 생각합니다. 애정 어린 질책을 당부드릴 뿐입니다.

이 책이 나오기까지 애써주신 문학진 목사님 이하 모든 스태프 분들께 감사드립니다. 특히 긴 시간 동안 시나리오를 맡아 애써준 김동순 작가, 어려운 여건 속에서도 정말 훌륭한 그림을 그려준 배광선 작가께 진심을 담아 감사함을 전합니다.

마지막으로 이 책이 나오기까지 늘 지켜봐주시고 용기를 주신 하나님께 이 모든 영광을 드립니다.

이길우

쉽게 정상을 차지할 수 없는 '성경'이라는 산을 오르며

《성경2.0》은 재미있는 에피소드 위주로 된 기존의 성경 만화와는 많이 다릅니다. 난해한 <레위기><욥기>는 물론 예언서들까지 성경의 모든 책을 다루고 있으며, 성경과 똑같이 '장'으로 구분해서 독자들이 읽어 내려가며 성경과 직접 비교할 수 있도록 되어 있습니다. '성경2.0'이라는 제목이 무색하지 않을 만큼 성경과 유사합니다.

저는 제가 이 일을 하기에 충분히 준비되었다고 생각했습니다. 나름 목회자의 아들이고, 오랜 시간 동안 교회에 헌신하며 신앙생활을 한 기독교인 중의 기독교인으로 살았다고 자부했기 때문입니다. 게다가 수많은 자료들과 든든한 인터넷이라는 정보의 바다가 있으니 두려울 것이 없었습니다. 하지만 좌절감을 느끼기엔 그리 많은 시간이 걸리지 않았습니다.

성경을 읽는 것은 험난한 산을 등반하는 것과 같습니다. 많은 사람들이 의욕적으로 도전하지만 쉽게 정상을 차지할 수 없는 산입니다. 처음 <창세기>를 접하면 이제 막 산을 오르는 기분도 들고 초입이라 기대감도 있습니다. 무엇보다 에피소드 위주라 읽기가 편합니다. <출애굽기>는 모세가 바다를 가르는 장면에서 스릴감과 스펙터클도 느낄 수 있지요. 하지만 <출애굽기> 다음에 나오는 <레위기>에서 모두들 절망이 무엇인지 경험하게 됩니다. <레위기>는 마치 거대한 절벽을 마주했을 때처럼 우리를 막막하게 합니다. 여기서부터 시작된 정신 붕괴는 그동안 쌓인 수많은 낯선 지명과 인물들, 여러 민족의 역사와 문화에 대한 이해 부족과 어우러져 극대화되어 결국 성경 읽기를 포기하게 합니다. 저 또한 얼마나 숱하게 이 등정을 포기했는지 모릅니다.

그리고 이번에도 기세등등하게 《성경2.0》의 등정을 시작했지만 성경이란 산은 너무 높고 가팔랐으며 매서웠고 저는 아직도 충분히 준비돼 있지 않았습니다. 그동안 꽤 많이 알고 있다고 생각했던 성경 지식은 금방 바닥났고, 이해의 부족과 표현의 한계로 몇 번이나 쉬다 미끄러지고 굴러 떨어졌습니다. 그리고 저는 깨달았습니다. 이건 내가 할 수 없는 일이구나. 무지무능해서 용감했을 뿐이었구나.

제가 할 수 있는 건 하나님을 붙드는 일뿐이었습니다. 그것밖에 할 수가 없었습니다. 그렇게 7년 동안 하나님께 매달린 결과 드디어 《성경2.0》이 나오게 되었습니다. 무어라 표현할 수 없을 정도로 감개무량합니다. 그저 감사할 뿐입니다.

지면을 빌어 다시 한 번 감사드리고 싶은 분들이 계십니다. 사랑하는 부모님, 최고의 동역자인 이길우 대표님, 수준 높은 작화를 보여주신 배광선 작가님, 감수의 수고를 마다하지 않으신 문학진 목사님과 그 외 많은 분들께 감사드립니다. 그리고 무엇보다 부족한 저를 붙들고 이 일을 할 수 있도록 동행해 주신 하나님, 감사합니다! 사랑합니다!

김동순

그림 작가 머리말

열정과 인내로 빈 항아리를 채워 가며 만든 《성경2.0》

인연이란 우연히 찾아오는 것 같습니다. 성경을 제대로 된 만화로 출간해 보자는 제안에 막막했던 4년 전이 생각납니다.

"성경?"

믿음, 소망, 사랑, 빛과 소금 같은 어디선가 많이 봐온 성경 구절들, 또 구약성경의 여러 가지 재미있는 에피소드들이 제가 알고 있는 성경 지식의 전부였습니다. 물론 서양 역사에 절대적인 영향력을 행사해 온 기독교의 경전이니만큼 서구 문화를 이해하는 많은 키워드를 품고 있을 거라는 기대감은 품고 있었습니다. 작가로서 방대한 역사와 에피소드가 담긴 세계 최고의 베스트셀러를 한번쯤 봐두면 도움이 되겠다는 생각은 있었지만 작업을 시도할 엄두는 내지 못했습니다.

그러나 뜻밖의 기회가 찾아왔고, 저는 '그래, 이참에 제대로 성경공부 한번 해보자!'라는 아주 단순한 마음으로 이 작업을 시작하게 되었습니다.

세상 모든 일이 그렇듯 막상 작업을 시작하고 보니, 아는 것보다 알아야 할 것들만 가득한 제 무지의 항아리를 들여다보게 되더군요. 빈약한 성경 지식을 다급히 채워 보려 했지만 짧은 시간 안에 성경을 제대로 이해하고 그림으로 그려낸다는 것은 무리임을 곧 깨닫게 되었지요. 그래서 무지에서 시작된 1권의 그림을 전부 폐기하고 다시 작업하는 힘든 결단의 시간도 필요했습니다.

결국 《성경2.0》의 한 컷 한 컷을 그려가는 과정이 제게는 곧 성경을 이해하고 알아가는 과정이 되었습니다. 제대로 된 고증을 위해 자료를 찾고 또 찾았습니다. 옷차림, 천막, 저울, 물 항아리 하나까지 자료를 찾아서 그 시대를 제대로 담고자 노력했으며, 등장인물들의 마음과 그 의미를 생생하게 전달하고자 수없이 지우개질을 거듭했습니다.

《성경2.0》을 작업하는 과정은 열정과 인내심을 필요로 하는 힘겨운 시간이기도 했지만, 성경에 대해 조금씩 빈 항아리를 채워가는 나의 모습과 이 '인연'이 제 인생에 하나의 전환점이 되리라는 기대로 너무나 행복한 시간이었습니다.

성경이 "가장 널리 알려진, 그러나 가장 덜 읽혀진 책"이란 말을 들어본 적이 있습니다. 기독교 신자가 아닌 사람도 성경책을 모르는 사람은 없을 테고, 어느 집에나 한 권쯤은 있기 마련이니 '가장 널리 알려진' 책임은 분명한 듯합니다. 또 제 주변에서 '성경은 어렵더라' '성경 어디까지는 읽어봤는데……'라는 말들이 들리는 걸로 봐서 '가장 덜 읽혀진 책'이란 말 또한 맞는 모양입니다. 저 역시 이 작업을 하기 전까지는 어린 시절 누나(지금은 목사가 되셨지요.)의 책장 한 곳을 차지했던 성경의 <창세기>만을 읽어 본 것이 전부였으니 말입니다.

성경이 '제대로 읽혀진 책'이 되는 데 《성경2.0》이 큰 도움이 되리라 확신합니다. 그동안 많은 조언을 주고 고생을 같이 한 이길우 대표님과 김동순 작가님, 감사합니다. 특히 긴 시간 고행 같은 작업을 함께해주신 이상일, 강지선 작가님, 서관석 선생님께 감사의 인사를 전합니다.

배광선

성경을 '만화'로 접근하고, 이해하고, 기억하기

근대 교육의 창시자로 알려진 J. A. 코메니우스는 그의 저서 《세계도회(世界圖繪)》(Oribis Sensualium Pictus)에서 새로운 언어학습법을 개발해 효과적으로 라틴어를 배울 수 있는 방법을 제시했다. 언어와 그것이 나타내는 사물을 함께 보여주어 보다 재미있게 언어를 익힐 수 있는 그림 교수법으로, 감각적 경험이 주는 교육의 효과를 적용한 것이다. 오늘날 유아들에게 글자를 쉽게 익히게 하기 위해 사용하는 그림책의 효시라고 볼 수 있다.

이런 맥락에서 만화는 전달하려는 내용을 보다 쉽게 이해시키고 오랫동안 기억에 남게 하는 장점을 가졌다고 볼 수 있다. 만화는 흥미로우며, 쉽게 접근할 수 있고, 여간해서 싫증을 느끼지 않는다는 장점이 있다. 이런 이유 때문에 남녀노소 모두 만화를 좋아하는 것 같다.

그동안 성경은 모든 사람들에게 신앙과 지성에 있어 매우 귀중한 책임에도 불구하고, 그 내용이 어려워 이해하기 힘들다는 이유로 선뜻 손에 집거나 혹 집어 든다 해도 처음부터 끝까지 통독하기가 쉽지 않았다. 이런 상황에서 이번에 발간된 《성경2.0》은 신앙인은 물론 비신앙인에게도 아주 유익할 것이라 생각된다. 재미있으면서도 충실한 내용으로 인해 성경 내용을 쉽게 파악할 수 있음은 물론 기억에도 오래 남을 수 있기 때문이다.

《성경2.0》의 감수를 부탁받고 성경신학을 전공하지 않았다는 점에서 망설임도 있었다. 그러나 기독교육을 전공한 사람으로서 어떻게 하면 학습자로 하여금 기독교교육의 내용인 성경을 쉽게 이해하고 기억하게 해 그 말씀대로 살도록 도울 수 있을까 고민해 왔기 때문에 오히려 기쁜 마음으로 참여하게 되었다.

《성경 0》의 주된 목적은 성경 내용을 쉽게 전달하고 오랫동안 기억하게 해 실천하는 신앙인으로 성장하도록 돕는 데 있다. 그래서 작가와의 대화를 통해, 가급적 성경 내용 전달에 충실하고, 불가피하게 해석을 요하는 부분은 'tip'으로 처리해 독자들로 하여금 더 깊이 묵상하도록 돕는 데 초점을 맞추었다.

감수자로서 작은 소망이 있다면, 《성경2.0》의 기획 의도대로 많은 사람들이 이 책을 부담 없이 손에 집어 들어 읽기 시작해 성경의 내용을 큰 어려움 없이 이해하고, 그것을 또 오래도록 기억하는 것이다. 그리하여 성경이 말하는 하나님을 제대로 알고, 하나님이 원하시는 뜻을 실천하면서, 하나님이 이 세상을 처음 창조하셨을 때처럼 아름다운 세상으로 회복시켜 나가는 일에 힘쓰며 살아가게 되기를 소망한다.

문학진 목사

여호수아

여호수아

에브라임 지파의 지도자로 12명의 가나안 정탐꾼 중 한 명이었다.
모세가 죽고 그의 후계자가 되어 이스라엘 백성을 이끌고 요단 강을 건너
여리고, 아이, 예루살렘, 헤브론 등 여러 성을 정복해 가나안 땅을 되찾았다.

갈렙

유다 지파의 지도자로 12명의 가나안 정탐꾼 중 한 명이었다.
여호수아와 함께, 그러나 보이지 않은 곳에서 협력한 숨은 일꾼이었다.
모세가 12지파의 대표를 가나안 땅에 보내어 정탐할 때 갈렙은 여호수아와 함께
가나안 정복에 대한 확신과 승리를 예언했다.

라합

이방인(여리고) 출신의 기생. 라합은 이스라엘 백성과 함께하시는
하나님에 대한 소문만으로 하나님을 믿었고 그 믿음으로 여리고 성이
정복당할 때 구원을 얻었다. 그녀의 후손 보아스는 룻과 결혼하여 증손자로
다윗을 낳고, 예수 그리스도의 조상이 되었다.

사사기

옷니엘

첫 번째 사사. 갈렙의 조카이자 사위로 가나안 정복 전쟁 때 크게 활약했다.
그는 이스라엘이 하나님의 진노로 메소포타미아의 왕 구산 리사다임에 의해
고통을 당할 때 그들을 구원했다.

에훗

왼손잡이 에훗이라 불렸던 그는 오른손을 못 쓰던 지체장애인이었다.
그는 모압의 왕 에글론을 왕의 다락방에서 암살하고
이스라엘의 군대를 동원하여 모압을 물리쳤다.

드보라

유일한 여자 사사. 군사지도자 바락과 함께 이스라엘의 군대를 일으켜,
가나안의 왕 하솔의 군사령관 시스라의 군대를 물리쳤다.

기드온

미디안에 압제를 당하고 있을 때 여호와의 명령을 받아 군사 300명을 이끌고 미디안 연합군의 대군을 물리쳤다. 그러나 백성에게 받은 금으로 에봇(제사장이 입는 소매 없는 짧은 겉옷)을 만듦으로써 백성이 에봇을 섬기는 죄를 짓게 하였다.

입다

암몬의 압제를 받을 때 길르앗 장로들의 요청에 의해 사사가 되었다. 급박한 전시로 인해 하나님의 부르심이 아닌 인간적인 방식으로 사사의 직분을 맡게 되었음에도 하나님은 입다와 함께하셔서 암몬을 물리칠 수 있었다.

삼손

나실인이며 성령의 감동으로 영웅적인 힘을 얻은 사사. 그는 용맹스럽게 블레셋을 대항해 싸웠으나 들릴라의 유혹에 빠져 힘을 잃고 노예로 전락한다.

룻기

룻

사사 시대에 살았던 모압 여인으로 남편이 죽은 뒤 시어머니와 함께 베들레헴으로 이주했다. 다윗의 고조할머니로 훗날 그녀의 후손 가운데 예수 그리스도가 태어나게 된다.

나오미

베들레헴 에브랏 사람 엘리멜렉의 아내이자 룻의 시어머니이다. 그녀의 중보를 통해 룻과 보아스가 결혼하고 그들 사이에서 다윗의 조부 오벳이 태어나게 된다.

보아스

베들레헴 사람으로 엘리멜렉과 친척 관계에 있었다.
궁핍함에 처한 룻에게 호의를 베풀 만큼 동정심과 깊은 배려를 지닌 인물로, 룻과 결혼하여 예수 그리스도의 조상이 된다.

《성경2.0》을 더 재미있고 더 유익하게 읽기 위해

이 책의 기본적인 제작 방향은 "성경의 의미를 훼손하지 않는 범위 안에서 최대한 쉽게"입니다. 또한 그림으로 표현, 만화 연출, 장면 전환, 한정된 페이지 등 만화의 특성에 맞춰 제작되었습니다.

이 책은 성경과 완전히 똑같을 수는 없습니다. 반복되는 이야기는 하나로 압축시키고, 너무 어려운 문장은 쉽게 풀고, 복잡하고 긴 이야기는 간단하게 요약했습니다. 또한 매끄러운 진행을 위해 순서를 바꾸기도 했으며, 이해가 어려운 부분은 단어나 문장을 교체하거나 추가해서 이해를 돕도록 했습니다.

그런 모든 과정의 목적은 단 하나, **성경을 쉽게 이해하기 위해서입니다.** 이 책은 독자들이 성경을 가장 쉽게, 그러면서도 제대로 알게 해주는 길잡이 역할을 할 것입니다.

이 책은 아주 쉽게 성경을 풀었지만, **성경과 각 장을 비교하면서 봐도 무방할 정도로 성경에 충실하게 만들어졌습니다.** 그동안 성경 읽기에 어려움을 느꼈던 많은 분들에게 하나님의 소중한 말씀을 신나고 즐겁게 전해드릴 것입니다.

❶ 본문의 이해를 돕기 위해서
중간 중간에 팁을 활용했어요.

tip 한 번만 더

이 장면은 마치 하나님과 흥정하는 듯한 느낌을 주는데, 이런 태도는 바람직하지 못하다. 그럼에도 하나님께서 아브라함의 간구를 들어주신 이유는 아브라함이 단지 소돔에 살고 있는 조카 롯뿐만 아니라 소돔과 고모라의 모든 사람들을 구원하기 위해 애타게 기도했기 때문이다.

❷ 지난 내용이 기억나지 않는다면
Link에 표시된 페이지로 가보세요.

아브라함 때 들었던 흉년 Link 1권 45p 이 또다시 찾아들었어.
비가 오질 않아…
그랄을 거쳐 이집트로
가야겠어.

❸ 이해를 돕기 위한 짧은 글은
해당 컷 아래쪽에 주석(보라색)으로
들어가 있습니다.

나중에 나온 아이는 손으로 에서의 발꿈치를 붙잡아서 이름을 야곱이라 지었지.

※야곱 : '발꿈치를 붙잡다'라는 뜻.

❹ 책의 날개에는 각 단원 표시가 있습니다.

창세기
하나님은 그 제물을 기쁘게 받으시고 스스로 다짐하셨어.
다시는 사람 때문에 땅을 저주하지 않으리라!

❺ 이 책은 성경 각 책의 '장'까지 표시되어
있어서 성경과 비교해 가며 볼 수 있습니다.
만화의 특성상 '절'까지 표시하지는 못했습니다.

21장 이삭의 출생
하나님께서 말씀하신 대로 사라를 돌보셨고,

❻ 이야기의 원활한 흐름을 위해 각 단원
사이에 다른 단원의 내용이 들어가며,
그것은 이렇게 표시됩니다.

그리고 헤만과 에단(여두둔)과 다른 레위 사람들도 함께 기브온에 올라 하나님을 찬양하는 일을 하게 됐지.
뿌우우우~
그분의 사랑은 영원할 것이다~!
역대상 16장 41~42절

예) 사무엘하의 내용 진행 중에 역대상 내용이 사이사이에 들어갑니다.

❼ 앞서 나왔던 주석이라도 이해를 돕기 위해 반복해서 다시 나옵니다.

여호수아

●라합

이방인 (여리고) 출신의 기생. 라합은 이스라엘 백성과 함께하시는 하나님에 대한 소문만으로 하나님을 믿었고 그 믿음으로 여리고 성이 정복당할 때 구원을 얻었다.
그녀의 후손 보아스는 룻과 결혼하여 증손자로 다윗을 낳고, 예수 그리스도의 조상이 되었다.

짐작했겠지만 여호수아서는 이 책의 중심인물인 여호수아의 이름을 따라 지은 거야.
후훗~
바로 이 책의 주인공이 나란 말씀~

민수기에서는 조연이더니 출세하셨네.
단역 아니었어?
휘청

참 그런데 이 여호수아서는 누가 쓴 건가요?
아, 그건 말이다… 그러니까… 음….
바보. 당연히 여호수아 아저씨가 썼겠지~

여호수아가 죽고 난 후에 발생한 일들도 기록되어 있는 걸 보면, 이 책의 뒷부분은 다른 사람이 썼다고 여겨지고 있어.
엥, 정말요?
내가 활약하던 사사 시대에 완성되었지.
옷니엘
자넨 출연하려면 아직 멀었어. 저리 가.
여호수아서는 어떻게 이스라엘 백성들이 약속의 땅 가나안에 들어갔으며, 그곳을 어떻게 정복했는지에 대한 이야기를 들려주고 있어.
사실 이스라엘이 가나안 땅을 점령할 수 있었던 것은 강한 군사력 때문이 아니야.
40년 간 광야를 떠돌던 이스라엘의 군사력은 정말 보잘것없었지.
집도 절도 없는 난민이었으니까 뭐.
이집트에서도 일만 하던 노예였잖아.
그렇게… 떠돌던 난민들이 어떻게 가나안 땅을 정복할 수 있었을까?
꼬불쳐 둔 비밀무기 같은 게 있지 않았을까?
그렇지. 비밀무기가 있었다고 할 수 있지.

tip 사사 시대란?

이집트를 탈출하여 광야를 떠돌던 때를 '출애굽 광야 시대(B.C.1446-1405년)'라고 하고, 가나안에 들어가서 전쟁을 하던 때를 '정복 시대(B.C.1405-1390년)'라고 하는데 여호수아는 출애굽 광야 시대와 정복 시대의 사람이다. 정복 시대 이후를 '사사 시대(B.C.1390-1050년)'라고 하는데 가나안 땅에 들어간 후 사사들이 다스렸다 해서 사사 시대라고 한다. 옷니엘은 사사 시대의 첫 번째 사사이다.

큰 성의 성벽이 어이없이 무너진다거나… 흐르던 강물이 멈춘다거나… 전쟁 중에 태양이 지지 않고 그 자리에 머물러 있는 등의 기적이 있었지.

이스라엘 백성의 비밀무기는 바로 하나님이야. 가나안 땅을 주시겠다고 약속하신 하나님은 이렇게 그 약속대로 이스라엘 백성을 인도하시고 도와주셨던 거야.
와우~ 그렇구나.
하나님만큼 위력적이고 든든한 비밀무기는 없지.
자, 그럼 할리우드 블록버스터 영화보다 더 스펙터클한 여호수아서 속으로 들어가 보자.
비밀무기의 위력이 기대돼.
빨리 가요!

1. 가나안을 정복하다

1장 하나님의 명령

모세가 죽고 난 후, 보좌관이던 여호수아가 이스라엘 백성의 지도자가 됐어.
이제 우승… 아니 이스라엘 백성을 인도할 사람은 바로 자넬세.
헉
헉
탁
이제 푹 쉬세요!
여호와께서 새 지도자 여호수아에게 말씀하셨지.
이제 너는 이스라엘의 모든 백성들을 이끌고 요단 강을 건너가 내가 주는 땅으로 가거라! 모세에게 약속한 대로 나는 너희 발바닥이 닿는 곳을 다 너희에게 줄 것이다!
강 너머 저곳이 하나님께서 우리 조상들에게 약속한 땅 가나안이다.

※요단 강 : 가나안 땅을 가로 지르는 강으로 동쪽과 서쪽을 구분해준다.

남쪽의 광야에서부터 북쪽의 레바논까지, 동쪽의 유프라테스 강에서 서쪽의 지중해에 이르기까지, 그리고 헷 사람들의 땅도 모두 너희가 차지할 것이다!
우와, 이 넓은 땅이 모두 우리 거라고?
경사났네~
레바논
유프라테스 강
아람
아모리
지중해
다메섹
에돔
예루살렘
모압
아라비아 사막
남쪽 광야 (네게브)
에돔
내가 모세와 함께했던 것처럼 너와 함께 있을 것이다. 또한 네가 살아 있는 동안 너를 막을 사람이 아무도 없을 것이다!
너무 무서워서 미쳤냐?
아가들아, 좋은 말할 때 꿇어라. 응.
요놈이 뭘 믿고…?
한 방이면 떡이 될 놈이!
모세에게 준 율법을 지켜 왼쪽이나 오른쪽으로 치우치지 말고 그대로 지켜라! 또한 율법책에 씌어 있는 것을 밤낮으로 소리 내어 읽도록 하여라!
너라면 할 수 있어!
"말씀대로 하면 하는 일이 잘 되고 성공할 것"이라고 하셨지~

※헷 : 가나안 7족속인 가나안, 헷, 히위, 브리스, 기르가스, 아모리, 여부스 족속 중의 대표적인 족속.

tip 격려하시는 하나님

모세가 죽은 다음, 이스라엘 백성을 가나안으로 인도해야 할 사명을 받은 여호수아에게는 부담감과 두려움이 많았을 것이다. 하나님은 여호수아를 격려하시고 모세와 했던 약속을 여호수아에게도 동일하게 하셨다. 이는 새 지도자 여호수아에게 용기를 북돋아주기 위한 것이었다. 하나님은 또한 가나안 정복에 앞서 여호수아가 지켜야 할 것(율법을 지킴)에 대해서도 말씀해주셨다.

하나님의 격려를 받은 여호수아는 각 지파의 지도자들을 불러서 명령했어.
먹을 음식들을 준비하시오. 앞으로 3일 후면 우리 요단 강을 건너 하나님께서 주신 땅을 차지하게 될 것이오!
오~ 드디어~!!
아자~!!
만세~!!

여호수아는 르우벤 지파와 갓 지파, 그리고 므낫세 절반 지파에게 말했지.
모세님이 약속 Link 2권 209p 하셨던 요단 강 동쪽의 야셀 땅과 길르앗 땅을 줄 것이니, 여러분의 가축과 가족들은 이곳에 남겨두시오.
하지만 여러분 중 싸울 수 있는 사람들은 무장을 하고, 다른 지파의 형제들보다 먼저 요단 강을 건너야 하오.
여러분은 다른 지파의 형제들이 약속한 땅을 얻을 때까지 그들을 도와 싸워야 합니다.
염려 마세요!
우리는 약속을 지킬 겁니다!

무엇이든 당신이 우리에게 명령하신 대로 하겠습니다!
우리가 모세님을 따랐던 것처럼 당신의 말도 따르겠습니다!
하나님께서 모세님과 함께하셨던 것처럼 당신과도 함께하시기를 바랄 뿐입니다!
만약 누구든지 당신의 명령을 따르지 않거나 배반하는 사람이 있다면 그 사람을 죽여도 좋습니다!
아, 알겠소.

2장 여리고 정탐

여호수아는 싯딤에 도착해 두 명의 정탐꾼을 불렀어.
길르앗
요단강
가나안
벧엘
얍셀
랍바
길갈
여리고
싯딤
에스본
예루살렘
베들레헴
부르셨습니까!
척
척
니… 니들이 닌자냐?

※싯딤 : 모압 평야 내에 있는 평지.

너희들은 먼저 강을 건너가서 저 땅을 잘 살피고 오라. 특히 여리고 성을 자세히 살펴보도록!
잘 알겠습니다.
슉
그럼!
아주 가지가지 하는군….
펑

※여리고 성 : 가나안 중앙에 위치했던 여리고 지역의 성으로 반드시 점령해야만 했던 요충지.

두 정탐꾼은 여리고 성 성벽 위에 사는 기생 라합의 집에 들어가 머무르게 됐어.
우린 며칠만 더 있다가 조용히 떠날 거요.
도둑이 아니니까 두려워할 필요 없소.
영락없이 도둑놈 같구만….
엉? 저놈들은 분명?
당장 경찰서…. 아니 왕에게…
그것을 본 사람이 여리고 왕에게 가서 말했지.
왕이시여. 오늘 밤 이스라엘 놈들이 여리고 성을 염탐하기 위해 몰래 들어왔습니다.
뭣?!
그 말을 들은 여리고 왕은 라합에게 사람을 보냈어.
다 알고 왔으니 어서 그 안에 있는 놈들을 내보내!
그들은 이곳을 염탐하러 온 간첩이다!
넷? 아까 우리 집에 왔던 그 사람들이 염탐꾼이라고요?
하지만 그 사람들은 저녁이 되어 성문 닫을 때에 이곳을 떠났어요.
뭐야?!
어디로 갔는지는 모르지만 이제라도 빨리 뒤쫓아 가면 그들을 잡을 수 있을 거예요.
이놈들이!
라합의 말을 들은 왕의 병사들은 정탐꾼을 찾기 위해 성 밖으로 나갔지.
어서 성문을 내려. 빨리 빨리~!
염탐꾼들을 잡아서 승진하자!
타다다다
반드시 잡아야 해!
병사들은 요단 강 나루터까지 추격했고,
뭐야? 이곳까지 왔는데 아무도 없잖아?
헉헉
헉헉
헉
헉헉~ 이게 어떻게 된 거지?
이것들이 닌자처럼…
쳇, 벌써 강을 건너간 건가?
성 안의 사람들은 더 이상 정탐꾼이 못 들어오도록 성문을 닫아버렸어.
이제 쥐새끼 한 마리도 통과하지 못하게 해라!
넵!
쿠웅
찍?!

사실 정탐꾼은 라합의 도움으로 지붕 위에 몰래 숨어 있어서 찾을 수 없었던 거야.
지붕 위에 있던 삼대 밑이면 숨기에 충분하지.
후훗, 은신술을 잘 써먹는군.
정탐꾼들이 잠자리에 들 준비를 할 때, 라합이 지붕 위로 올라왔어.
무슨 일이죠?
하암
드릴 말씀이 있어 왔습니다.
전 여호와께서 이 땅을 당신들의 백성에게 주셨다는 것을 알고 있습니다.
잉? 일급비밀을 어떻게?
40년 동안 떠들고 다녔잖아.
이 땅에 사는 모든 사람들은 당신들 때문에 두려워하고 있습니다. 우리가 무서워하는 여호와께서 당신들을 돕고 있으니까요.
그 정도로 뭘….

※삼대 : 삼 줄기를 말한다. 삼베옷을 만드는 재료.

여호와께서 당신들이 이집트를 나올 때 홍해를 건너게 하신 것 Link 2권 57p 과….
아모리 사람들의 두 왕, 시혼과 옥을 물리쳤다는 사실을 들었습니다.

※시혼과 옥 : 요단 강 동편에서 세력이 가장 컸던 아모리 족속의 두 왕. Link 2권 185p

우리는 여호와께서 하늘과 땅의 하나님임을 알고, 두려워 용기를 잃었습니다. 그러니 여호와 앞에서 제게 약속해주세요.
네? 무슨 약속을요?
공짜는 없다더니 드디어 본색을…?
제가 당신들에게 자비를 베푼 것처럼 당신들도 저와 제 가족에게 자비를 베풀겠다는 증거를 보여주세요.
??
!!
좋습니다. 당신은 우리의 일을 사람들에게 말하지 마시오. 그럼 우리도 목숨을 걸고 당신과 가족들을 살려주겠소.
아~ 정말 감사합니다.

라합은 정탐꾼들이 창문을 통해 밧줄을 타고 내려갈 수 있도록 해주었어.
야, 발 안 치워?
더 망가질 것도 없는 얼굴이구만. 뭐 어때.
산 속으로 들어가 3일 동안 숨어 있으세요. 추격자들이 포기하면 그때 갈 길을 가세요.
당신은 우리가 다시 이곳에 돌아올 때, 이 창문에 붉은 줄을 매어 놓으시오. 그리고 당신의 모든 가족들을 당신의 집 안에 모아두시오.
당신 집 안에 있는 사람 중 한 사람에게라도 손을 대면 우리가 책임을 지겠소.
하지만 누구라도 집 밖에 나갔다가 죽는다면 그건 우리 책임이 아니오.
아, 발 좀 치우라니까.
또한 우리의 약속을 다른 사람이 알게 된다면, 우리도 이 약속에 대해 책임지지 않겠소.
빨리 가자.
턱
정탐꾼들이 성을 떠나자 라합은 창문에 붉은 줄을 매어 놓았지.
정탐꾼들은 라합의 말대로 산에 도착한 다음 3일 동안 그곳에 숨어 있었어.
나의 완벽한 은신술을 눈치 챌 사람은 없겠지?
눈치 못 채면 그게 더 이상하다.
왕의 부하들은 이리저리 정탐꾼들을 찾아다녔지만, 결국 찾지 못한 채 3일 만에 성으로 되돌아갔지.
놈들이 포기한 것 같군.
정탐꾼들은 산을 내려와 요단 강을 건너 여호수아에게 돌아왔어.
여호수아님. 저희 다녀왔습니다.
싯딤
그리고 여호수아에게 가서 그동안 벌어졌던 일을 모두 보고했지.
여호와께서 그 땅 전부를 우리에게 주신 것이 확실합니다.
거기 사는 사람들은 우리 때문에 두려움에 떨고 있습니다.
부르르
흐흐, 그렇다면 게임은 끝났군.

3장 요단 강을 건너는 이스라엘

다음날 여호수아는 아침 일찍 일어나 백성과 함께 싯딤을 떠나 요단 강가로 갔어.
요단 강
낚시 · 수영금지
강물이 많이 불어나 있군.

※싯딤 : 모압 평야 내에 있는 평지로 요단 동편 12km 지점에 위치.

tip 요단 강

보통 때의 요단 강이라면 양쪽 둑 사이의 폭이 약 20~30m, 수심이 3~4.5m, 그리고 강둑의 높이는 4~5m였다. 물의 유입량이 그 이상일 경우에는 당장 강둑이 범람한다. 이런 범람 현상은 봄철에 자주 일어나는데 그 이유는 요단의 주요 세 지류인 '야묵', '얍복', '모드옛'으로부터 흘러 들어오는 물과 레바논 산의 눈이 녹아 강물이 불어나기 때문이다. 물론 강물이 불어나는 일은 해빙기로부터 시작되지만 완연한 봄이 시작되는 4월경에 가서야 절정에 달한다. 특히 이때는 '늦은 비'로 불리는 봄비가 많이 내려 요단 강은 그 어느 때보다도 수심이 깊고 자주 범람했다. 이스라엘이 요단 강에 이른 때가 바로 그랬다.

이스라엘은 강을 건너기 전 진을 치고 강가에 머물렀지.
콰아아아
3일 후, 지도자들이 진영 사이로 돌아다니면서 백성에게 하나님의 명령을 전했어.
제사장들이 여호와의 언약궤를 메고 가는 것을 보면 그 뒤를 쫓아가시오! 언약궤를 쫓아가면 어느 길로 가야 하는지 알 수 있을 것이오! 언약궤를 쫓아갈 때는 약 2,000규빗 정도의 거리를 둬야 합니다!

※2,000규빗 : 약 900m.

여러분은 스스로를 깨끗이 하시오. 바로 내일 여호와께서 놀라운 기적을 행하실 것입니다!
와아아
다음 날, 여호수아가 명령하자 제사장들은 언약궤를 메고 백성 앞으로 나갔어.
제사장들은 언약궤를 메고 먼저 강을 건너십시오!

헉, 지금 저 강을 걸어서 건너겠다고?
저렇게 물살이 거센데….
콰아아아
맙소사, 말도 안 돼.
그때 여호와께서 여호수아에게 말씀하셨지.
오늘 내가 모든 이스라엘 백성이 보는 앞에서 너를 높일 것이다. 내가 모세와 함께했듯이 너와도 함께한다는 것을 백성이 알게 될 것이다!
감사합니다. 하나님.
제사장들은 언약궤를 메고 요단 강가에 도착하면 물 한가운데로 들어가시오!

여호수아

여호수아는 이스라엘 백성에게 하나님의 말씀을 전했어.
모든 백성들은 오늘 살아계신 하나님이 우리와 함께하신다는 것을 알게 될 것이오!
웅성
웅성
또한 하나님께서 가나안의 일곱 족속을 쫓아 내실 것임을 알게 될 것이오!
어떻게 우리가 그 사실을 알 수 있습니까?
어떤 기적을 보여주실 건가요?

※가나안 7족속 : 가나안, 헷, 히위, 브리스, 기르가스, 아모리, 여부스 족속.

주의 언약궤가 요단 강을 먼저 건널 것이며, 궤를 멘 제사장들이 요단 강을 밟을 때 흐르던 물이 끊기고 물이 멈춰 벽처럼 쌓이게 될 것이오!
와아아아
언약궤를 메고 있던 제사장들이 앞장섰고, 백성은 요단 강을 건너기 위해 그 뒤를 따라나섰지.
이건 모세님이 보여줬다던 홍해의 기적 Link 2권 57p 같은 거잖아?
돌아가신 엄마가 늘 해주던 얘기야.
그런 기적을 직접 보게 되다니~

추수할 때의 요단 강은 물이 가득 차는데, 이 때가 바로 추수할 때라 물이 강둑까지 넘쳐 흐르고 있었지.
콰아아아
그런데 언약궤를 나르던 제사장들이 발을 내딛어 강물에 담근 순간….
첨벙
별안간 흐르던 강물이 멈추고 그 강물은 멀리 떨어진 사르단 지방의 아담이란 곳까지 둑처럼 쌓였어.
아앗, 강물이 밀려나고 있어!
Oh, My God!
촤아아아
세상에 이런 일이~!

※추수할 때 : 팔레스타인은 아열대 지역이면서 지중해성 기후를 띠기 때문에 태양력으로 3, 4월에 보리 추수를 시작한다.

※아담 : 요단 강 동쪽의 성읍으로 여리고에서 북쪽으로 25km 떨어진 곳이다.

강 아래 사해 쪽으로 흐르던 요단 강물이 완전히 말라버려서, 이스라엘 백성들은 여리고 근처로 강을 건널 수 있었지. 이스라엘의 모든 백성이 강을 건너는 동안, 제사장들은 언약궤를 멘 채 강 가운데 서 있었어.
촤아아아아
오, 주를 찬양하세~!
여호와께서 우리를 지켜주고 계신다!
만세!
이제 가나안을 접수하자!

4장 요단 강의 기적을 기념하는 돌

여호와께서 말씀하신 대로 여호수아는 각 지파별로 1명씩 뽑아 그들에게 말했어.
여러분께서는 제사장들이 있는 강 가운데로 가서 큰 돌 한 개씩을 찾아 어깨에 메고 오십시오.

하나님께서 그 돌들을 오늘 밤 머물 곳에 가져다 두라고 하셨습니다.
돌을요?
그건 왜죠?

훗날 우리 자손들이 왜 여기
요단 강가에 돌들이 놓여 있는지
묻는다면, 하나님의 언약궤 앞에서
흐르던 요단 강물이
멈추었다고 말해주세요.
그 돌들은 이스라엘
백성들에게 이 일을 영원히
기념하기 위한 것입니다.
후들
헉 헉
아, 너무 큰
돌을 골랐다….
후들
그 12개의 돌은 여호와께서 명령하신 대로 각 지파가 머무는 진영 앞에 두었지.
여호수아는 다시 강가에서 돌 12개를 골라 요단 강 한복판에 제사장들이 서 있던 자리에 세웠고,
허리야.
아이고, 아까 너무
큰 돌을 들었더니….
그 돌들은 오늘까지 거기에 있어.
아실만한 분이
이런 일에 요령을
피우다니….
어… 아… 니
그… 그게….

tip 오늘까지

이 표현은 여호수아서에서 12번 이상 기록되어 있다. 여기서 오늘이란 여호수아가 기록한 시기, 즉 가나안 정복 전쟁이 거의 마무리되고 여호수아 자신도 남은 삶이 얼마 남지 않은 때를 뜻한다.

궤를 든 제사장들은 여호와께서 여호수아에게 명령한 이 모든 일을 마칠 때까지, 강 한복판에 서 있었지.
이, 이러다가
갑자기 다시 강물이
흐르는 것 아냐?
쯧쯧, 이 믿음이
부족한 인간아~

이 기적을 통해 이날 여호와께서 이스라엘 백성 모두가 보는 앞에서 여호수아를 높여주셨지.
와 아 아 아
여호수아
오빠최고
사랑해요
여호수아♥
오빠나야!
아이돌 스타
못지않은
인기인데?
모세님처럼
여호수아님도
백성들의 큰 존경을
받게 됐어.

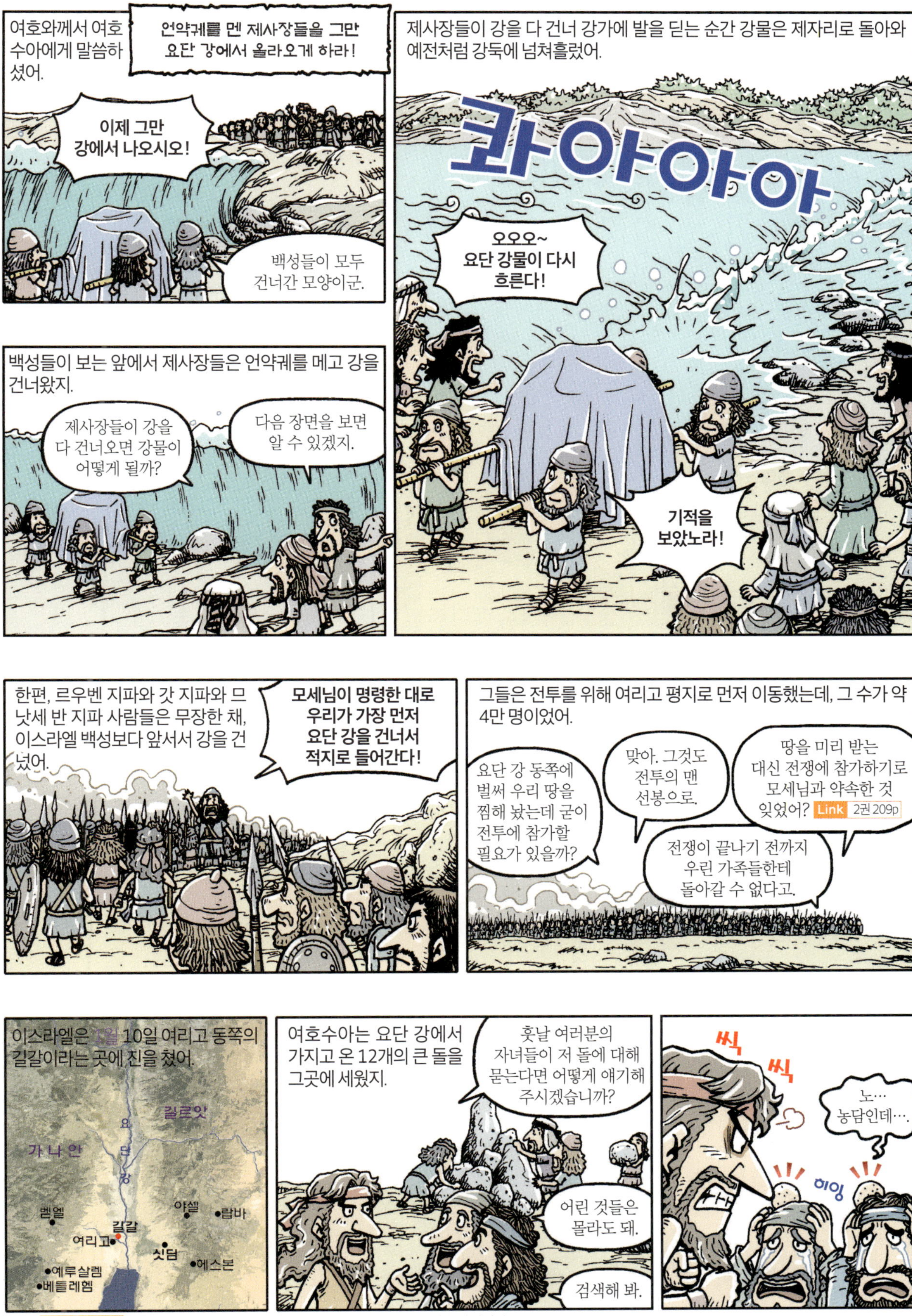

여호와께서 여호수아에게 말씀하셨어.
언약궤를 멘 제사장들을 그만 요단 강에서 올라오게 하라!
이제 그만 강에서 나오시오!
백성들이 모두 건너간 모양이군.
백성들이 보는 앞에서 제사장들은 언약궤를 메고 강을 건너왔지.
제사장들이 강을 다 건너오면 강물이 어떻게 될까?
다음 장면을 보면 알 수 있겠지.
제사장들이 강을 다 건너 강가에 발을 딛는 순간 강물은 제자리로 돌아와 예전처럼 강둑에 넘쳐흘렀어.
콰아아아
오오오~ 요단 강물이 다시 흐른다!
기적을 보았노라!
한편, 르우벤 지파와 갓 지파와 므낫세 반 지파 사람들은 무장한 채, 이스라엘 백성보다 앞서서 강을 건넜어.
모세님이 명령한 대로 우리가 가장 먼저 요단 강을 건너서 적지로 들어간다!
그들은 전투를 위해 여리고 평지로 먼저 이동했는데, 그 수가 약 4만 명이었어.
요단 강 동쪽에 벌써 우리 땅을 찜해 놨는데 굳이 전투에 참가할 필요가 있을까?
맞아. 그것도 전투의 맨 선봉으로.
땅을 미리 받는 대신 전쟁에 참가하기로 모세님과 약속한 것 잊었어? Link 2권 209p
전쟁이 끝나기 전까지 우린 가족들한테 돌아갈 수 없다고.
이스라엘은 1월 10일 여리고 동쪽의 길갈이라는 곳에 진을 쳤어.
길르앗
가나안
요단강
벧엘
야셀
랍바
길갈
여리고
싯딤
에스본
예루살렘
베들레헴
여호수아는 요단 강에서 가지고 온 12개의 큰 돌을 그곳에 세웠지.
훗날 여러분의 자녀들이 저 돌에 대해 묻는다면 어떻게 얘기해 주시겠습니까?
어린 것들은 몰라도 돼.
검색해 봐.
씩
씩
노… 농담인데….
히잉

※1월 Link 2권 47p : 이스라엘 종교력 니산월을 가리키며, 태양력으로는 3, 4월을 가리킨다.

여호와께서는
이스라엘이 요단 강을
건널 때 강물이 흐르는 것을
멈추게 하셨단다.
그래서 우리는
마른 땅을 딛고 강을
건널 수 있었지. 이 돌들은
바로 그 일을 기념하기
위한 것이란다.
하나님은 이 일을 통해
당신이 큰 능력을
가지고 계신 분이라는 걸
알리길 바라셨단다.
그로 인해 언제까지나
여호와 하나님을 섬기도록
하기 위해서 말이다.

5장 길갈에서 할례를 행함

요단 강 서쪽에 사는 가나안 모든 왕들이 이 기적 같은 얘기를 전해 들었어.
여호와께서 이스라엘
백성들을 위해 요단 강물을 말려
버렸다는데 그게 말이 되나?
수군
수군
흐르던 강물을
멈추게 했다던데.
사실이라면 이거
장난이 아니잖아.

그들은 그 소식을 듣고 몹시 두려워했고, 이스라엘 사람들과 마주치는 것을 무서워하게 됐지.
여호와가
그렇게 엄청난 능력을
가졌다니….
이스라엘의 신이
그들을 지켜준다면
승산이 있나? 응?
빠…
빨리
튀자.
아이고, 우린
이제 망했다~

한편 이스라엘 진영에서는 여호와께서 여호수아에게 이렇게 명령하셨어.
너는 돌칼을 만들어
이스라엘 사람들에게
다시 할례를 행하라!

tip 다시 할례를 행하라!

이것은 이미 할례를 받은 사람이 다시 한 번 더 할례를 받으라는 의미가 아니라 이전에 행해왔던 할례를 다시 행하라는 뜻이다. 출애굽 당시의 백성은 모두 할례를 받았지만 광야에서 생활하는 동안 모두 죽었고 2세대는 할례를 받지 못했다. 할례는 태어난 지 8일 만에 행하도록 규정돼 있었다.

Link 1권 58p

말씀대로 여호수아는 돌칼을 만들어 할례 산에서 할례를 행했지.
크아악!
헉!
사… 사람을
죽이는 거 아냐?
오… 하나님
제발 굽어
살피소서.
엄마야~

할례를 마친 후 몸이 나을 때까지 모든 백성은 진영에서 머물렀어.
으아악~
아이고~
나 죽네.
끙끙
으악,
터졌다!
흑흑, 엄마 왜
절 낳으셨어요.
이럴 때 가나안 놈들이
쳐들어오면 대박이겠다야.

※할례 산 : 실제 이름이 아니라, 할례를 시행했기 때문에 붙인 이름.

그들이 낫기를 기다릴 때 여호와께서 말씀하셨지.
오늘 내가 이집트의 수치를 너희로부터 없애버렸다!
아하! 그럼 앞으로 이곳을 길갈이라고 부르면 되겠군요?
탁!

※길갈 : '수치의 해소'라는 뜻으로, 여리고 동북쪽에 위치한 성읍의 명칭.

tip 이집트의 수치

적지에서 할례를 행하는 것은 무척 위험한 일이다. 과거 야곱의 아들들의 제의를 받고 할례를 행했다가 레위와 시므온에 의해 몰살당한 바 있는 세겜 족속의 경우 Link 1권 124p 처럼 가나안 족속들의 공격을 받는다면 이스라엘 백성들도 몰살될 위험이 있었다. 따라서 이 시점에서 하나님의 명령대로 할례를 시행하는 데는 하나님을 향한 절대적인 믿음과 순종의 자세가 요구되었고 백성들은 이를 보여주었다. 그 결과 이집트의 수치, 곧 이집트의 종전 생활(이집트에서 종살이하던 이스라엘의 과거 신분)에서 벗어나 진정한 하나님의 백성이 된 것이라 할 수 있다.

그 달 14일 저녁, 이스라엘 백성은 길갈에 있는 여리고 평지에 머물며 유월절을 지켰지.
잘 기억해라. 유월절에는 허리에 띠를 매고, 발에 신을 신고, 손에는 지팡이를 잡고 곧 길을 떠나는 것처럼 양고기를 급히 먹어야 한다.
네, 아버지.

※유월절 : 이집트를 탈출한 것을 기념하는 날 Link 2권 47p

다음날 그들은 그 땅에서 자란 곡물을 먹었는데, 그것은 무교병과 볶은 곡식이었어.
아빠, 그런데 왜 가나안 사람들이 쳐들어오지 않죠?
완전히 겁을 집어먹은 거지 뭐.
그들도 흐르던 요단 강을 멈췄다는 하나님의 소문을 들었을 거야.

※무교병 : 누룩을 넣지 않은 빵으로 무교절 Link 2권 48p 에 먹었다.

그 땅에 난 곡물을 먹은 다음 날부터 더 이상 만나가 내리지 않았지.
오늘은 만나가 내리지 않네. 그럼 이제부터 뭘 먹어요?
호호, 이제부터는 이 땅에서 난 곡식을 먹으면 되잖아.

※만나 : 출애굽 당시 하늘에서 광야에 내린 양식. Link 2권 64p

그 후, 여호수아가 여리고 근처에 도착했을 때였어.
두 둥
헉! 놀래라!

여호수아가 눈을 들어 보니 어떤 사람이 손에 칼을 빼 들고 서 있는 것이 보였지.
다… 당신은 누구십니까? 우리 편? 아니면 적군?
나는 누구의 편도 아니다. 나는 여호와의 군대 사령관이다.

내 주여. 종에게 하실 말씀이 있나요?
넙죽
네 신을 벗어라. 네가 서 있는 곳은 거룩한 곳이다.

아, 알겠습니다.
크~
꼬질 꼬질
휴, 발 냄새~

※그 땅에 난 곡물 : 이스라엘이 요단 강을 건널 때는 보리 수확기이므로, 그 땅에 난 곡물은 길갈 들판에 자라던 보리라 여겨진다.

6장 여리고 성이 무너짐

여리고 성 사람들은 이스라엘을 두려워해서 성문을 굳게 닫아걸고 있었어.
꼭꼭 숨어라.
아무도 이 성을 넘볼 수는 없다.
버티기만 하면 저들은 지쳐서 돌아갈 거야.
여길 잘 보아라. 내가 여리고 성과 그곳의 왕, 그리고 용사들을 네 손에 넘겨줄 것이다!

말씀은 감사합니다만 요렇게 성문이 굳게 닫혀 있는데?
걱정할 것 없다. 내 명령대로만 하면 여리고 성을 무너뜨릴 수 있다!
그러니까 그 방법은….
흠흠, 그렇군요.
소곤소곤

tip 여리고 성

여리고는 가나안 중앙에 위치했기 때문에 반드시 점령해야만 했던 요충지였다. 고고학적 발굴 작업에 의해 알려진 바로 성은 약 2㎢로 그렇게 큰 편은 아니었다. 하지만 언덕 위에 세워졌고 성벽이 2중이었으며 바깥 벽은 경사지게 지어졌기 때문에 밖에서 기어오르는 것이 거의 불가능했다.

여호수아는 제사장들을 불러 모아 말했지.
언약궤를 나르시오. 제사장 일곱 명은 뿔로 만든 일곱 개의 나팔을 들고 언약궤 앞에서 행군하시오.
알겠습니다.

명령을 마치자 일곱 명의 제사장들이 나팔을 불며 전진하기 시작했고, 언약궤가 그 뒤를 따라갔어.
뿌우우우우
뿌우우우우

제사장들 앞에는 무장한 병사들이, 궤 뒤에는 일반 병사들이 행군했지.
뭐하는 짓이야?
저 인간들이 돌았나. 왜 저래?
뿌우우우

백성이여, 성을 돌아라.
무장한 병사는 언약궤 앞에서 행군하라!
뿌우우우우
너희는 외치지 말고 소리 내지 말라! 입 밖으로 아무 말도 내지 말라!
내가 명령을 내리면 그때 고함을 지르라!
뿌우우우우
뿌우우우우
이스라엘은 성 주위를 한 바퀴 돈 다음, 진영으로 돌아와 휴식을 취했어.
하하
이거 전쟁이야? 캠핑이야? 여리고 놈들은 어찌할 바를 모르더군.
하하하
하하
다음날 아침 일찍, 제사장들은 다시 여호와의 궤를 메고 나팔을 불며 행군했지.
뿌우우우우
두 번째 날에도 그들은 성을 한 바퀴 돌고 다시 진영으로 돌아갔어.
또 그냥 돌아가고 있어.
도대체 뭐하는 짓이야? 불안한데 이거.
이 일은 6일 동안 반복됐어.
7일째 되는 날 이스라엘 백성은 새벽 일찍 일어나 성 주위를 7번 돌며 행군했지.
뿌우우우우우
에이~ 시끄러. 저것들이 이제는 새벽부터….
지겨워.
정신 나간 놈들.
드르렁
성을 일곱 번째 돌 때 제사장들이 또 나팔을 불었어!
뿌우우우~!

그러자 여호수아가 백성에게 외쳤지.
여호와께서 여러분께 이 성을 주셨소!! 이 성과 성 안에 있는 모든 것은 다 여호와께 바쳐진 것이니 남김없이 모두 없애버리시오!
와아아
하지만 기생 라합과 그의 집에 있는 사람들은 모두 살려줘야 하오. 왜냐하면 그녀가 전에 우리의 정탐꾼을 숨겨줬기 때문이오!
너희 집으로 이스라엘의 정탐꾼이 들어가는 걸 본 사람이 있다.
제가 알아서 둘러댈 테니 어서 몸을 피하세요.
전리품 중 어떤 것도 가져와서는 안 됩니다. 이것은 이미 여호와께 바쳐진 것이므로 그 어떤 것도 우리 진영으로 가져오면 이스라엘 백성에게 재앙이 내릴 것이오!

※이 성과 성 안에 있는 모든 것은 다 여호와께 바쳐진 것이니 : 아주 바쳐진 제물 Link 2권 135p 로 파멸을 위해 바쳐진다.

하지만 금과 은, 구리, 쇠로 만들어진 것은 여호와께 속한 것이니 그것들은 여호와의 창고로 가져와야 합니다!
여호와의 창고라니?
성막으로 가져오라는 거잖아.
자, 이제 성을 향해 함성을 지르시오!
척!
제사장들이 나팔을 불고 백성들은 고함을 질렀어. 그러자….
뿌우우우~
와아아!

견고하기만 하던 여리고 성의 성벽이 와르르 무너져버렸지.
와아아아
뿌우우우
콰가가강
와아아아아~

오오, 성… 성이 무너진다!
맙소사!
오… 주여, 주여!
오오…!
저 견고한 성이
무너지다니!

성이 무너지자 백성은 일제히 성에 들어가 성 안에 살아 있는 모든 것을 다 죽였어.
와아아
모든 남자와 여자, 어린아이, 노인 구별하지 말고 모두 다 죽이라고 하셨다. 소, 양, 나귀 같은 가축들도 모두!
까아아~
와아아아아
으아아악~
음매애애애애~
히히히힝~
여호수아가 정탐꾼 두 명을 불러 이야기했어.
너희들은 라합의 집으로 가서, 그 집안의 모든 사람을 데려와라.
알겠습니다.
약속을 지키게 되었군.
두 정탐꾼은 라합의 집으로 들어가 라합과 그녀의 부모를 비롯해 함께 있던 모든 사람을 밖으로 나오게 했지.
안심해요. 우리가 구조해 줄 테니~
모두 밖으로 나갑시다.
와아아
여호수아는 라합의 가족들을 살려주었고, 그들을 이스라엘 진영 밖에 머무르게 했어.
내가 보낸 두 사람을 도와주었기 때문에 살려준 것입니다.
감사합니다.
이스라엘은 여리고 성과 성 안에 있는 모든 것을 불태웠지.
화르르르
하지만 금과 은, 구리 등 쇠로 만든 물건은 여호와의 창고로 옮겼어.
여호와의 창고로 옮겨주게.
알겠수~

그 후에 여호수아가 경고의 말을 했지.
누구든지 이 성을 다시 세우려는 자는 여호와 앞에서 저주를 받을 것이다!
이 성의 기초를 놓는 사람은 맏아들을 잃을 것이며 이 성에 문을 세우는 사람은 막내아들을 잃을 것이다!
아버지, 저기 돌멩이 하나도 갖다 놓으면 안 돼요.

이렇게 여호와께서 여호수아와 함께하셨고, 여호수아는 온 땅 위에 유명한 사람이 되었어.
여호수아라는 이름 들어봤어?
고함 한 번으로 여리고 성을 날려버린 사람.
무시무시하게 생겼다던데?
거인이래.

7장 아간의 죄

여호수아는 정탐꾼을 뽑아 아이 성으로 보냈어.
목표는 여리고 서쪽으로 약 16km 떨어진 지점에 있는 아이 성이다.
벧엘
아이
길갈
여리고
얍셀
랍바
싯딤
예루살렘
헤스본

※아이 성 : 길갈에서 벧엘로 이르는 주요 도로를 한눈에 볼 수 있는 전략적 요충지.

정탐꾼이 아이 성을 몰래 살펴보고 돌아와 여호수아에게 보고했어.
아이 성에는 우리와 싸울 사람이 얼마 안 되니 우리도 2~3천 명만 보내 아이 성을 공격하면 될 것 같습니다.
흠~ 그렇단 말이지?

여호수아는 약 3천 명의 병사를 아이 성으로 보냈어.
크하핫, 건방진 것들, 어서 성을 내 놔라!
와아아아아아
여리고 성의 전설을 들었다면 무기를 버리고 항복해라!

그러나 그들은 아이 성 사람들에게 패해 도망치는 신세가 됐어.
아이고, 튀어라!
엄마야, 사람 살려~!
캐캐캥!
후다다닥

아이 성 사람들은 그들의 성문 앞에서 스바림까지 쫓아가며 이스라엘 백성 36명을 죽였어.
별 것도 아닌 것들이!
이스라엘 백성은 이 일로 몹시 두려워졌지.
완벽하게 깨졌습니다. 여리고 성도 함락한 우리가….
어, 어째서….

※스바림 : '산산 조각 나다'라는 뜻의 '솨바르'에서 파생한 말로 아이 성 근처의 채석장을 가리키는 듯하다.

여호수아는 옷을 찢고 이스라엘 지도자들과 함께 얼굴을 땅에 대고 여호와의 궤 앞에 엎드렸어.
흑흑
엉엉
주님께서는 어찌하여 저희가 요단 강을 건너게 하시고 아모리 사람에게 패배하여 죽게 하십니까? 차라리 요단 강 건너편에 있는 게 더 나을 뻔했습니다!
이스라엘이 적에게 등을 보이고 도망쳤다는 얘기를 가나안 땅의 다른 모든 사람이 듣는다면, 곧 우리를 포위하여 우리 모두를 죽일 겁니다!
몇 명 되지도 않는 아이 성에게 깨졌다고?
여리고 성을 함락시킨 건 순전히 운이었군.
그런 한심한 놈들에게 겁먹었다니… 그냥 당장 가서…

※아모리 : '고산지대 사람들'이라는 뜻, 근동 지역 여러 곳에 분포했던 유목 민족으로 아이 성 사람은 아모리 족속 사람이다.

그렇게 되면 주님의 크신 이름이 어떻게 되겠습니까?!
파스스…
일어나거라. 왜 얼굴을 땅에 대고 엎드려 있느냐?
하… 하나님~
여호와께서 전쟁에 지게 된 까닭에 대해 말씀해주셨지.
그건 너희들이 나와의 약속을 깨뜨리고 죄를 지었기 때문이다!
넷, 저희가 하나님과의 약속을 어겼다고요?
두둥
누군가 내 것을 훔쳐 자기 창고에 숨겨 놓았다. 그래서 너희가 적과 싸워 이길 수 없었던 것이다!
흐흐흐.
도대체 누가…?!
부들
부들

다음날 아침 여호수아는 일찍 일어나 이스라엘 모든 사람들을 나오게 했지.
그자는 저주를 불러들여서 스스로가 전멸시켜야 할 대상이 되었다. 너희 가운데서 내게 바쳐야 할 그것을 없애지 않으면 내가 다시는 너희를 도와줄 수 없다. 이 일을 백성에게 말해서 그자를 골라내라. 그리고 그자와 그자가 가진 모든 것을 불에 태워라!
여호와께 죄를 범한 자를 찾아야 하니 제비를 뽑겠소!
웅성
웅성
여호와께서 죄를 지은 지파와 집안, 그 집안 중에서 한 가족, 그리고 그 가족 중에서 죄를 지은 자를 찾아내실 것이오!
도대체 어떤 자가 겁도 없이….
누군지 큰일 났군.
제비를 뽑았더니 이스라엘 모든 지파 중에 유다 지파가 나왔고…
허억! 우… 우리가…!!
헉, 우리 유다 지파라고?!
맙소사!
다시 제비를 뽑으니 유다 지파의 모든 집안 중에 세라 집안이 나왔어.
이럴 수가!
켁, 게다가 우리 세라 집안?
또 세라 집안 중에 제비를 뽑으니 삽디가 나왔지.
크~흑.
맙소사. 우리 가족 중에서!
갈미
삽디
아간

※세라 : 유다의 며느리였던 다말에게서 낳은 자식으로 보인다. Link 1권 136p

여호수아가 삽디 가족의 성인 남자만 나오게 해 제비를 뽑았더니 아간이 나왔어.
아… 아니 네가?
삽디의 손자이자 갈미의 아들인 아간이 범인이다!
이… 이놈이!
아간아. 숨길 생각하지 말고 네가 한 일을 사실대로 고백해라!
크흐흐흑!
털썩

제가 이스라엘의 하나님 여호와께 죄를 지었습니다!
깜짝!
뭣? 정말 그런 짓을 했단 말이냐?
흑흑
전리품 중에 시날에서 만들어진 아름다운 외투와 은 200세겔과 50세겔의 금덩이 하나를 보고 욕심이 생겨서 그만….
아간은 훔친 물건들이 있는 곳을 말했고, 여호수아는 그곳에 사람을 보내 물건을 찾아냈어.
어서 아간의 천막으로 가서 감춰둔 물건을 찾으시오!
넷~
잉잉
타닥
모든 백성이 그것을 확인했고 그 물건을 여호와 앞 성막에 펼쳐 놓았지.
정말 아간이 여호와의 물건을 빼돌렸어.
씩
씩
씩
흑
흑
저놈 때문에 우리 형제들이 죽었다니….
여호수아는 모든 백성들과 함께 아간을 골짜기로 데리고 갔어.
그들은 금, 은, 외투, 아간의 자식들, 소, 나귀, 양들을 비롯해서 아간이 가지고 있던 모든 것들도 함께 가지고 갔지.
아간아. 네가 어찌하여 우리를 이토록 괴롭게 만들었단 말이냐!
이제 여호와께서 너를 괴롭게 하실 것이다.
아악!

※시날 : 고대 바벨론을 시날이라고 부름.
※200세겔 : 약 2.2kg.

여호수아의 말이 끝나자 백성은 아간과 그의 가족들을 돌로 쳐 죽이고, 그들의 시체를 불로 태웠어.
화르르르
그런데 자식들까지 왜….
범죄를 알면서도 모른 체했다더군.
그래서 함께 벌을 받는 거래.
하긴 훔친 물건을 땅에 묻을 때 같이 있었을 텐데….

이스라엘 백성은 아간의 시체 위에 돌무더기를 쌓았는데 그것은 지금까지도 거기 있지.
그 뒤로 이곳을 아골 골짜기라고 부르게 된 거래.
괴로움의 골짜기라는 뜻이지?
정말 괴롭다….

이 일이 있은 다음에야 여호와께서는 화를 내지 않으셨어.
다행이야. 그래도 일이 잘 마무리 돼서….
후우

tip 아간의 죽음

아간의 개인적인 범죄는 이스라엘 전체의 범죄로 간주돼 아이성 전투에서 패전하고 만다. 하지만 이후 하나님의 징벌은 아간과 그의 가족에게만 내려졌다. 특히 여호수아가 이스라엘 백성과 더불어 아골 골짜기에서 아간과 그에게 속한 이들을 돌로 쳐 죽인 것은 죄에 대한 단순한 징벌이 아니라, 하나님께서 죄를 싫어하심과 이스라엘 백성 중에서 또 다시 이와 같은 범죄가 발생하는 것을 막기 위함이었다.

8장 아이 성 전투

여호와께서 여호수아에게 말씀하셨어.
두려워 마라, 포기하지 마라! 너는 모든 군사들을 이끌고 아이 성으로 가라! 그 땅과 백성을 너희에게 주었으니 여리고와 그 왕에게 한 것같이 아이 성과 그 왕에게도 그렇게 하라!

이번에는 그 성 안의 모든 물건과 가축을 가져도 좋다! 자, 이제 너는 네 병사들 중 몇 사람에게 성 뒤로 가서 몰래 숨어 있으라고 말하라!
불끈!
아자! 이번에는 하나님께서 직접 작전 명령을 내리시는구나. 이렇게 되면 백전백승!
여호수아는 모든 군대를 이끌고 아이 성을 공격할 준비를 했지.
지금부터 내가 하는 말 잘 들으시오.
여호수아는 가장 잘 싸우는 용사 3만 명을 뽑아 밤에 매복을 보냈어.
쉿, 모두 조용히~

그들은 벧엘과 아이 성 사이의 돌산에 숨었지.
요단강
길르앗
벧엘
아이
길갈
여리고
얍셀
랍바
암몬
싯딤
헤스본
예루살렘
베들레헴
염 해 (사해)
여러분은 성 뒤쪽에 숨어 있으시오. 성에서 멀리 떨어져 있지 말고 성을 주의 깊게 살펴보면서, 전투 준비를 하고 있으시오.
다음 날 아침, 여호수아는 군사들을 모아 이스라엘의 장로들과 함께 앞장서서 아이 성으로 올라갔고, 그 뒤로 군사들이 따랐어.
진군!
앞서 죽은 형제들의 복수를 해주자!
성 앞 근처에 이른 그들은 아이 성 북쪽에 진을 쳤는데, 그들과 아이 성 사이에는 골짜기가 하나 있을 뿐이었지.
벧엘
이스라엘 본진
아이
여리고
매복 3만 명

※벧엘 : 요단 서쪽에서 지중해에 이르는 교통의 요충지. 아브라함이 제단을 쌓은 곳으로 이스라엘의 종교적 성지이다. Link 1권 45p

이 작전에서 우리가 미처 생각하지 못한 것이 있습니다.
무엇 말인가?
벧엘입니다. 지금 벧엘과 아이는 힘을 합쳐 우리와 싸울 준비를 하고 있습니다.
요단강
벧엘
아이
우리가 아이를 공격할 때 벧엘의 병사들이 우리를 칠지도 모릅니다. 벧엘은 아이에서 4km 정도밖에 떨어져 있지 않습니다.
길르앗
요단강
벧엘
아이
길갈
여리고
얍셀
싯딤
예루살렘
베들레헴
사 해
흐음… 그렇다면….
흠…
여호수아는 5천 명을 더 데리고 가서 성의 서쪽, 벧엘과 아이 사이에 매복시켰어.
벧엘
매복 5천 명
이스라엘 본진
아이
여리고
매복 3만 명

그날 밤 여호수아는 본진의 군사들과 함께 아이 성 앞 골짜기 한가운데로 들어갔고, 아이 성의 왕이 이 모습을 보았지.
저것들 뭐하는 거야?
이스라엘 놈들이 멍청하게도 골짜기 안으로 들어갑니다.
크크, 여호수아는 병법의 기본도 모르나 보군.
벧엘과 함께 저놈들을 협공해서 박살내버릴 좋은 기회다. 벧엘에 서둘러 사자를 보내라.
알겠습니다.

tip 산지 전투

산지 전투에 있어서 군사를 골짜기로 이끌고 들어가는 것은 무모한 행동이다. 왜냐하면 양쪽 능선을 따라 적들이 포위 공격을 해올 경우 도망갈 수 없어 모두 죽을 위험이 있기 때문이다.

아이 왕과 그 백성은 다음 날 아침 일찍 일어나 싸우기 위해 서둘러 성 밖 아라바 평지로 나왔어.
어서 아라바 평지 앞으로 가라!
와아아아아
후훗, 지금쯤 벧엘에서도 이스라엘을 공격하기 위해 병사들을 내보냈겠지? 이스라엘 놈들 샌드위치로 만들어주마!
와아아
여호수아와 그의 군사들은 아이의 군대에 쫓겨 후퇴하는 척하며 광야 길로 도망치기 시작했어.
이스라엘 놈들이 도망간다. 끝까지 추격해서 한 놈도 살려주지 마라!
우르르르

※아라바 평지 : 아이 성과 골짜기 사이에 있는 평지

이스라엘 백성을 쫓기 위해 벧엘 성과 아이 성 안의 모든 백성이 소리치며 나왔지.
이스라엘 놈들을 쓸어버리자!
와아아
벧엘 성
그들은 성에서 멀어지는 것을 전혀 신경 쓰지 않고 여호수아를 추격했어.
와아아아아아
지금쯤 아이 성과 벧엘 성은 텅 비었겠군.
거의 다 쫓아 나온 것 같습니다.

아이 성과 벧엘 성의 모든 백성들은 성문까지 열어 둔 채, 이스라엘 군대를 추격하고 있었지.
휘이잉…
도둑 들면 어쩌려고 문도 안 잠그고….
그때 여호와께서 여호수아에게 말씀하셨어.
네 손의 단창을 들어 아이 성 쪽을 가리켜라! 내가 그 성을 네 손에 주겠다!
여호수아가 손에 든 단창을 들어 아이 성을 가리켰지.
자, 이제 뒤통수를 쳐볼까?
처억!
엥, 저놈이 도망치다가 갑자기…?
최후의 발악인가?
신호다!!
반짝
제1매복 진영 3만 명
단창에 반사된 빛으로 신호를 보내왔다!!
반짝
제2 매복 진영 5천 명
매복했던 병사들은 여호수아가 창을 치켜드는 것을 보고, 숨어 있던 곳에서 나와 급히 아이 성과 벧엘 성으로 들어갔어.
와아아아~
와하하, 무혈입성이다! 작전 성공!!!
와아아아
그들은 성으로 들어가 두 개의 성을 각각 점령하고, 재빨리 성에 불을 질렀지.
어? 저… 저….

아이 성의 백성이 뒤를 돌아보니 성에서 연기가 하늘로 올라가는 것이 보였어.
부… 불이다. 우리 성에 불이 났어!
이스라엘 놈에게 성을 빼앗겼다!
아이 성의 백성들은 도망갈 곳이 없게 됐음을 깨닫고 큰 혼란에 빠졌지.
크… 큰일났다.
웅성
우린 끝장이야.
웅성
크윽, 성을 비우다니.
이…
이럴 수가!
그때, 광야 길로 도망치던 이스라엘 백성이 갑자기 뒤를 돌아 아이 성 사람들을 공격하기 시작했어.
와아아아
전원 공격하라!!
성 안에 들어갔던 병사들 또한 성 밖으로 나와 아이 성과 벧엘 성 병사를 공격했지.
한 놈도 살려주지 마라!
와아아아아
그러자 그들은 이스라엘 군사들에게 둘러싸여 어디로도 피할 수 없게 된 거야. 결국, 아이 성 백성뿐만 아니라 벧엘 왕과 그 백성들 또한 모두 죽임을 당했지.
와아아아
크윽!
아악!
이스라엘은 아이 성으로 다시 돌아와 그곳에 남아 있던 모든 사람들을 죽였어.
오늘의 사망자 12,000명
오늘 아이 성에서 죽은 사람이 모두 1만 2천 명이나 되는군.
그날 여호수아는 아이 성의 모든 사람이 죽을 때까지, 단창을 든 손을 내리지 않았어.
덜 덜
팔이 후덜덜하군.
이제 그만 팔을 내리시죠. 적군의 생존자는 단 한 명도 없습니다. 아이의 왕만 빼고요.

제네바 포로 협정에 의거… 왕의 지위에 맞는 대우를….
처형시켜라.
넷!
오…. 옴마야!
흐어엉
이스라엘은 여호와께서 명령하신 대로 성의 가축과 물건들을 가졌어.
하나님이 이번에는 전리품을 갖도록 허락하셨어.
신난다~♪
빨리 짐을 날라.
여호수아는 아이 성을 불태워 여리고 성처럼 영원히 폐허더미로 만들었어.
또 아이 왕의 시체는 저녁까지 나무에 매달아 두었지.
여호수아는 해가 진 후, 그 시체를 내려 성문 아래로 던지고, 그 위에 돌무더기를 쌓으라고 명령했어.
그래도 왕이라고 무덤은 만들어주네.

※시체를 나무에 매단 것은 죽은 자로 하여금 죽은 후까지도 모욕과 수치를 당하도록 하기 위함이었다.

에발 산에서의 언약

여호수아는 에발 산에서 여호와를 위해 제단을 쌓았어.
모세님이 명령했고, 율법책에 기록된 대로 다듬지 않은 돌로 단을 만들어야 한다. Link 2권 76p
쇠로 된 연장으로 다듬은 돌로 제단을 쌓으면 안 돼.

※에발 산 : 세겜 땅 벧엘 근처에 있는 산으로 아이 성 북쪽 30km에 위치.

그들은 제단 위에 번제를 드리고 난 다음 화목제를 드리고, 모세의 율법을 돌에 기록했지.
흠, 멋져. 예술적이야.

이스라엘 백성은 언약궤를 가운데 두고 그리심 산과 에발 산에 각각 절반씩 섰어. 그들은 산을 등지고 제사장들이 메고 있던 언약궤를 바라보았지.
이건 모두 예전에 모세님이 이스라엘 백성을 축복하라고 명령한 그대로 한 것이오! Link 2권 219p

※그리심 산 : 에발 산 남쪽에 위치한 산.

여호수아는 이스라엘 백성 앞에서 율법책에 적혀 있는 대로 축복과 저주의 말씀을 모두 읽었지.
우상을 조각하거나 세우는 사람은 저주를 받는다!
아멘~

tip 축복과 저주의 선포 의식

세겜 성을 가운데로 그리심 산과 에발 산은 이스라엘의 중심부에 위치해 있다. 그곳은 자연 환경이 이스라엘을 교육하기에 안성맞춤이며 영적인 의미도 크다. 왜냐하면 이스라엘의 조상 아브라함이 약 700년 전 가나안으로 이주해 와서 최초로 하나님께 제단을 쌓았던 세겜 Link 1권 45p 의 양쪽에 위치한 산이기 때문이다. 따라서 에발 산의 기슭과 그리심 산의 기슭 사이에 놓여 있는 골짜기는 이스라엘 백성이 모여 모세가 기록한 율법을 듣기에 알맞은 장소였다.

9장 멸망을 피한 기브온 사람들의 술책

요단 강 서쪽 산지와 평지, 지중해에 있는 민족의 모든 왕이 이 일을 들었어.
아이 성과 벧엘 성 사람들이 모두 몰살당했다!
뭣이?
허억 맙소사!!!
말도 안 돼!
이제 어떡하지?
빠드득, 이스라엘 놈들이 감히!!

※모든 왕 : 가나안 땅에는 7개의 족속이 살았고 각 족속들은 작은 나라로 나뉘어 많은 왕들이 있었다. Link 3권 57p 표 참고

그들은 힘을 합쳐 이스라엘과 싸우기 위해 모두 모였지.
우리 모두 힘을 합친다면 이스라엘쯤이야 뭉개버릴 수 있을 거야.
아모리 사람
가나안 사람
히위 사람
헷 사람
브리스 사람
그럼 그럼.
여부스 사람

한편, 기브온 백성은 여리고 성과 아이 성에 대한 얘기를 듣고 꾀를 냈지.
여리고 성과 아이 성에 대한 얘기는 들었죠?
여호와 하나님이 함께하는 이스라엘과 싸워서는 절대 이길 수 없습니다.
우리가 멸망을 당하지 않으려면 어떻게 해야 할 것 같소?

tip 기브온 백성

기브온 백성은 가나안 7족속 중 히위 사람에 속하는 자들로서, 기브온을 우두머리로 하여 연합한 성읍, 곧 그비라, 브에롯, 기럇여아림을 지칭하는 표현이다. 이들은 왕이 아닌 장로들에 의해 통치되었다. 기브온 백성은 여리고 성과 아이 성에 가까운 위치에 살았기 때문에 전쟁의 혹독한 결과를 강하게 실감했다. 즉, 이스라엘과 싸워 패배하게 된다면 민족이 전멸 당한다는 사실을 안 것이다. 그래서 기브온 백성은 이스라엘과 친해지기 위해 술책을 사용하기로 한다.

그들은 여기저기 떨어진 곳을 기운 가죽 술 부대와 낡아빠진 자루를 모아서 나귀 등에 실었어.

사신에게도 낡은 신발을 신기고 다 떨어진 옷을 입혔지.
바로 이거야.
두둥~
거지가 따로 없구먼….

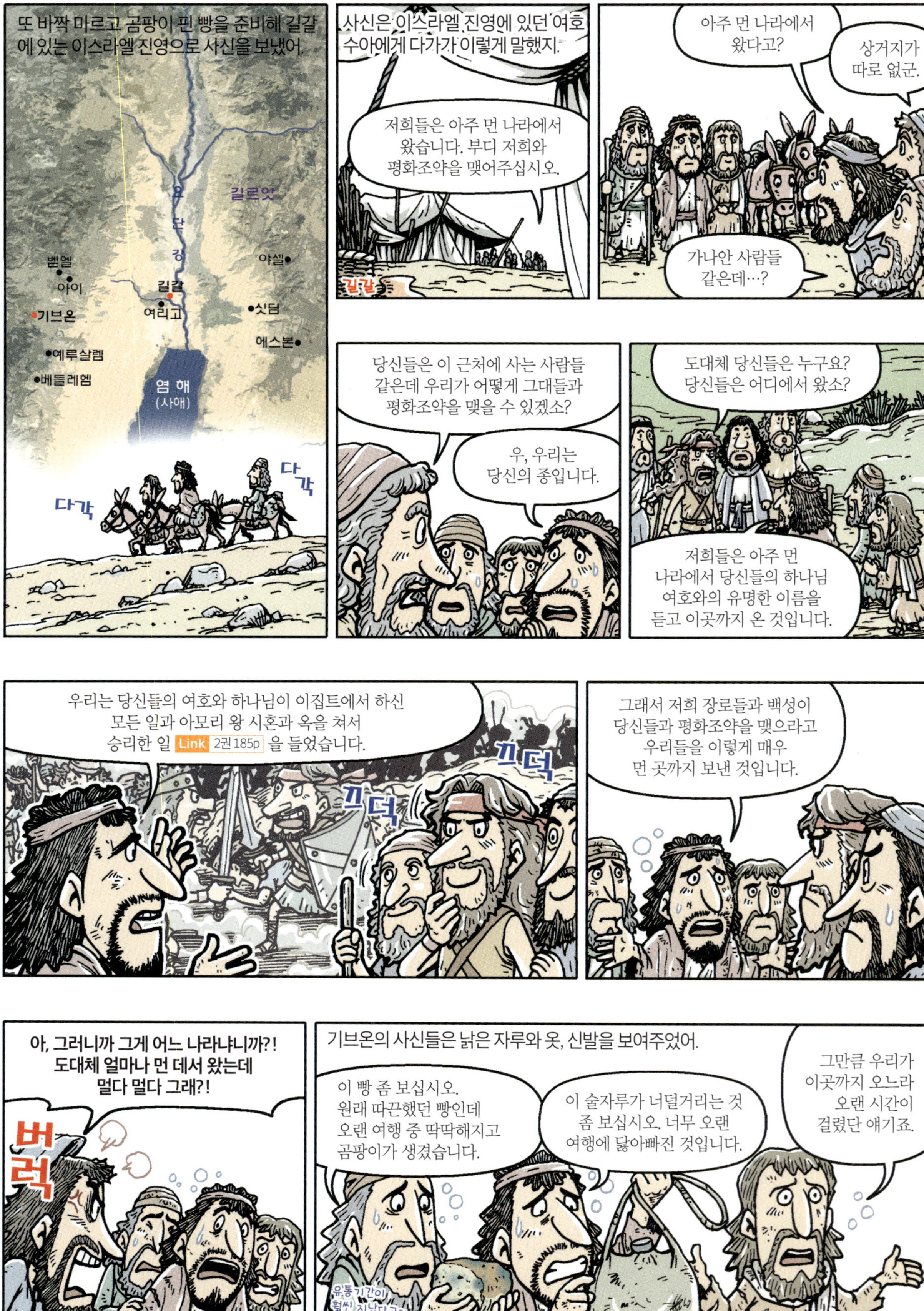
또 바짝 마르고 곰팡이 핀 빵을 준비해 길갈에 있는 이스라엘 진영으로 사신을 보냈어.
요단강
길르앗
벧엘
아이
야셀
길갈
여리고
기브온
싯딤
헤스본
예루살렘
베들레헴
염 해 (사해)
다각
다각
사신은 이스라엘 진영에 있던 여호수아에게 다가가 이렇게 말했지.
저희들은 아주 먼 나라에서 왔습니다. 부디 저희와 평화조약을 맺어주십시오.
길갈
아주 먼 나라에서 왔다고?
상거지가 따로 없군.
가나안 사람들 같은데…?
당신들은 이 근처에 사는 사람들 같은데 우리가 어떻게 그대들과 평화조약을 맺을 수 있겠소?
우, 우리는 당신의 종입니다.
도대체 당신들은 누구요? 당신들은 어디에서 왔소?
저희들은 아주 먼 나라에서 당신들의 하나님 여호와의 유명한 이름을 듣고 이곳까지 온 것입니다.
우리는 당신들의 여호와 하나님이 이집트에서 하신 모든 일과 아모리 왕 시혼과 옥을 쳐서 승리한 일 Link 2권 185p 을 들었습니다.
끄덕
끄덕
그래서 저희 장로들과 백성이 당신들과 평화조약을 맺으라고 우리들을 이렇게 매우 먼 곳까지 보낸 것입니다.
아, 그러니까 그게 어느 나라냐니까?! 도대체 얼마나 먼 데서 왔는데 멀다 멀다 그래?!
버럭
기브온의 사신들은 낡은 자루와 옷, 신발을 보여주었어.
이 빵 좀 보십시오. 원래 따끈했던 빵인데 오랜 여행 중 딱딱해지고 곰팡이가 생겼습니다.
유통 기간이 훨씬 지났다고~
이 술자루가 너덜거리는 것 좀 보십시오. 너무 오랜 여행에 닳아빠진 것입니다.
그만큼 우리가 이곳까지 오느라 오랜 시간이 걸렸단 얘기죠.

이스라엘 사람들은 그들이 가지고 온 빵을 맛보았지.
에퉤퉤퉤~ 이거 정말 오래된 빵이네.
퉤 퉤
그러나 이스라엘 사람들은 어떻게 해야 할지 여호와께 묻지 않는 실수를 한 거야.
좋소. 우리 이스라엘은 당신들과 평화조약을 맺고 당신들을 해치지 않겠소!
살아계신 여호와 앞에 맹세하죠.
야호~ 작전 성공~
작전? 무슨 작전?
하하! 아무것도 아닙니다.
너무 기쁘다 보니 헛소리를….
읍~

3일 후, 이스라엘은 기브온이 가까운 곳에 있다는 것을 알게 됐지.
헉~ 멀리서 왔다더니 바로 코앞이잖아?
이 자들이 기브온의 사신이었다니…!
기브온 성
헤헤헤

tip 3일 후

평화조약을 체결한 후 상대국을 방문하는 외교적인 관습에 따라 이스라엘 장로들은 3일 후 사신을 따라 기브온에 방문했다. 그때 비로소 이스라엘은 기브온이 먼 나라가 아닌 것을 알게 되었다. 기브온은 길갈로부터 약 20-25km 정도 떨어진 곳에 위치해 하루 동안 충분히 이동할 수 있는 가까운 거리였다.

이스라엘은 기브온 백성이 사는 성에 도착했지만 그들을 공격할 수 없었어.
허 참… 완전히 당했군.
우리가 사는 성의 이름은 기브온, 그비라, 브에롯, 기럇여아림입니다.
쩝.
우리가 너무 경솔했군.
하나님께 물어보고 결정했어야 했는데….
망했다.

※기브온 : 기브온 백성의 대표 성읍으로 예루살렘 서북쪽 9.6km 지점의 가나안 중부의 중요 성읍.
※그비라, 브에롯, 기럇여아림 : 기브온 주변에 있는 성이다.

모든 이스라엘 백성이 지도자들에게 불만을 터뜨렸지.
하나님께서 가나안 백성들과 언약을 맺지도, 그들을 불쌍하게 여기지도 말라고 했는데 그들과 조약을 맺다니….
아간의 범죄로 전쟁에서 진 게 얼마 전 일인데….
당신들의 섣부른 맹세 때문에 하나님이 화를 내시면 어쩔 겁니까?
그러자 지도자들이 나와 백성에게 말했어.
우리가 하나님 여호와 앞에서 약속했기 때문에 그들을 공격할 수는 없소.
여호와 앞에서 한 약속을 어겨 하나님을 노엽게 할 수는 없소.
아, 그러니까 왜 약속했냐니까? 이제 어쩔 거냐고?

그들이 이스라엘 백성을 위해
나무를 베고 물을 길어주는
종이 되게 하면 될 것이오.
엥, 종으로
삼는다고?
웅성 웅성
괜찮은 생각
같기도 하고….
여호수아가 기브온 백성의 장로를 불러 말했지.
당신들은 왜
우리에게 거짓말을 했소.
왜 우리에게 아주
먼 나라에서 왔다고
말한 것이오?
여호와께서 모세에게 이 땅을
모두 당신들에게 주고 이 땅에
사는 모든 백성을 죽이라고
하셨다는 얘길 들었습니다.
우리는 너무 두려워서
이 모든 일을 꾸민 것입니다.
끄덕
끄덕
그대들은 우릴 속였기 때문에 저주를 받아 우리의 종이
돼야 하오. 앞으로 당신들은 하나님의 집을 위해
나무를 베고 물을 길어 오는 사람이 될 것이오.
우리는 이제 당신 손에 있으니
당신 좋을 대로 하십시오.
아자!
우리는 이제
살았다!

여호수아는 기브온 백성의 목숨을 살려주었고, 이스라엘 백성이 그들을 죽이지 못하게 했어.
이장… 아니
여호수아입니다. 이제부터
절대 기브온 백성을
해치지 말고….
쳇, 운 좋은
녀석들~
그런 꾀를
낼 줄이야.
여호수아는 기브온 사람들을 이스라엘 사람들의 종으로 삼았는데, 그들은 지금까지도 그 일을 하고 있지.
우리는 "여호와께서
선택하신 곳의 제단"을
위해 나무를 베고 물
긷는 일을 합니다.

tip 여호와께서 선택하신 곳

여호와께서 선택하신 곳이란 성막을 가리킨다. 여호수아가 기브온 사람들을 성막에서 일하도록 한 것은 기브온 백성의 우상숭배가 이스라엘 백성에게 침투해 이스라엘을 부패시키지 못하게 하기 위해서였다. 또한 그들을 성막에서 봉사하게 함으로써 여호와 신앙을 받아들이게 하기 위함이었다.

10장 태양과 달이 멈춤

예루살렘 왕 아도니세덱은 이스라엘이 여리고 성과 아이 성에 한 일에 대해 들었어.
왕이시여~ 이스라엘이
여리고 성과 아이 성의
모든 백성과 왕을
죽이고 성을 불태워
버렸다고 합니다!
후다닥
뭣이라고
?!
왕이시여~ 기브온이
이스라엘과 평화조약을
맺고 함께 잘 먹고 잘
살고 있다고 합니다!
타닥
이런 약삭빠른 놈들
같으니라고~
이스라엘보다
더 짜증난다!
씩씩

※예루살렘 : 사해 서쪽 25km 지점에 위치한 성읍으로 훗날 다윗이 정복한 후 Link 역대상 11장 4-8절 이스라엘의 수도로 삼았다.

아도니세덱 왕은 기브온이 한 일을 듣자 매우 두려워졌지.
아이 성보다 크고 강한 기브온이 그런 일을 하다니….
이대로라면 나랑 우리 백성들은 이스라엘에 모두 죽임을 당할 거야.
아도니세덱 왕은 네 명의 왕에게 사람을 보내 도움을 청했어.
여러분, 나를 도와주시오! 우리 다섯 왕이 뭉쳐서 기브온 성의 변절자들을 뭉개버립시다!
어, 그래.
그럴까?
헤브론
에글론
밥 좀 먹고.
라기스
좀만 기다려.
야르뭇

※네 명의 왕 : 헤브론의 호함 왕, 야르뭇의 비람 왕, 라기스의 야비아 왕, 에글론의 드빌 왕.

이렇게 모인 아모리 족 다섯 왕의 군대는 힘을 합해 모든 군대를 거느리고 올라와 기브온을 포위하고 공격했어.
와아아
공격을 늦추지 마라. 이스라엘 병사들이 오기 전에 기브온을 함락시켜야 한다!
염려 마시오. 이스라엘은 멀리 있고 기브온은 얼마 버티지 못할 것입니다.
와아아
안 되겠다. 여포에게 성이 함락되기 전에 유비에게 도움을 청해야겠다!
네?
아, 농담하신 거야. 그게 아니라 서둘러 길갈에 있는 여호수아에게 도움을 청해야겠네.

※아모리 : '고산지대 사람들'이라는 뜻, 근동 지역 여러 곳에 분포했던 유목 민족.

※길갈 : '수치의 해소'라는 뜻으로, 여리고 북쪽에 위치한 성읍.

그러자 기브온이 사람을 보내 길갈에 있는 여호수아에게 말했지.
여호수아님, 당신들의 종인 우리를 빨리 구해주십시오! 산악 지대에 사는 아모리 사람의 왕들이 모든 군대를 모아 우리를 공격하고 있습니다!
푸하하, 알겠네. 우리가 당장 도와주지!
여호수아는 모든 군사들과 용사들을 이끌고 길갈을 떠났어.
…라고 큰소리는 쳤지만 다섯 개의 연합군을 어떻게 상대해야 하지?
난감하네.

그때 여호와께서 여호수아에게 말씀하셨지.
내가 그들을 물리치게 해줄 테니 두려워 마라. 그들 중 너를 이길 사람은 아무도 없을 것이다!
앗, 그게 정말입니까? 역시 이번에도 우리가 이기는 겁니까?
혼자서 뭐라는 거야?
노망 나셨나?
여호수아와 군사들은 길갈에서 기브온까지 밤 새워 행군했어.
서둘러라!
아이고, 좀 쉬었다 가지.
헉헉, 싸움터까지 곧장 가겠는 걸.
그게 여호수아님 작전 아냐?
그리고 적군의 진 가까운 곳에 이르렀을 때, 기습 공격을 감행했지.
와아아아
이… 이스라엘의 습격이다!
어떻게 이렇게 빨리!
아니 벌써?!
내 옷은?
내 칼? 내 칼이 어디 있지?
여호와께서 적군을 패하게 하셨기 때문에, 이스라엘은 적군을 크게 이길 수 있었어.
와아아
으악
이스라엘은 기브온에서 벧호론으로 내려가는 길까지 적군을 뒤쫓았어.
와아아
또 적군이 이스라엘에게 쫓겨 벧호론의 비탈길로 도망치며 아세가에 이르는 동안, 여호와께서 큰 우박을 내리셨어.
켁, 난데없이 웬 우박이야?
왕우박이다!
후두둑
꽥~ 맑은 하늘에서 웬 우박!!
결국 많은 적군이 이 우박에 맞아 죽었지.
일기예보에 우박 얘긴 없었는데….
어이없어.
이스라엘 병사들의 칼보다 우박에 맞아 죽은 사람들이 더 많구나.

※패하게 하셨기 때문에 : 무질서하고 혼란스럽게 하셨다는 뜻이다.

※벧호론 : 예루살렘 북방 18km 지점에 위치, 2개의 성읍으로 이루어짐.

※아세가 : 벧호론 남서쪽 약 27km 지점에 위치.

그날, 여호와께서는 이스라엘 사람들이 아모리 사람들을 이길 수 있게 하셨고, 여호수아는 이스라엘 모든 백성이 보는 앞에서 여호와께 기도하고 외쳤지.
태양아, 너는 기브온 위에 멈춰 있어라! 달아, 너는 아얄론 골짜기에 멈춰 있어라!
와아아아아
챙
챙
그러자 이스라엘 백성이 적들을 물리칠 때까지 태양과 달이 멈춰 섰어. 이 이야기는 야살의 책에도 적혀 있는데, 해가 하늘 한가운데에 멈춰 서서 하루 종일 지지 않았다고 해.
으아악, 이게 어떻게 된 거야?
와아아아아
아무리 시간이 지나도 해가 지질 않아.
깜깜해져야 어디라도 숨지.
켁~ 말도 안 돼.

※아얄론 골짜기 : 기브온 북서쪽 4시간 거리에 위치한 골짜기.

※야살의 책 : 대대로 내려오는 이스라엘의 주요 영웅들을 찬양하는 책으로 현재 남아 있는 것은 없다.

tip 태양이 멈추다

지구가 멈춘다는 것은 생태계가 완전히 파괴되는 일로 불가능한 일이다. 그런데 그리니치 천문대에서 조사해보니 지구가 24시간 동안 한 바퀴 돌아야 할 것을 48시간 만에 돈 적이 있었고, 고대 중국과 애굽의 달력에는 만 하루가 빠져 있다고 한다. 또한, 자전축을 기울여 극지방 근처에서 볼 수 있는 백야현상처럼 낮이 계속되었다고 볼 수도 있다. 성경에서 이 사건이 일어난 시기는 대략 B.C.1,410 년대인데 여호수아가 있던 곳의 지구 반대편인 안데스산맥의 민족들에게서 그와 같은 일이 있었다는 기록이 있다. 이 사건은 안데스 민족의 고대 15대 왕조인 티투 유판키파차쿠티 2세 통치 기간에 발생했다고 기록돼 있는데, 여호수아가 태양을 정지시켰던 때가 티투 유판키파차쿠티 2세 통치 기간에 속해 있어 태양이 실제 멈추었던 것에 사실성을 더해주고 있다.

여호와께서 한 사람의 말을 이렇게까지 들어주신 날은 전에도 없었고 그 뒤로도 없었어.
난 특별하다고~
어이구, 니 똥 굵다.

※성경에서는 여기서 여호수아가 길갈로 돌아갔다고 기록 Link 여호수아 10장 15절 하고 있으나 이는 가나안 남쪽을 모두 정복하고 돌아간 것을 미리 언급한 것이다.

싸움을 하는 동안 다섯 왕은 막게다에 있는 어떤 동굴에 도망쳐 숨었지.
어이구, 갑자기 우박이 떨어지다니.
해도 지지 않다니 말도 안 돼.
헉헉, 끔찍한 하루야.
그런데 누군가가 그들이 동굴에 숨어 있는 것을 발견하고 여호수아에게 말해주었어.
아모리 다섯 왕이 막게다의 한 동굴에 숨던데요.
호, 그렇게 좋은 정보를!
지금 당장 동굴 입구를 커다란 바위로 막고, 사람을 몇 명 두어 그들을 지키도록 하라!
쿠르릉

※막게다 : 예루살렘 남쪽 32km 지점에 위치. 이곳에는 많은 동굴이 산재해 있다.

이스라엘 병사들은 도망치는 적들을 뒤쫓아 그들이 성에 들어가지 못하게 하라! 여호와께서 너희들에게 승리를 주었다!
한 놈도 남기지 마라!
으아아악!
제발!
이스라엘이 적을 거의 전멸시켰기 때문에, 살아서 성에 들어간 사람들은 별로 없었지.
끔찍한 이스라엘 병사들이 들어온다!
어… 어서 성문을 닫아!
부들
부들
싸움이 끝난 후 이스라엘 병사들은 막게다에 있는 여호수아에게 돌아왔지.
와아아
만세!

이제 다른 어떤 민족도 이스라엘 백성을 욕하거나 헐뜯지 못하게 됐어.
어라, 우리 노예였던 주제에 대단하군.
무시무시하네요.
아모리 족의 다섯 왕, 여호수아가 이끄는 이스라엘에 몰살.
여호수아는 동굴에 숨어 있던 다섯 왕이 끌려 나오자, 백성들이 보는 앞에서 군대 지휘관들에게 명령했어.
이 자들의 목을 발로 밟으시오.
크으윽!
흑흑!

tip 목을 밟다

목을 밟는 행위는 패배한 적을 완전히 정복했음을 상징한다. 이집트나 페르시아에서 발굴된 기념비를 보면 이는 동방 정복자의 관습이었으며 적의 수치를 드러내는 상징이었다.

※다섯 왕 : 이들 다섯 왕이 죽임을 당함으로 가나안에서는 지금까지 모두 8명의 왕이 죽은 셈이다.

여호수아는 이 말을 마치고 다섯 왕을 죽였어.
처형하라!
그들의 시체는 저녁까지 다섯 그루의 나무에 매달렸지.
기브온 성의 변절자들을 뭉개버리자더니 꼴좋게 됐다.
해가 지자 나무에서 시체를 끌어내, 그들이 숨어 있던 동굴에 던져 넣고 바위로 다시 막아 놨어.
우리도 기브온처럼 잔머리나 굴려볼 걸.

그날 이스라엘은 막게다를 점령했고 그곳의 왕과 백성을 모두 죽였지.
All clear!
더 이상 살아남은 자들은 없는 것 같군.

남쪽 가나안 정복

여호수아와 이스라엘 모든 군사들은 립나로 갔고 그 성을 공격했어.
와아아!
우린 다른 성과 달라. 우린 강하다고!
립나

※립나(리블라) : 라기스 북쪽 16km 지점에 위치한 것으로 추정.

이스라엘은 립나 성에 있던 왕과 백성을 하나도 남기지 않고 모두 죽였지.
별 것도 아닌 게 까불고 있어.
왕이 졌다!
와아아
형님… 제발….
튀어라!

그 후 이스라엘이 라기스로 건너가 그 성을 점령하려 할 때, 게셀의 왕 호람이 라기스를 도우러 올라왔어.
라기스여. 내가 도우러 왔다!
일석이조. 한 번에 두 놈을 잡아주마.
라기스
헉
헉
게셀 왕 호람

그럼에도 라기스 성은 점령되었고, 도우러 온 호람 왕과 군사들까지 모두 전멸하고 말았지.
흑흑, 2대 1로도 안 되네.
쳇, 괜히 나섰다가 이 꼴이 뭐람….
와아아

※라기스 : 예루살렘 남서쪽 약 25km 지점에 위치한 성읍.
※게셀 : 라기스 북쪽 약 30km 지점에 위치한 성읍.

이스라엘은 에글론과 헤브론, 드빌을 모두 점령하고 여리고에 한 것처럼 그곳의 모든 사람을 죽였어.
헉헉… 이스라엘은 도저히 이길 수 없어.
와아아아아
으아아악~

※에글론, 헤브론, 드빌 : 예루살렘 남서쪽에 위치한 성읍들, 헤브론은 아브라함, 이삭, 야곱이 살았던 곳이다.

이렇게 해서 여호수아는 가나안 남부의 모든 땅, 곧 남부 산지와 네게브, 서쪽 평지와 산비탈에 있는 모든 성의 왕과 백성을 멸망시켰지. 여호와께서 이스라엘을 위해 싸워주셨기 때문에, 여호수아는 이 모든 성과 그 왕들을 단번에 점령할 수 있었던 거야.
가데스 바네아에서 가사에 이르기까지, 또 고센의 모든 지역에서 기브온에 이르기까지 모든 성을 점령한 셈이군.
단 한 번의 출정으로 거의 모든 지역을 점령할 수 있었던 건, 모두 하나님의 은혜 덕분이야.

※고센 : 이곳은 이집트 탈출 이전 이스라엘 백성들이 야곱 때부터 살던 땅이 아니다. 팔레스타인 남부에 위치한 이곳은 이스라엘 백성들이 이집트에서 살던 것을 기념하여 붙인 이름인 듯하며 성읍이 아닌 넓은 지방인 것으로 추정된다.

그 후 여호수아와 이스라엘의 모든 군사들은 길갈에 있는 진영으로 돌아왔지.
여호와 만세!
와아아
주를 찬양하라!
오빠~ 멋져요!

11장 북부 지방의 정복

하솔 지역의 야빈 왕은 지금까지 일어난 모든 일에 대한 얘길 들었어.
벅
벅
으아~ 이거 정말 심각한데. 그 무시무시한 놈들을 어떻게 상대하지? 도망가 버릴까?

※하솔 : 당시 가나안 북부에서 가장 강력한 성읍으로 이스라엘을 대적하기 위해 가나안 족속들 중에 형성된 동맹의 우두머리.

야빈 왕은 마돈의 왕 요밥, 시므론의 왕, 악삽의 왕과 북쪽 산지, 긴네롯 남쪽 평지에 있는 왕들에게 사람을 보냈지.
서쪽 돌의 높은 곳에 있는 왕과 동쪽과 서쪽의 가나안 왕들, 산지에 사는 여부스 사람, 헤르몬 산 아래 히위 사람 등에게도 전갈을 보내자.
타
다
닥

※북쪽 산지 : 갈릴리 산지를 가리킨다.
※긴네롯(긴네렛) : 갈릴리 바다의 구약시대 명칭.

전갈을 받은 모든 왕들이 군대를 거느리고 이스라엘과 싸우기 위해 메롬 물가에 모였는데, 그곳에 모인 군인과 말, 전차는 셀 수도 없이 많았어.
크하하핫, 바닷가의 모래처럼 수많은 군대로구나. 이제 이스라엘 녀석들도 문제없겠다.
그때 여호와께서 여호수아에게 말씀하셨지.
그들을 두려워하지 마라. 내가 내일 그들 모두를 죽일 것이다. 그러니 너는 그들이 소유한 말의 다리를 부러뜨리고, 그들의 전차를 모두 불에 태워버려라!
모두 조용하고 신속하게 날 따르라.
역시 기습 작전에는 속도가 제일 중요하지.
여호수아의 군대는 메롬 물가에 진영을 치고 쉬고 있던 가나안 연합군을 기습 공격했어.
한 놈도 남김없이 다 죽여라!
적들은 아직 무장을 갖추지 못했다!
와아아아
저놈들이 어떻게 여기에?!
엄마야, 이스라엘이다!

※메롬 : '높은 곳의 물'이라는 뜻. 이 지역에서 가장 높은 곳에 위치한 내륙 호수로 반은 습지, 반은 호수인 요단 강의 근원지이기도 하다.

여호와께서 그들을 이스라엘 손에 넘겨주셨지.
와아아아
아악!
마… 말도 안 돼. 우리가 모인 지 하루도 안 됐는데….

tip 이스라엘의 습격

이스라엘이 진을 치고 있는 길갈에서 메롬까지는 하루 만에 도착할 수 있는 거리가 아니었다. 가나안의 연합군들은 이스라엘이 하루 이상 거리인 길갈에 있다고 방심하고 있었고 그 점을 노린 여호수아는 갈릴리 지방의 어느 산길을 따라 겨우 하루 만에 도착해 가나안 연합군을 습격한 것이다.

이스라엘은 도망치는 적군을 끝까지 뒤쫓아 가서 한 사람도 남기지 않고 쳐 죽였어.
캑캑, 징한 놈들.
헉헉, 저 놈이 마지막인데… 독한 놈.
또 여호수아는 여호와께서 명령하신 대로 적의 전차를 불태우고 말들의 다리를 부러뜨렸지.
히이이잉!
그러고 나서 여호수아는 다시 돌아와 하솔 성을 점령했어.
와아아아

가나안 북부 연합군의 우두머리였던 하솔의 왕 또한 죽임을 당했지.
이제 하솔 성의 모든 사람들을 죽이고 성을 불태워버려라!
와아아

여호수아는 성에 있는 모든 것들을 완전히 없애 하나님과의 약속을 지켰지.
못 하나도 건질게 없군.

다만 언덕 위에 세워져 있는 성들은 불태우지 않았어.
나머지 성들은 우리가 쓰게 그냥 두자고.

여호수아는 여호와께서 모세에게 명령하신 모든 일을 행한 거야.
우리는 하솔 성을 완전히 멸망시키고 다른 성 안의 전리품과 가축들은 차지했지만
그곳에 살고 있던 사람들은 한 사람도 남기지 않고 죽였지.
잘 탄다~

tip 여호와께서 모세에게 한 명령 Link 2권 210p

"너희가 요단 강을 건너서 가나안으로 들어갈 때 그 땅에 살고 있는 모든 사람들을 너희 앞에서 쫓아내라. 그들이 새겨 만든 우상들을 파괴하고 그들이 부어 만든 우상들을 파괴하며 그들의 모든 산당들을 부수라. 그 땅을 차지하고 거기에 살도록 하라. 이는 내가 그 땅을 너희가 갖도록 주었기 때문이다."

여호수아는 그 모든 땅, 곧 산지, 네게브 전 지역, 고센 전 지역, 서쪽 평지, 아라바, 가나안 북쪽 땅과 그 평지를 다 차지하고 그 땅의 모든 왕을 사로잡아서 죽여 버렸어.
이 땅엔 더 이상 왕이 필요 없다.
암몬
가나안
사해
모압
네게브
에돔
우리의 왕은 여호와 하나님이시니까.

그 후로도 여호수아는 여러 해 동안 그 땅의 왕들과 싸웠어.
우리가 가나안 땅에 들어와서 싸운 지가 얼마나 됐죠?
글쎄요. 하도 오래 돼서….
하여간 엄청나게 싸웠죠.

※고센 : 가나안 남쪽의 한 지역으로 추정된다.
※아라바 : 사해를 아라바 해라고도 부른다. 사해 남쪽 지역을 가리킨다.

기브온을 제외하고 이스라엘과 평화조약을 맺은 성은 없었고, 그들 모두 이스라엘에게 패했지.
다행히 우리는 화를 피할 수 있게 됐군.
장로들이 멋진 아이디어를 낸 덕분이야.
몰살당하는 것보다는 종살이가 낫지.
기브온 사람들

여호수아는 또한 헤브론, 드빌, 아납, 유다 그리고 이스라엘에 사는 아낙 사람들과 싸워 그들과 그들이 사는 성읍을 멸망시켰어. 아낙 사람 중 이스라엘 사람들의 땅에서 살아남은 사람은 아무도 없었지.
아낙 놈들도 별거 아니구먼.

tip 아낙 자손

성경의 기록에 의하면 아낙 자손은 커다란 체구를 가진 사람들이었다. 저자가 특별히 아낙 자손 이야기를 한 이유는 모세가 12명의 정탐꾼을 가나안 땅에 보냈을 때, 하나님을 의심하고 두려움에 떨게 했던 것이 바로 아낙 자손이기 때문이다.

Link 2권 160p

이렇게 여호수아는 이스라엘의 모든 땅을 차지했고, 여호와께서는 약속하신 대로 그 땅을 주셨지.
믿기지가 않는군. 이 넓은 땅이 우리 것이라니.
정말 감격입니다요.

마침내 전쟁이 끝났고 여호수아는 그 땅을 이스라엘 지파에게 나눠주었어.
이제 사이좋게 땅을 나누는 일만 남았군.
제비를 잘 뽑아야 하는데….

※저자 : 성경에서 엄밀한 의미의 저자는 성령 하나님이시다.

12장 전쟁에 패한 왕들

이스라엘이 요단 강 동쪽 길르앗을 정복했을 때의 왕은 시혼과 옥이었어.
Link 2권 185p
나야 나. 2권 민수기에서 아모리 사람들의 왕이며 헤스본의 왕으로 나왔던 잘 생긴 사람 말이야.
난 바산 왕 옥인데 시혼 왕 옆 동네의 지배자였지. 근데 민수기에서 이름만 나오고 출연하지는 못했어.

요단 강 동쪽 길르앗은 약속대로 르우벤 지파와 갓 지파, 그리고 므낫세 절반 지파에게 주었지.
요단 강 동쪽의 땅은 목초지라서 가축들을 키우기에 엄청나게 좋은 곳이죠.

※길르앗 : 목초지와 물이 풍부했던 지역. 요단 강 동편 지역.
※바산 : 남으로는 길르앗, 북으로는 하르몬(헤르몬)까지 넓은 지역을 관할하던 왕국이었다.

요단 강 서쪽은 북부와 남부로 나뉘는데, 가나안 전국의 주요 성읍들은 다음 지도를 참고하면 돼.
게데스
하솔
바산
갈릴리
긴네렛
악삽
마돈
그술
지 중 해
시므론
욕느암
야르묵 강
돌
므깃도
다아낙
랏사론
길르앗
요단 강
헤벨
디르사
브니엘
얍복 강
아벡
답부아
가 나 안
랍바(암몬)
게셀
벧엘
아이
여리고
야르뭇
예루살렘
헤스본
립나
아둘람
에글론
라기스
헤브론
블 레 셋
막게다
염 해 (사해)
드빌
아르논 강
게델
아랏
모압
호르마
네 게 브
아말렉
에돔

여호수아와 이스라엘 사람들이 물리쳐 이긴 왕들은 서쪽의 남부지역의 왕이 16명, 북부지역의 왕이 15명이었어.

남부				북부			
1	여리고 왕	9	드빌 왕	17	답부아 왕	25	다아낙 왕
2	아이 왕	10	게델 왕	18	헤벨 왕	26	므깃도 왕
3	예루살렘 왕	11	호르마 왕	19	아벡 왕	27	게데스 왕
4	헤브론 왕	12	아랏 왕	20	랏사론 왕	28	욕느암 왕
5	야르뭇 왕	13	립나 왕	21	마돈 왕	29	돌 왕
6	라기스 왕	14	아둘람 왕	22	하솔 왕	30	고임 왕
7	에글론 왕	15	막게다 왕	23	시므론의 므론 왕	31	디르사 왕
8	게셀 왕	16	벧엘 왕	24	악삽 왕		

tip 31명의 왕

남북의 길이가 약 240km, 동서의 길이가 가장 긴 곳은 85km, 짧은 곳은 45km 정도밖에 안 되는 가나안 지역에 이렇게 많은 성과 왕이 있었다는 사실은 이 시대가 얼마나 분열이 심한 시대였는지를 보여준다. 위 표에서 30 고임 왕의 위치는 알려지지 않아 지도에 표기하지 않았다.

자그마치 31명의 왕이 이스라엘에게 패한 거라고.

2. 가나안 땅을 나누다

13장 아직 정복하지 못한 땅

여호수아가 정복하지 못한 땅은….
시돈
바알갓
다마스쿠스
헤르몬 산
두로
단
미스르봇마임
게데스
지 중 해
바산
갈릴리
아벡
그술
악삽
야르뭇강
길르앗라못
요단강
길르앗
브니엘
얍복강
가 나 안
벧엘
랍바(암몬)
여리고
암몬
에그론
예루살렘
에스본
야르뭇
립나
블 레 셋
헤브론
그데못광야
염 해 (사해)
아르논 강
게델
브엘세바
모압
네 게 브
브엘라해로이
아말렉
에돔

블레셋 사람의 모든 땅과 그술 사람의 땅, 이집트와 붙어 있는 시홀 강에서부터 북쪽의 에그론까지의 지역, 남쪽으로 가나안의 모든 땅과 시돈 사람의 므아라 땅과 아모리 사람의 경계인 아벡까지의 땅, 그발 사람의 땅과 헤르몬 산 아래 바알갓 동쪽에서부터 하맛까지의 레바논 지역, 레바논에서부터 미스르봇마임까지….
으으…
도대체 뭐… 뭐라는 거야!
그냥 저 지도 봐라.

여호수아가 나이 많아 늙었을 때 여호와께서 말씀하셨지.
여호수아야, 네가 나이가 많이 들었구나. 하지만 이스라엘이 차지해야 할 땅이 많이 남아 있다. 내가 그 땅에 살고 있는 모든 사람들을 쫓아낼 것이니, 너는 내가 명령한 대로 그 땅을 이스라엘에게 분배하여 기업이 되게 해야 한다!
뭐 아직 모든 곳을 다 정복하지는 못했지만, 하나님께서 알아서 해주신다니 일단 땅을 나눕시다.

※기업 : '유업', '유산'을 말하지만 땅의 배분이 한 세대의 소유가 아니라 영원히 상속되는 것을 말한다.

요단 강 동쪽의 땅

그 전에 하나, 요단 강 동쪽에 이미 땅을 분배받은 지파가 있었다는 거 기억하고 있지?
바로 므낫세 절반 지파와 르우벤 지파, 갓 지파가 모세님과 약속한 이 땅을 유산으로 받았죠.
Link 2권 207p
길르앗
가나안
여리고
암몬
예루살렘
모압

반면 모세는 레위 지파에게 아무런 땅도 주지 않았어.
우리에겐 하나님께 드리는 번제물이 땅보다 더 소중한 유산이오.
아멘.

14장 갈렙이 헤브론 성을 받음

대신 레위 사람들은 그들이 살 여러 성읍과 가축을 기를 수 있는 목초지를 받았지. Link 2권 211p
우리는 각 지파의 종교 생활을 지도해야 했기 때문에 흩어져 살 수밖에.
메에에~
이스라엘 백성은 여호와께서 모세에게 말씀하신 대로 제비를 뽑아 각각 땅을 나누었어.
이거… 우리가 좋은 땅을 차지해야 하는데….
오…
이… 런…
어느 날, 유다 지파의 몇 사람들이 여호수아에게 찾아왔어.
오, 자네는 여분네의 아들 갈렙이 아닌가?
갈렙은 여호수아와 함께 45년 전 가나안을 정탐했던 사람이야.
이제 많이 늙어서 잘 알아보지 못하시겠지만 이 사람은 갈렙입니다.
다른 정탐꾼들이 두려워하며 백성에게 겁을 줬을 때, 우리만 가나안 정복을 주장했었죠.
여기 Link 2권 158p 에 등장하는군.
성경2.0
갈렙은 여호수아에게 모세가 자신에게 했던 말 Link 2권 163p 에 대해 얘기했어.
네가 마음을 다해 여호와 하나님을 믿었으니 네가 밟는 땅은 그곳이 어디든 영원히 너와 네 자손의 유산이 될 것이다.
기억나시죠?
당연하지. 그때 같이 있었는데.
비록 내 나이는 여든 다섯이나 되었지만 아직도 몸은 튼튼합니다. 지금이라도 얼마든지 싸울 수 있다고요.
오… 몸짱 노인네.
하~ 이거 찔러도 피 한 방울 안 나오겠다.
그거 욕 아냐?
여호와께서 약속하셨으니 저희 유다 지파가 받은 땅 중에서 아낙 자손이 사는 산지를 제게 주십시오.
으잉? 하필이면 그 거인들이 사는 산지를 달라고? 그들의 성은 엄청나게 크고 튼튼해서 정벌이 어려울 텐데….

※2권 163p에서 모세가 갈렙에게 직접 얘기한 장면은 없다. 이것은 하나님 말씀을 모세가 전달한 것으로 볼 수 있다.

※아낙 자손 : 커다란 체구를 지닌 가나안 족속.

여호수아는 갈렙을 위해 복을 빌고 헤브론 성을 그에게 주었지.
아 괜찮아요. 여호와께서 나를 도와주시기만 한다면 그 녀석들을 쫓아낼 자신이 있습니다.
좋아. 아낙 자손들이 살고 있는 헤브론 성은 이제 자네 것이네.

※헤브론 : 예루살렘 남쪽 26.6km 지점에 위치한 곳으로 한때 아브라함이 거주했다.

얼마 후, 갈렙이 헤브론 성을 차지할 수 있었던 것은 그가 이스라엘 하나님 여호와를 온전히 믿었기 때문이야.
하나님만 믿으면 다 이루어진다고. 알겠냐?
무식하게 힘만 센 늙은이.
크흑

15장 유다 지파가 받은 땅

유다 지파는 각 집안 별로 제비를 뽑아 땅을 나눠 받았어.
딤낫세라
벧엘
여리고
압느엘
기럇여아림
딤나
에그론
소라
예루살렘 (여부스)
벧호글라
아스돗
벧세메스
베들레헴
블레셋
에글론
유다
헤브론
가사
엔게디
염 해
드빌
시글락
림몬
마온
맛만나
아산
호르마
갑스엘
사루헨
브엘세바
몰라다
바알랏브엘
시므온
아로엘
아다다
에셈
소알
브엘라해로이
아말렉
네게브
호르 산
에돔
바란광야
가데스바네아

헤브론과의 싸움이 끝나자 드디어 가나안 땅에 전쟁이 그쳤지.
가나안 땅이 다 점령된 건 아니지만 헤브론 백성의 힘이 약해져 더 이상 전쟁을 일으킬 수 없게 됐어.

헤브론을 받은 갈렙은 그곳에 살고 있던 아낙의 자손들인 세새, 아히만, 달매, 이렇게 세 집안을 쫓아냈어.
콱, 빨리 안 갈래?!
훌쩍
흑흑

tip 헤브론에서 살던 아낙 자손

정복 전쟁 초기에 여호수아는 헤브론을 점령하고 그곳의 아낙 자손을 멸망시켰다. Link 3권 56p 하지만 7년이나 끌었던 긴 정복 전쟁 동안 멸망한 줄 알았던 아낙 자손이 다시 힘을 모아 세력을 구축했다. 그래서 갈렙이 다시금 헤브론을 공격해 아낙 자손을 쫓아낸 것이다. 헤브론은 아낙 사람들 중에서도 가장 큰 사람인 아르바라는 사람의 이름을 따서 기랴 아르바라고도 불렸다.

갈렙은 헤브론에서 드빌로 올라가 그곳에 살고 있는 사람들과 싸웠지.
저기 드빌 성에도 아낙의 자손들이 살고 있다!
드빌
저 성을 공격해서 점령하는 사람에게는 내 딸 악사를 그의 아내로 주겠다!
뭐?
헉!
미… 미녀 악사를?

※드빌 : 헤브론 남서쪽에 있는 성읍으로 아낙 자손의 거주지, 기랏 세벨이라 불렸다.

드빌 성은 내가 먼저 점령한다!
미녀 악사는 내 차지다!
두두두두두
크아아악!
그 성을 점령한 것은 갈렙의 조카 그나스의 아들 옷니엘이었어.
♥악사 찜!
크하하, 이제 악사는 내 여자다~
아니… 저놈이!!
아악, 악사를 빼앗겼구나!
다 때려 부숴라!
오빠를 기다려라!
우르르
너… 인기가 좋구나.
비켜라!
남자들이 보는 눈이 있네요.
갈렙은 약속대로 자신의 딸인 악사를 옷니엘에게 주어 아내로 삼게 했지.
헤헤, 내가 갈렙님의 사위가 될 줄이야.
침이나 닦아.
낑
결혼할 때 악사는 옷니엘이 자기 아버지 갈렙에게 땅을 달라고 하기를 바랐어.
우리가 살 땅은 기름지지 않고 너무 메말라 있어요. 그러니 저에게 샘물이 있는 땅을 주세요.
알았다. 사랑하는 딸을 위해서 그 정도야 뭐.
하하하
갈렙은 딸과 사위에게 위쪽과 아래쪽에 샘물이 있는 땅을 주었지.
아이고~ 알짜배기 땅을.
흑, 딸자식 키워봤자 결혼하면 남이라더니….
그런데 유다의 자손은 예루살렘에 살고 있던 여부스 사람들을 쫓아내지 못했어.
나가~ 나가~!
이 바퀴벌레 같은 녀석들!
퍽
퍽
퍽
싫어, 우린 절대 안 나갈 거야.
못 나가!
그래서 여부스 사람들은 아직까지도 예루살렘에서 유다 자손과 함께 살고 있는 거야.
흐흐, 우리는 산간 지대에서 성을 쌓아 다윗시대까지 살아남았지.
히히, 우린 바퀴벌레~
지독한 녀석들….

※여부스 : 가나안 대표 7족속 중 하나.

16장 에브라임 지파가 받은 땅

tip 제비뽑기

히브리어로는 '고랄', 헬라어로는 '클레로스'라고 하는 '제비'는 인간의 이해를 넘어선 어떤 결정을 내릴 때, 혹은 땅이나 물건을 나누는 것처럼 공정성을 요하는 결정을 할 때, 하나님이나 신들을 불러내기 위해 사용되는 물건이다. 고대에서 두루 사용된 제비뽑기는 이스라엘에서는 하나님의 뜻을 확정하기 위해 사용됐으며, 사람들은 하나님께서 모든 일을 주관하심을 믿으며 제비를 뽑았다. 제비를 뽑는 것은 사람이지만 결정은 하나님이 하신다.

※게셀 : 라기스 북쪽 약 30km 지점에 위치한 성읍.

tip 가나안 사람을 종으로 삼음

에브라임 지파 사람들은 자신들의 편안함을 위해 가나안 사람들을 종으로 남겨 놓았다. 하지만 이것은 '가나안 사람들을 모두 멸망시키라 Link 2권 84p '는 하나님의 명령을 거역한 행위였다. 훗날 가나안 사람은 에브라임 지파를 중심으로 이루어진 북이스라엘이 우상숭배에 깊이 빠지게 되는 원인을 제공하게 된다.

17장 므낫세 지파가 받은 땅

※길르앗 : 마길이 길르앗 땅을 정복하고 그것을 기념하기 위해 아들의 이름을 길르앗이라 지었다고 한다.

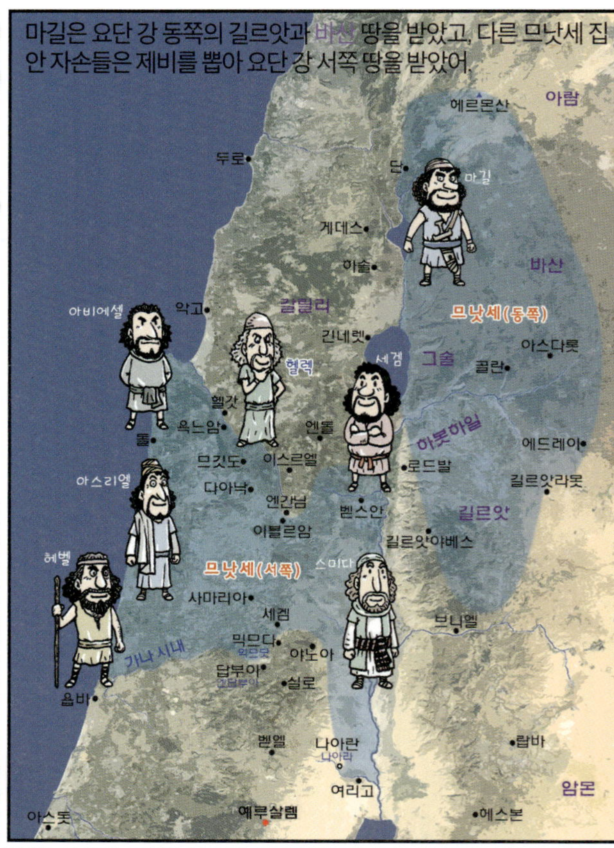

※바산 : 남으로는 길르앗, 북으로는 하르몬(헤르몬)까지 넓은 지역을 관할하던 왕국이다.

그리고 아들 없이 죽은 슬로브핫 집안도 모세의 약속대로 슬로브핫의 다섯 딸들에게 땅을 나눠 주었지. Link 2권 198p
너희들에게도 땅을 똑같이 나눠주겠다.
와아~!
모세님이 이렇게 말씀하신 것 기억하시죠?
그럼 그럼~

므낫세 지파의 땅은 잇사갈과 아셀의 지역에도 있었어.
우리는 벧 스안과 이블르암, 돌, 엔돌, 다아낙, 므깃도와 그 주변의 마을들을 차지했죠.

tip 겹치는 소유

에브라임 지파가 므낫세의 땅 안에 성을 가지고 있던 것처럼 므낫세 지파 역시 아셀과 잇사갈 지파의 땅 안에 6개의 독립된 성을 가지고 있었다. 이와 같이 지파 간의 성들이 서로 겹친 이유는 이스라엘 공동체의 연합성을 보여주는 것이라 할 수 있다.

므낫세 지파 역시 그 성에 사는 가나안 사람들을 쫓아내지 못했어.
제발, 좀 떨어져라. 이 찰거머리 같은 인간아.
찰싹
흥, 쉽지는 않을 걸?

점점 강해진 이스라엘 사람들이 강제로 가나안 사람들에게 일을 시켰지만 말이야.
편하게 살려고 가나안 사람들을 종으로 삼은 것은 분명 잘못이었어.

어느 날, 요셉의 자손인 에브라임과 므낫세 지파 사람들은 여호수아에게 불평했지.
여호와께서 지금까지 복을 주셔서 우리는 그 숫자가 아주 많아졌습니다.
그런데 우리는 두 개 지파인데 왜 한 번만 제비를 뽑아서 한 몫만 받아야 합니까?
이런 욕심쟁이들, 끄응….
공평하지 않아.

tip 에브라임, 므낫세 지파

요셉의 자손인 에브라임과 므낫세는 사실 두 지파였음에도 불구하고 하나의 제비만을 뽑았고 지금 그것에 대해서 불평하고 있다. 그러나 이들의 요구는 지나치다 볼 수 있다. 왜냐하면 므낫세 반 지파는 이미 요단 동편에서 넓은 지역을 차지한 바 있고 Link 2권 209p 에브라임 지파도 요단 서편에서 유다 지파 다음으로 넓고 비옥한 땅을 차지했기 때문이다. 또한 나머지 므낫세 반 지파도 에브라임 지파 위쪽에 꽤 넓은 지역을 분배받은 바 있다. 므낫세 지파의 인구가 5만여 명이었고, 에브라임 지파가 3만여 명이었음을 볼 때 Link 2권 197p 이들이 분배받은 지역은 결코 좁은 지역이 아니었다. 이들과 비교해 볼 때 단 지파와 잇사갈 지파는 므낫세 지파보다 인구가 더 많았음에도 불구하고 좁은 산악 지대를 배분받았다.

알았소. 그대들은 수가 많으니 브리스 사람과 르바임 사람들이 살고 있는 숲으로 가서 스스로 살 곳을 마련하시오.
흐흐, 다 죽었쓰~

하지만 그 땅은 아주 위험합니다. 그들은 훈련이 아주 잘 된 군인인데다, 벧 스안과 그 주변에 사는 사람들 모두 철 전차 같은 뛰어난 무기를 가지고 있습니다.
와아아아

※브리스와 르바임 사람 : 예루살렘 서남쪽의 에브라임 산지와 르바임 골짜기에 살던 사람들.

※벧 스안(벧산) : 므낫세와 잇사갈의 경계인 이스르엘 골짜기의 동쪽 끝으로 뻗은 요단 골짜기에 있는 성읍.

무슨 소리! 그대들은 수가 많고 큰 힘을 가지고 있소.
아무리 적들이 뛰어난 무기를 가지고 있더라도 승리할 수 있소.
하긴 우리가 왜 질 것을 걱정해?
맞아. 우린 여호와의 군대잖아.
그래~ 이길 수 있어.
지금 당장 가서 싸우자고!

그대들은 산악 지대도 차지할 수 있을 거요. 거긴 비록 숲이지만 나무를 잘라내서 살기 좋은 곳으로 만들 수 있소.
그건 환경 파괴 아닌가? 숲이 있어야 산소와 피톤치드를 발생시키지.
끙…
그런 시대착오적인 얘기를….

18장 실로에 세워진 성막

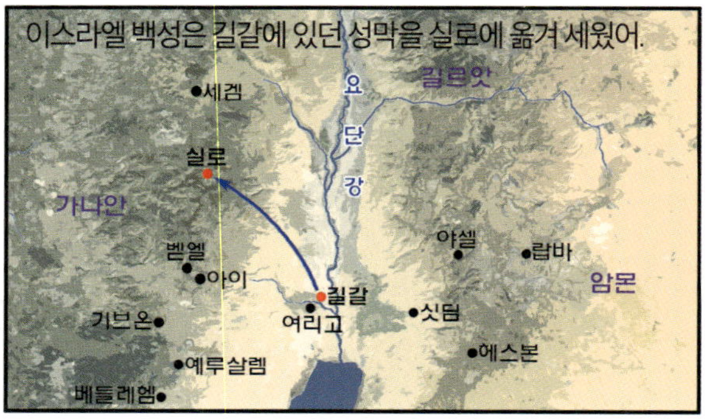
이스라엘 백성은 길갈에 있던 성막을 실로에 옮겨 세웠어.
세겜
실로
가나안
벧엘
아이
기브온
예루살렘
베들레헴
요단강
길르앗
얍셀
랍바
암몬
길갈
여리고
싯딤
에스본

당시 이스라엘 일곱 지파는 아직 약속한 땅을 받지 못한 상태였지.
그대들은 여호와께서 주시기로 한 땅을 정복하는 걸 도대체 언제까지 미루려는 건가?
아… 저… 그건….
저희도 곧 정복할 생각이긴 한데….
우린 혼나도 싸.

tip 약속한 땅을 받지 못한 이유는?

먼저 땅을 분배받은 므낫세와 에브라임, 그리고 유다 지파 등 강한 힘을 가진 지파들은 다른 지파가 땅을 분배받고 가나안 족속들을 쫓아낼 수 있게끔 적극적으로 돕지 않았다. 또한 이들은 자신들에게 할당된 지역이 그다지 좋은 지역이 아니기 때문에 적극적이지도 않았다. 인간들의 이기심 때문에 하나님의 약속이 성취되지 못한 것이다.

여호수아는 그 일곱 지파에서 각각 세 사람을 뽑아 아직 나눠받지 못한 땅으로 정탐을 보냈지.
너희는 그 땅을 일곱 부분으로 나누고, 각각의 모습을 그려서 내게 가져와라. 그럼 나는 여호와 앞에서 제비를 뽑아 그 땅을 나눠주겠다.
넵!
충성!

정탐꾼들은 그 땅으로 들어가 곳곳마다 돌아다니며 성읍들을 따라 7부분으로 나눠 책에 그렸어.
지도를 그리는 게 보통 일이 아니군.
슥
슥슥
대동여지도를 그린 고산자 김정호는 대단해.

그들이 임무를 마치고 돌아오자 여호수아는 여호와 앞에서 제비를 뽑았고, 그곳에서 각 지파에 따라 땅을 나눴어.
자, 자기 땅이 어느 곳인가 궁금한 사람들은 어서 다음 페이지를 보도록.
어디? 어디~

19장 베냐민, 시므온, 스불론, 잇사갈, 아셀, 납달리, 단 지파와 여호수아가 받은 땅.

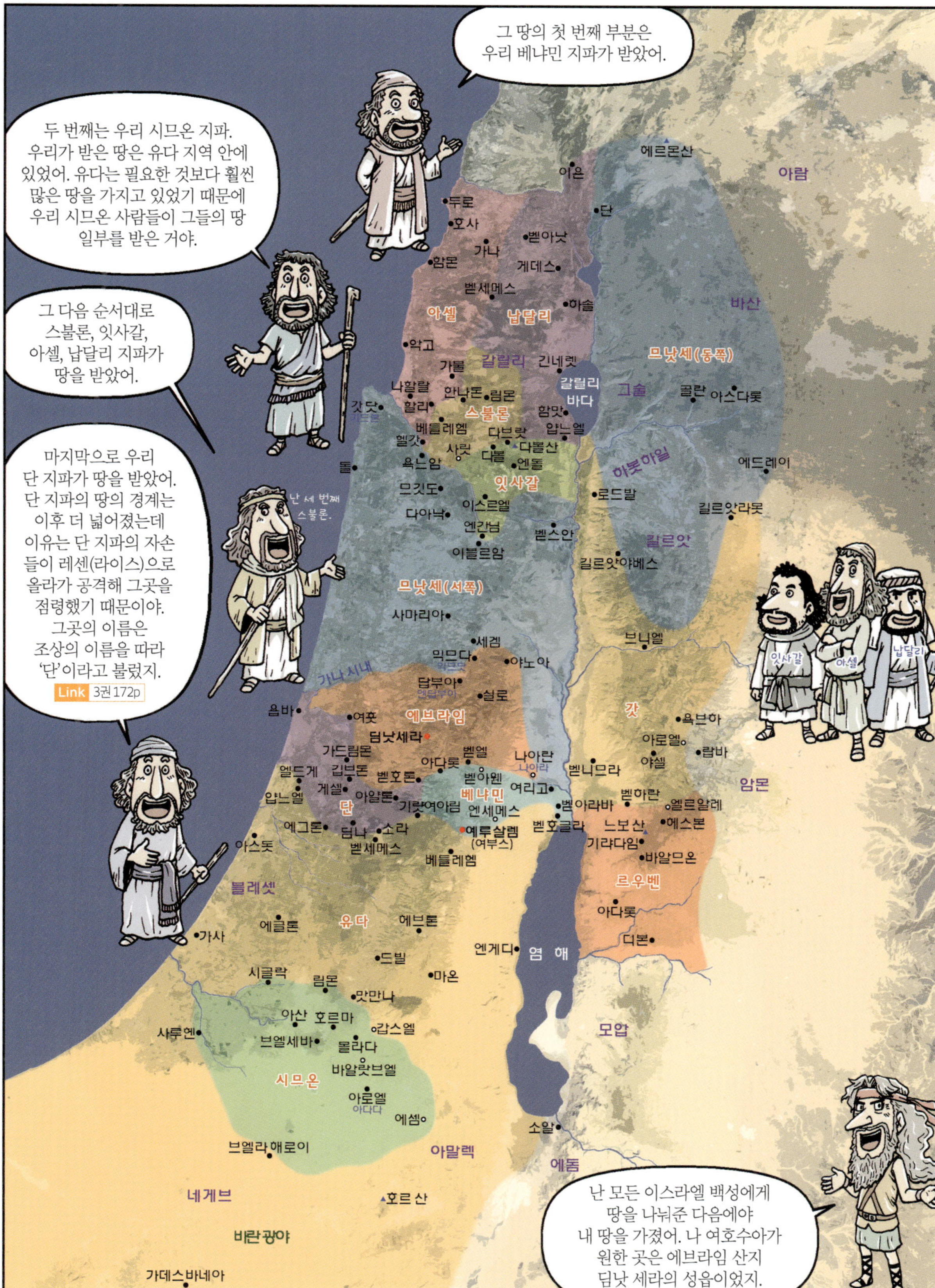

지금까지 제사장 엘르아살과 여호수아가 각 지파의 몫으로 지도자들에게 나눠준 땅에 대해 얘기했어.
잠깐만요. 여호수아님이 차지한 딤낫 세라는 불모지나 다름없는 산간 지대 아닌가요?
별로 불만 없어. 난 그곳에서 성읍을 지어 살 거야.

tip 딤낫 세라

세겜 서남쪽 27km 지점에 위치하며 불모지나 다름없는 산간 지대. 여호수아가 남긴 업적에 대한 대가로는 보잘것없는 곳이었지만 여호수아는 사리사욕을 채우지 않고 다른 지파를 위해 열악한 지역을 선택했다.

그들은 실로에서 성막 문, 곧 여호와 앞에서 제비를 뽑아 땅을 나눠주었지.
잠깐, 땅 분배를 마쳤다고 해서 가나안 땅이 완전히 정복된 건 아니라는 걸 잊지 마세요.
정복하지 못한 곳은 각 지파별로 알아서 해야 합니다.

20장 도피성

여호와께서 여호수아에게 도피성에 대해 말씀해 주셨어.
이제 도피성을 지정해 주겠다. 성경2.0 2권 212p를 펼쳐봐라!
아, 여기 있네요. 전에 모세님에게 말씀하신 거로군요.

자세한 건 그걸 참고하고, 너희는 여러 성 가운데서 도피성을 골라 누구든지 실수로 살인한 사람은 그 도피성으로 도망갈 수 있게 하라!
이 자의 친척들이 오기 전에 어서 도피성으로 가.
이… 이런… 이건 시… 실수야….

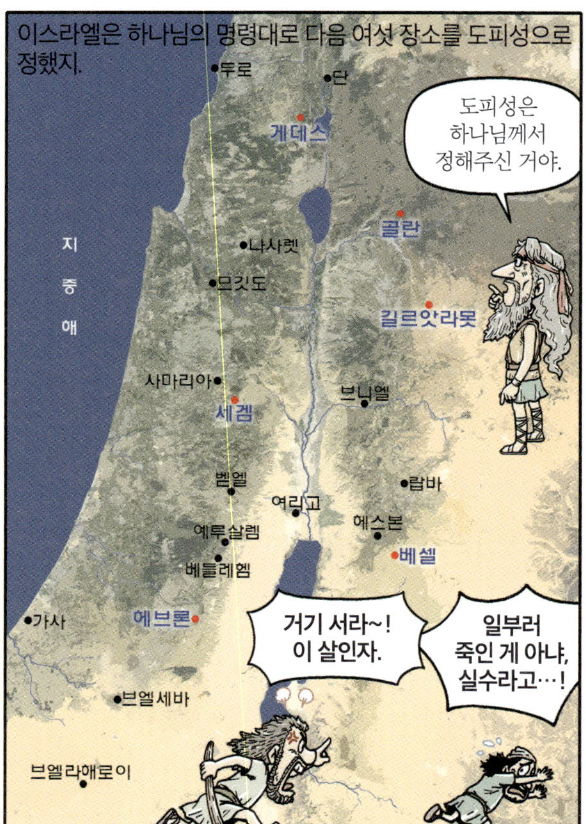
이스라엘은 하나님의 명령대로 다음 여섯 장소를 도피성으로 정했지.
두로
단
게데스
도피성은 하나님께서 정해주신 거야.
골란
나사렛
지중해
므깃도
길르앗라못
사마리아
세겜
브니엘
벧엘
랍바
여리고
에스본
예루살렘
베셀
베들레헴
가사
헤브론
거기 서라~! 이 살인자.
일부러 죽인 게 아냐, 실수라고…!
브엘세바
브엘라해로이

21장 레위 지파가 받은 성읍

실로에서 레위 지파 역시 예전에 하나님께서 약속했던 성과 들을 받았어.
이제 우리는 이 땅에서 여호와께 드릴 제물을 키우면 되는 거야.
메에에에
메에에~

레위 지파의 족보는 아래와 같아.

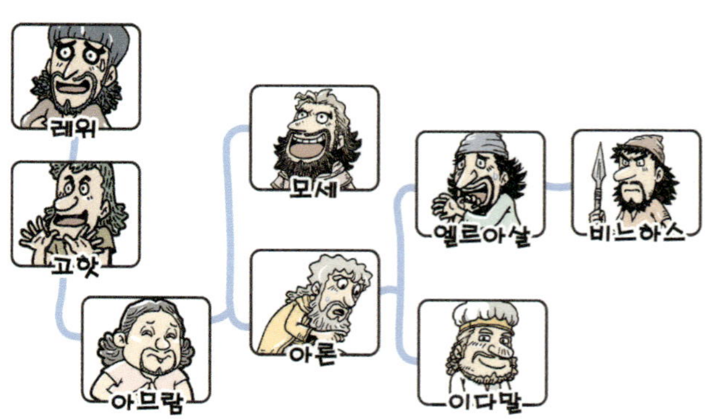
레위
고핫
아므람
모세
아론
엘르아살
비느하스
이다말

고핫의 후손, 게르손 후손, 므라리 후손 순서대로 제비를 뽑았고, 고핫의 후손 중 아론의 후손이 가장 먼저 성읍을 받았지.
제사장 직을 맡았던 아론의 후손이 가장 먼저 받았어.
Link 2권 196p 에서 음란한 짓을 하던 남자와 미디안 여자를 창으로 찔러 죽인 용감한 자가 바로 나야.
엘르아살
비느하스

레위 사람이 받은 성의 위치는 다음과 같아.
•도피성으로 지정됨
르홉 압돈 게데스 바산
갈릴리
미살 나할랄 림몬 가르단 아스다롯 골란
헬갓 다브랏 함못돌 욕느암 다볼 기시온 야르뭇
가드림몬 다아낙 엔간님
길르앗라못 길르앗 마하나임
세겜 깁사임 욕므암 가나안
가드림몬 엘드게 깁브돈 벧호론 기브온 게바 게셀 아얄론 알몬 아나돗 벧세메스 립나
야셀 암몬 므바앗 헤스본 베셀 야하스
블레셋 헤브론 드빌 윳다 홀론 에스드모아 옷딜 아인 아산
그데못 광야 그데못
우리 레위 지파는 각 지파에 있는 성읍을 받아 흩어져서 살게 되는군요.
각자 담당한 지역에서 하나님에 대해 가르쳐야 하는 중요한 임무가 있었으니까.

이스라엘이 차지한 땅 가운데 레위 지파는 모두 48개의 성읍과 그 주변의 들판을 받았어.

	할당 지파	성읍 이름	도피성
아론 후손	유다	헤브론, 립나, 얏딜, 에스드모아, 홀론, 드빌, 윳다, 벧세메스	헤브론
	베냐민	기브온, 게바, 아나돗, 알몬	
	시므온	아인	
고핫 집안	에브라임	세겜, 게셀, 깁사임, 벧 호론	세겜
	단	엘드게, 깁브돈, 아얄론, 가드 림몬	
	므낫세 반	다아낙, 가드 림몬	
게르손 집안	므낫세 반	골란, 브에스드라	골란
	잇사갈	기시온, 다브랏, 야르뭇, 언 간님	
	아셀	미살, 압돈, 헬갓, 르홉	
	납달리	게데스, 함못 돌, 가르단	게데스
므라리 집안	스불론	욕느암, 가르다, 딤나, 나할랄	
	르우벤	베셀, 야하스, 그데못, 므바앗	베셀
	갓	길르앗 라못, 마하나임, 헤스본, 야셀	길르앗 라못

이렇게 여호와께서는 오래전에 이스라엘의 조상에게 약속하신 모든 땅 Link 1권 45p 을 주셨어.
내가 이 땅을 네 자손에게 주리라!
아브라함

또한 여호와께서는 이스라엘 사람들이 온 땅에서 평화롭게 살도록 해주셨지.

3. 지도자 여호수아의 죽음

22장 가족에게 돌아간 지파들

여호수아가 르우벤 지파와 갓 지파, 므낫세 동쪽 지파의 지도자들을 모이게 했어.
여러분은 모세님과 제가 명령한 모든 것을 아주 잘 지켰습니다.
와아아
여러분들은 가나안 땅을 완전히 정복하기 전까지는 절대 가족에게 돌아가지 않는다는 약속을 지켜, 지금까지도 형제를 떠나지 않고 있었습니다.

※므낫세 동쪽 지파 : 므낫세 절반의 지파를 말한다. 므낫세 지파의 반은 요단 강 동쪽의 길르앗과 바산 땅을 받았고, 나머지 절반은 요단 강 서쪽 땅을 받았다. Link 3권 62p

※르우벤, 갓, 므낫세 반 지파 : 모세로부터 요단 동편의 땅을 얻은 대가로 다른 지파들이 가나안 땅을 차지할 때까지 그들을 도와 앞장서서 전쟁에 참여했다. Link 3권 27p

이제 여호와께서 당신들에게 평화를 약속하셨으니, 모세님이 주었던 요단 강 동쪽 땅으로 돌아가도 좋습니다.
넷, 그게 정말입니까?
와아! 만세~
여러분은 모세님이 주신 율법을 잘 지키고 행해야 한다는 걸 잊지 마십시오.
여러분은 오직 하나님께서 지시하는 길로 가며, 할 수 있는 모든 힘을 다해 하나님을 가까이 하고 섬겨야 합니다.
네, 명심하겠습니다.
자, 이제 여러분은 많은 재물과 가축, 은, 금, 구리, 철, 옷 등 적에게서 빼앗은 물건들을 가지고 가서 형제들과 서로 나누어….

와아~
만세~ 비켜~ 내 거야!
이… 이런… 우왕왕….
우르르
여호수아는 그들을 축복하고 요단 강 동쪽 자기 땅으로 떠나보냈어.
하나님의 크신 영광이 그대들과 함께하시기를 빌겠소.
아멘~
르우벤 지파와 갓 지파, 므낫세 반 지파는 실로를 떠나 요단 강 동쪽 길르앗으로 돌아갔지.

※실로 : 예루살렘 북쪽 30km 지점에 위치한 성읍, 이곳에 성막을 세웠다. Link 3권 64p

※길르앗 : 여기서는 길르앗과 바산 지역, 곧 요단 동편의 르우벤과 갓, 므낫세 반 지파가 할당받은 땅 전체를 가리킨다.

그들은 요단 강 근처의 언덕에 도착하자 큰 제단을 쌓았어.
단을 쌓기에는 아주 훌륭한 장소로군.
내친 김에 쇼핑몰도 하나 지을까?
르우벤, 갓, 므낫세 절반 지파가 제단을 쌓았다는 소식은 다른 이스라엘 백성들의 귀에도 들어갔지.
그들이 요단 강 근처에 제단을 쌓았다는군.
뭣이? 그게 정말이야?
미친 것 아냐?
왜 그래?
이 소식을 들은 모든 이스라엘 백성이 그들과 싸우기 위해 실로에 모였어.
실로
가나안
벧엘
랍바
암몬
길갈
기브온
여리고
헤스본
예루살렘
용서할 수 없다.
웅성
웅성
절대 그냥 두고 볼 수는 없어.
왜? 제단을 쌓은 게 잘못됐어?
그들을 공격하기 전에 조사단을 구성해서 보내는 것이 어떻겠소?
그게 좋겠습니다.
아, 그게 왜 문제가 돼?
제사장 엘르아살의 아들 비느하스가 조사단을 이끌고 길르앗으로 갔지.
척
그들은 르우벤, 갓, 므낫세 반 지파에게 가서 말했어.
모든 이스라엘 백성들을 대표해서 말하겠소. 당신들은 어째서 하나님께 죄를 저지르는 것이오? 어째서 하나님을 거역하고 당신들 스스로를 위해 제단을 쌓은 거냔 말이오?
끙
끙
넷?

※비느하스 : 대제사장 엘르아살의 아들, 범죄한 이스라엘 지도자를 창으로 찔러 죽여 재앙을 멈추게 했다. Link 2권 204p

당신들은 브올에서 있었던 사건을 잊었소? 우린 그 죄 때문에 아직도 고통을 겪고 있는데 또다시 여호와께 등을 돌리려 한단 말이오?
아니, 그… 그게 무슨…?!

tip 브올에서 있었던 사건 Link 2권 195p

이스라엘 백성이 싯딤에 머무르는 동안 그들 중 일부가 모압 여인들에게 빠져 그들의 신 바알브올을 숭배해 하나님께 범죄 한 사건을 말한다. 그 일로 인해 2만 4천 명이 염병으로 죽었다. 지금 비느하스도 르우벤과 갓, 므낫세 반 지파가 쌓은 제단이 우상숭배를 위한 것인가를 묻고 있다. 요단 강 서쪽에 있는 지파들은 이 행위를 율법을 거역하는 행위로 풀이했다. 레위기에 따르면 이스라엘 백성들이 번제나 제물을 드리는 것은 성막에서만 할 수 있다고 규정하고 있기 때문이다. Link 2권 122p

아하~
그렇군!

당신들이 지금 하고 있는 일을 당장에 멈추지 않으면, 여호와께서 이스라엘 백성 모두에게 화를 내실 것이오! 이 땅은 깨끗하지 못한 땅이니 성막이 있는 여호와의 땅으로 다시 돌아오시오! 당신들에게 우리 땅을 나눠줄 테니, 여호와의 제단 외에 다른 제단을 쌓아 하나님과 우리에게 등을 돌리는 일은 하지 마시오!
버럭
이크크크~
아간이 하나님께서 남겨두지 말란 물건을 숨기는 죄를 저질러, 그 벌로 많은 사람이 죽은 것을 기억하시오? Link 3권 35p
그러니 제발 저 따위 제단은 당장…!
씩씩
켁켁
르우벤, 갓, 므낫세 절반 지파가 그들에게 대답했지.
오해하지 마시오. 전능하신 하나님은 모든 것을 알고 계시오!
그분은 우리가 한 일에 대해서도 알고 계십니다!
만약 제단을 쌓는 일이 여호와께 죄를 짓는 일이었다면 하나님이 우리에게 직접 벌을 주실 것이오!
뭐… 뭐라고요?
이 손 놓고 얘기하지? 응?
가만, 가만… 그럼 도대체 무엇 때문에 제단을 쌓은 거요?
이건 후일, 우리 자손이 여호와께 예배드리는 걸 당신들이 못하게 할까 걱정돼 그런 것입니다. 요렇게~
휴우~
너희들이 하나님과 무슨 관계가 있냐?
이 요단 강은 너희들과 우리를 나누는 경계선이니까 너흰 이곳에서 예배드릴 수 없어.
무슨 소리냐?! 우리도 이스라엘 백성이라고!
그래서 우리가 이 제단을 쌓기로 마음먹은 것입니다.
우리는 결코 제사를 드리려고 제단을 쌓은 것이 아닙니다.
맞아요. 결코 여호와께 반역하려는 것이 아닙니다.

우리가 쌓은 제단은 제사를 드리기 위한 것이 아니라 우리도 여러분과 똑같이 하나님께 예배드리고 있음을 모든 이스라엘 백성에게 증거로 보여주기 위한 것이오.
뭐야, 그럼 전혀 걱정할 필요가 없는 거였네?
끙…

tip 제단에 대한 다른 해석

제단은 제사(예배)를 드리는 장소였고, 당시 예배는 곧 제사였다. 따라서 르우벤, 갓, 므낫세 절반 지파가 제단을 쌓은 것에 대해 다른 이스라엘의 지파들은 그곳에서 제사(예배)를 드리기 위함이라고 해석했다. 하지만 앞서 세 지파의 지도자들이 얘기했듯이 이건 단지 조형물로서의 의미일 뿐 실제 제사를 드리기 위한 제단은 아니었다. '단'이나 '돌' 또는 '기둥'을 세워 어떤 일에 대해 증거를 삼는 예는 고대 민족들 사이에서 흔히 있었고, 성경에도 그런 예가 나온다. Link 1권 115p Link 3권 76p 따라서 요단 강 동쪽의 사람들이 우상숭배를 위해 단을 쌓거나 제사만 드리지 않는다면 성막 앞에 있는 제단의 모형대로 단을 쌓았다 할지라도 전혀 문제가 아니었다. 다만 아무런 상의 없이 부주의하게 단을 쌓은 것은 오해를 불러 일으킬 수 있었다.

제사장 비느하스와 이스라엘의 대표인 조사단은 이 말을 듣자 기뻐했어.
이제 우리는 당신들이 여호와를 배신하지 않았다는 것을 알았습니다. 당신들이 여호와의 심판에서 우리를 구한 것이오.
참 나, 혼자 북 치고 장구 치고… 피익!
비느하스는 가나안으로 돌아와 이 말을 전했고, 이스라엘 백성은 기뻐하며 하나님께 찬양과 감사를 드렸지.
와아아아~ 하나님 감사합니다.
정말 다행이다.
동족끼리 싸울 필요가 없게 됐어.
그 후에 르우벤과 갓의 자손들은 그 제단에 엣이라는 이름을 붙였지.
엣은 여호와께서 하나님이심을 우리가 믿는 증거라는 뜻이야.
이 제단 때문에 잘못하면 전쟁이 날 뻔했군.

※엣 : '증언' 또는 '증거'라는 뜻.

23장 여호수아의 마지막 연설 1

여호와께서 이스라엘 주위를 둘러싼 모든 적을 물리치시고 평화를 주셨어.
하하하하
메에에
여러 해가 지나 나이가 많아진 여호수아는 이스라엘의 모든 장로들과 지도자들, 재판관들, 관리들을 불렀어.
갑자기 왜 모이라고 한 거지?
흐흠… 여러분. 보시다시피 나는 이제 나이가 많이 들었소.
중요하게 하실 말씀이 있나 봐.
수군 수군
여러분은 여호와께서 우리를 도우셨고, 우리를 위해 싸우신 것을 보았소.
보십시오. 나는 여러분을 위해 남아 있는 나라들과, 이미 정복한 나라들을 지파별로 제비를 뽑아 나눠주었소. 물론 아직 정복하지 못한 땅을 얻는 것은 각 지파별로 알아서 해야 할 일이오.
하지만 여러분의 하나님 여호와께서 약속하신 대로 적들을 쫓아내실 것이니, 여러분은 곧 그 땅을 차지하게 될 것이오. 그러니 힘을 내십시오. 왼쪽이나 오른 쪽으로 치우치지 말고 오직 모세의 율법책에 기록된 것을 확실히 다 지키시오.
우리 가운데 아직 자기들의 신을 섬기고 있는 다른 민족들이 살고 있으니, 그들의 신을 섬기거나 예배드리거나 맹세하지 마십시오.

전에도 그랬고 앞으로도 그렇듯이 오직 여호와 하나님을 계속 따라야 합니다. 그럼 여러분은 혼자서 천 명도 쫓아내게 될 것이오. 그러므로 여러분은 마음을 다해 여러분의 하나님 여호와를 사랑해야 합니다.
여호와께서 나와 함께 있는 이상 너희쯤은 나 혼자 상대할 수 있다.
장판교에서 혼자서 조조의 군사를 막아낸 장비 같네.
보십시오. 여러분은 여호와께서 모든 약속을 지키셨다는 것을 알고 있습니다. 모든 것이 이루어졌으며 실패한 것이 없다는 것도!
하지만 만약 여러분이 다른 이방 민족과 친구가 되고 그들과 결혼하면, 하나님은 다시는 여러분들의 적을 쫓아내지 않을 것입니다. 그렇게 되면 그들은 여러분에게 덫이 될 것이며, 등을 내려치는 채찍이나 눈을 찌르는 가시처럼 여러분에게 괴로움을 안겨줄 것이오. 그리고 결국 여러분들은 하나님께서 주신 이 좋은 땅에서 멸망하게 될 것입니다.
하하하
깔깔깔
여호와께서 약속하신 좋은 일이 모두 일어난 것처럼 멸망시키겠다는 약속 또한 지키실 수 있음을 기억해야 합니다.
쿠르릉
만약 여러분이 하나님과 맺은 약속을 지키지 않고 다른 신들을 섬기고 절하면 여호와께서는 크게 화를 내실 것이고, 여러분은 여호와께서 주신 이 아름다운 땅에서 멸망하게 될 것입니다.
40년이나 광야를 헤매다 겨우 이 땅을 차지해 놓고 결국 요런 꼴이네.

※장비, 조조 : 중국 고전 「삼국지」에 나오는 등장인물.

24장 여호수아의 마지막 연설 2

여호수아가 이스라엘 지파의 모든 사람들을 세겜에 모으고 장로들과 지도자들, 재판관들, 관리자들을 불렀어.

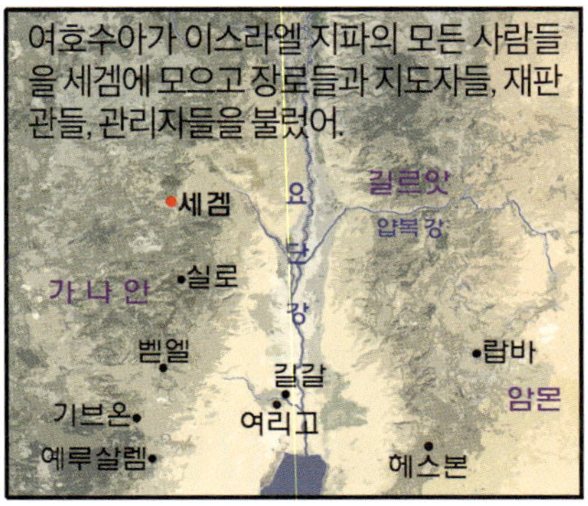
세겜
실로
가나안
벧엘
길갈
기브온
여리고
예루살렘
요단 강
길르앗
얍복강
랍바
암몬
헤스본

자, 집중해주세요, 집중~ 이것은 이스라엘 하나님 여호와께서 하시는 말씀이오.
웅성
웅성

tip 세겜

세겜은 에발 산과 그리심 산 사이에 위치한 곳이다. 이곳에서 모세의 명령대로 요단 강을 건너 가나안 땅에 들어온 직후 하나님의 언약의 말씀을 엄숙히 낭독한 적이 있다. Link 3권 44p 이곳은 아브라함이 언약을 받은 후 제단을 쌓았던 곳이며 Link 1권 45p 야곱이 이방신을 묻었고 Link 1권 126p 또한 요셉의 뼈를 묻은 곳 Link 3권 77p 이기도 하다.

오래전에 너희 조상은 유프라테스 강 저쪽에 살고 있었다. Link 1권 43p
나홀
데라
아브라함
하지만 내가 너희의 조상 아브라함을 그곳에서 나오게 했고 가나안 땅으로 인도했다. Link 1권 44p
하나님이 떠나라고 하시니 떠나야지.
나는 아브라함의 자손이 번성하도록 그에게 이삭을 주었고 이삭에게는 야곱과 에서를 주었다.
아브라함
이삭
야곱
에서
너희의 조상 아브라함과 그의 아버지 데라는 다른 신들을 섬겼다.
에서에게는 세일 산을 주었지만, Link 1권 128p 야곱과 그의 아들들은 가뭄이 오자 이집트로 내려갔다. Link 1권 160p
다 요셉 덕분이야.
그 후 나는 모세와 아론을 이집트로 보내 많은 재앙이 일어나도록 하여 그곳에서 너희 조상들을 인도해냈다. Link 2권 51p
너희 조상들이 홍해 바다에 도착했을 때, 이집트 사람들이 전차와 말을 타고 쫓아왔다. Link 2권 54p
파… 파라오의 군대다!!
오오… 하나님.
그러자 그들이 내게 부르짖었고, 나는 너희 조상과 이집트 사람들 사이에 어둠이 있게 했다. Link 2권 55p
뭐야? 대낮에 왜 이리 캄캄해?
그리고 바닷물로 그들을 끌어내 덮었다. Link 2권 58p

여호수아

너희는 내가 이집트 군대에게 한 일을 보았지만 너희는 오랫동안 광야에서 살았다. Link 2권 168p
하나님을 믿지 못하고 불평불만 하는 바람에…. Link 2권 164p
그 후, 내가 너희를 요단 강 동쪽 아모리 사람들의 땅으로 들어가게 해서 그들을 너희 손에 넘겨주었기에 그 땅을 차지하게 되었다. Link 2권 185p
와아아아
그러나 모압 왕 십볼의 아들 발락이 이스라엘과 싸우려 했고, 발락은 브올의 아들 발람을 불러 너희를 저주하려고 했다. Link 2권 187p
내가 발람의 말을 듣지 않았으므로, 오히려 그는 너희를 축복했고 나는 너희를 발락에게서 구해주었다. Link 2권 194p
너희는 요단 강을 건너 여리고 성에 도착했고 여리고는 너희와 맞서 싸웠다. Link 3권 33p
또한 아모리 사람과 브리스 사람, 가나안 사람, 헷 사람, 기르가스 사람, 히위 사람, 여부스 사람도 너희와 맞서 싸웠다.
이스라엘이 우릴 다 이길 수 있을 것 같냐?
아모리
브리스
가나안
헷
기르가스
히위
여부스
하지만 나는 그들 모두를 너희 손에 넘겨주었다.
와아아아
너희 군대가 전진할 때, 나는 그보다 앞서 왕벌들을 보내 아모리의 두 왕을 쫓아냈다.
으아아…!
부우우웅~
사람 살려~!
그래서 너희는 칼이나 활을 쓰지 않고도 그 땅을 차지할 수 있었던 것이다.
사람은 한 명도 없잖아.
다들 어디 갔지?

※아모리 : '고산지대 사람들'이라는 뜻, 근동 지역 여러 곳에 분포했던 유목 민족.

※왕벌 : 앞선 성경에서 '하나님께서 왕벌을 이용해 아모리의 두 왕을 쫓아낸 사건'의 기록은 나오지 않는다. 성경에서는 간혹 앞서 없던 이야기가 나오곤 하는데 이는 각권에 빠진 사건들을 추가로 설명하는 것이다.

나는 너희가 짓지도 않은 성을 너희에게 주었다. 너희가 수고하지 않은 땅도 너희에게 주었다. 이제 너희는 그 땅과 성에 살고 있고, 너희가 심지도 않았던 그 땅의 포도원의 열매와 올리브 나무의 열매를 먹고 있다.
메에에에~

여러분은 우상을 버리고 하나님 여호와를 존경하고 온 마음으로 섬겨야 합니다. 하지만 여러분은 여호와를 섬기고 싶지 않을지도 모르니 누구를 섬길 것인가를 오늘 스스로 선택해야 합니다.

tip 이스라엘 백성에게 선택을 요구하는 여호수아

죄악에 빠진 이방 문화와 여전히 죄의 유혹이 많은 가나안 땅에서 이스라엘 백성들이 하나님만을 섬기는 것은 결코 쉬운 일이 아니었다. 여호수아는 백성들이 쉽게 죄의 유혹에 넘어갈 것임을 광야 시대를 통해 너무도 잘 알고 있었다. Link 2권 195p 그렇기에 백성들에게 맹목적인 순종과 결단을 요구하는 것이 아니라 진정으로 하나님의 은혜에 감사하고 그로 인한 마음으로부터의 순종을 촉구하는 것이다.

여러분은 조상들이 유프라테스 강 저쪽에서 경배하던 신들을 섬길 수도 있고, 이 땅에 살던 아모리 사람들의 신들을 섬길 수도 있소. 하지만 나와 내 후손들은 여호와를 섬길 것이오.
우리도 절대 여호와를 저버리지 않을 것입니다!!
우리는 결코 다른 신들을 섬기지 않을 것입니다!!

여호수아님. 저희들의 말씀을 들어보십시오.
우리는 노예였던 우리와 우리 조상을 이집트에서 이끌어내신 분이 여호와임을 알고 있습니다.
그분은 우리가 걸어왔던 모든 길에서 우리를 지켜주셨습니다.
그리고 여호와께서는 이곳에 살던 아모리 사람들을 물리쳐 이기도록 해주셨습니다.
그분만이 우리의 하나님이시기 때문입니다!!
그러니 우리도 여호와 한 분만 섬기겠습니다!!
와아~
와아아!

말은 그렇게 하지만 여러분은 여호와를 섬기지 못할지도 모르오.
두둥!
헉! 왜…?

여호와는 거룩하신 하나님, 또 질투하시는 하나님이시니 그대들의 허물이나 죄를 결코 용서하지 않을 것이오.
콰르릉
공포 만화야?

만약 그대들이 여호와를 저버리고 다른 신들을 섬긴다면, 여호와께서는 여러분을 멸망시켜버릴 것이오.
아닙니다. 그래도 우리는 여호와를 섬길 것입니다~!!
절대로 이방신을 섬기지 않을 겁니다!!
그날 여호수아는 백성들과 약속을 맺었어.
이제 여러분 스스로 여호와를 섬기겠다고 약속했습니다. 그러니 여러분 스스로가 증인이 된 것이오.
우리 모두가 증인입니다!!
여호수아는 이 일들을 모두 하나님의 율법책에 기록했어.
증거를 남겨야지.
탁
타닥

여호수아는 그 약속을 백성이 지켜야 할 가르침으로 삼았는데, 이 모든 일이 세겜에서 이루어졌지.
이제 여러분 가운데 있는 거짓 신들을 버리고, 마음을 오직 이스라엘의 하나님 여호와께로 향하시오.
우리는 우리 하나님 여호와를 섬기겠습니다!!
저희들은 하나님께 복종하겠습니다!!
아멘~

그러고 나서 큰 돌을 가지고 와 여호와의 성소 근처 상수리나무 아래 세워 놓았지.
여호와께서 오늘 이곳에서 우리에게 말씀하셨소.
이 돌은 오늘 일어난 모든 일을 우리와 우리 후손들에게 기억나게 해줄 것이며 여러분이 하나님을 저버리지 못하게 하는 증거가 될 것입니다.

※여호와의 성소 : 여호와의 성소는 성막을 가리키나 당시 성막은 실로에 있었기 때문에 여기서는 거룩한 장소를 가리키는 것으로 보아야 한다.

우리는 오직 여호와 하나님만을 섬기겠습니다!!
와아아 아

tip 커다란 돌의 의미

성막 근처의 상수리나무 아래 세워 놓은 커다란 돌은 기념비로 세워진 것이다. 이 돌은 또한 여호수아와 이스라엘 백성들이 한 모든 말과 약속에 대한 증거물이 되었다. '단'이나 '돌' 또는 '기둥'을 세워 어떤 일의 증거로 삼는 예는 고대 민족들 사이에 흔한 일이었다.

여호수아의 죽음

그 후 여호수아가 백성들에게 말했어.
각자 나눠 받은 자기 땅으로 돌아가시오! 부디 여호와를 잘 섬기고 그분에게 등을 돌리지 마시오.

그 일이 있은 후, 여호와의 종 눈의 아들 여호수아는 110세의 나이로 눈을 감았지.

사람들은 여호수아를 가아스 산 북쪽 에브라임 산지에 있는 딤낫 세라라는 곳에 묻었어.
딤낫 세라는 각 지파들에게 땅을 모두 나눠 주고 난 뒤에 제가 받은 땅이죠.
Link 3권 65p
어서와. 그동안 수고 했으니 이젠 좀 쉬자고.

이스라엘 백성은 여호수아가 살아 있는 동안 여호와를 섬겼고, 여호수아가 죽은 뒤에도 계속해서 여호와를 섬겼지.
화르륵

※딤낫 세라 : 세겜 서남쪽 27km 지점에 위치하며 불모지나 다름없는 산간 지대.

또 장로들이 살아 있는 동안에도 계속 여호와를 섬겼는데, 이때 장로들은 여호와께서 이스라엘을 위해 하신 일을 본 지도자들이었어.
여호와께서는 우리를 위해서 그토록 많은 일을 해주셨지.
우와, 정말 대단해.
진짜로 하나님이 살아계시는구나.

요셉이 자기 땅으로 돌아옴

이스라엘은 이집트를 떠나올 때 요셉의 뼈도 함께 가져왔는데, 그 요셉의 뼈를 세겜에 묻어주었어.
드디어 내 땅으로 돌아왔구나.

세겜은 야곱이 하몰의 자손들에게 은 100개를 주어 산 땅인데, Link 1권 122p 나중에는 요셉 자손들의 땅이 되었지.
세겜
요단 강
길르앗
얍복 강
가나안
실로
벧엘
랍바
암몬
길갈
기브온
여리고
헤스본
예루살렘
이제 이 땅은 당신 겁니다.
잘 사신 거예요. 요 근처에 대형마트랑 지하철이 들어선다는 소문이 있거든요.
하몰의 아들
야곱
네?

tip 세겜에 묻힌 요셉

요셉은 죽어서 이집트에 장사되었지만 이스라엘 백성들은 요셉의 유언대로 Link 1권 175p 이집트에서 나올 때 그의 유골을 가지고 나왔다. Link 2권 53p 광야 유랑 기간과 가나안 정복 기간에도 이 유골을 가지고 다니다가 세겜에 도착해 그곳에 묻었다.

아론의 아들이자 대제사장인 엘르아살도 죽었어.
자, 나도 이제 슬슬 떠날 채비를 해야겠구나.
룰루랄라~
아버지…
흑흑

이스라엘 백성은 그를 에브라임 산지에 있는 기브아에 묻었지.

※기브아 : 에브라임 산지에 있었다는 사실 외에 정확한 위치는 알 수 없다.

사사기

●삼손

이스라엘 사사. 엄청나게 강한 힘의 소유자로 블레셋 사람과 싸웠으나, 애인 들릴라의 배신으로 강한 힘의 근원인 머리카락이 깎인 뒤 체포되어 두 눈을 잃고 말았다.

안녕, 난 사사 시대의 마지막 사사였던 사무엘이라고 해.
우린 그냥 조연.
사사기는 이스라엘 백성이 가나안 땅에 들어가서 어떻게 살았는지에 대한 이야기야.
뭐, 사사기를 읽어보면 알겠지만, 이스라엘 백성은 하나님께서 주신 땅에서 그리 잘 살지는 못했단다.
40년 동안이나 광야를 헤매다 겨우 들어갔는데 왜 잘 살지 못했을까?
이스라엘은 많은 민족들로부터 공격과 약탈을 당했는데, 그건 그들이 우상을 숭배하며 하나님을 의지하지 않았기 때문이지.
아하~

사사들은 왕이 없던 시대에 군사령관이 기도 했고, 평상시에는 판사의 역할을 담당하기도 했지.
참, 그런데 '사사'가 무슨 뜻이에요?
사사란 히브리어로 쇼페팀(shophetim)이라 하는데 재판관이라는 뜻이란다.
왕이 없던 시대엔 각 지파별로 생겼던 갈등을 조절하는 역할을 하기도 했어!
뭐 너희도 알겠지만 이때 이스라엘은 각 지파별로 연합해 한 국가를 이루었지.
12지파를 말하는 거죠?
사사는 국민이 뽑아서 되는 것이 아니었고, 오직 하나님이 선택한 사람이어야 했지.
그렇다면 사사는 왕 같은 건가요?
역할이 비슷하기는 했지만 왕과는 달리 사사의 지위를 자식들에게 물려주지는 않았단다.

이런 사사 시대는 여호수아가 죽고 사울이 왕이 되기까지 약 350년간 계속돼.
나는 사사 시대의 마지막 사사라고 할 수 있지.
막내 사사군요.
사사기를 쓴 사람은 사무엘로 추측하고 있지만 정확하지는 않아.
뭐 탈무드에는 내가 썼다고 기록되어 있긴 하지만….
탁탁
타다닥
하지만 이스라엘이 왕정시대로 넘어갈 때, 한 종교지도자가 사사 시대를 기억하며 쓴 것은 분명해. 사사기에는 '그때 이스라엘 사람들에게는 왕이 없었기 때문에…' 라는 표현이 많이 나오는데, 이는 사사기를 기록할 당시 왕이 있었음을 말해주니까.

※사사 시대 : B.C.1390~1050년까지.

※탈무드 : 유대인 율법학자들이 사회의 모든 사상에 대해 구전, 해설한 것을 기록한 책.

※왕정시대 : 왕이 다스리는 시대

사사기는 사사 시대 동안 끊임없이 범죄 - 징계 - 회개 - 구원 - 재타락을 반복하는 이스라엘을 보여주고 있어.
나의 바알 신이시여~
꽥~
파지직
잘못했습니다. 여호와여, 용서를~
잉잉
이번만은 용서해줄 테니 앞으로 잘 하렴.
약속드리겠습니다.
넙죽
나의 바알 신이시여~
저걸 그냥….

이처럼 이스라엘이 끊임없이 죄를 저질렀음에도 불구하고, 하나님은 은혜와 사랑으로 그들을 용서하시고 도와주신단다.
우리 엄마도 하나님을 좀 본받았으면 좋겠어. 혼내지만 말고 끊임없이 용서하는 걸 말이야~
뭐라고?
무엇보다 구약의 모든 사사들은 훗날 오실 영원한 구원자이며 완전한 통치자이신 유일한 사사를 미리 보여주고 있다는 거야.
너희들 영원하고 완전한 사사가 누구라고 생각해?
헤헤, 예수님 이잖아요!

tip 영원한 구원자이자 완전한 통치자

사사들은 하나님이 택한 이스라엘 백성들이 이방 족속에게 압박받고 있을 때, 하나님의 소명을 받고 등장해 백성을 구출한 구원자들이었다. 또한 그 이후에는 동족들 사이에서 정치, 종교적 책임자로서 각 지파의 제반 업무를 결재하고 분쟁을 조절했던 통치자이기도 했다. 하지만 그들은 모두 불완전한 구원자로 완전한 사사 직을 수행하지 못했으며, 시간과 공간의 제약을 받은 불완전한 사사였다. 이러한 구약의 불완전한 사사들은 모두 다 훗날 오실 영원한 구원자요, 완전한 통치자이신 유일한 사사, 예수 그리스도를 미리 보여준다.

1. 정복 실패와 고통의 시작

1장 가나안을 정복한 지파

여호수아가 죽은 뒤 이스라엘 백성이 여호와께 물었어.
저희들 중에 누가 먼저, 아직 점령하지 못한 땅에 살고 있는 가나안 사람들과 싸워야 합니까?

그러자 여호와께서 대답하셨지.
너희들 가운데, 유다 지파가 먼저 가서 싸우라. 내가 유다 지파에게 이 땅을 차지할 힘을 주겠다!
어랏, 우리 유다 지파가 당첨됐네?
아자~!
크크… 고생 많이 하셔.

tip 하나님과의 대화

이스라엘 백성이 어떤 방법으로 하나님께 묻고 답을 들었는지는 분명히 나타나 있지 않다. 추측컨대, 대제사장이 하나님의 뜻을 알아내는 데 사용된 우림과 둠밈이나, 제비뽑기와 같은 방법으로 묻고 하나님의 답을 들었을 것이다. 우림과 둠밈은 제사장들이 어떤 일을 하기 전에 하나님의 뜻을 알기 위해 사용하던 제비뽑기의 도구로서 제사장 의복에 넣고 다녔다. Link 2권 91, 199p

유다 사람들은 자신들과 가장 가까운 시므온 사람들에게 도움을 구했어.
형제여. 우리가 앞으로 차지하게 될 땅으로 함께 가서 싸웁시다.
흠… 맨 입으로?
유다 지파 지도자
시므온 지파 지도자

그렇게 해준다면 우리도 당신들이 제비뽑기로 받은 땅을 얻기 위해 싸울 때 도와주겠소.
OK~ 그렇게 합시다.

여호와께서는 유다 사람들에게 가나안 사람과 브리스 사람과 맞서 싸워 이기게 해주셨지.
하나님께서 이들을 우리 손에 붙여 주셨다. 돌격!!

유다 사람들은 베섹성에서 만 명을 쳐 죽였어.

※가나안 7족속 : 가나안, 헷, 히위, 브리스, 기르가스, 아모리, 여부스 족속.

※베섹 : 정확한 위치를 알 수 없다. 다만 Link 사무엘상 11장 8절 에서 암몬을 치기 위해 사울이 군대를 소집한 베섹(이스르엘 평원에 위치)과 같은 곳으로 추측된다.

tip 엄지손가락과 엄지발가락

고대 때 신체를 자른다는 것은 커다란 수치를 안겨주는 행위였다. 또한 엄지손가락을 자른 것은 칼, 활, 창 등의 무기를 사용할 수 없게 한 행위이고, 엄지발가락을 자른 것은 전투에 참가할 수 없게 해 전사로서 살 수 없게 한 행위이다.

※아도니 베섹 : 아도니는 통치자란 말로, '아도니 베섹'이란 '베섹의 왕'이라는 뜻.

※예루살렘 : 현재 이스라엘의 수도.

※헤브론(기럇 아르바) : 예루살렘 남서쪽 약 34km 지점에 위치한 가나안의 성읍. 아브라함, 이삭, 야곱이 살았던 곳.

유다 지파의 갈렙은 거기서 가나안 사람인 아낙의 세 자손 세새와 아히만, 달매의 자손을 쫓아내는 데 성공했어.
아낙의 세 자손 세새, 아히만, 달매는 썩 꺼져라~
퍽
커헉~
그러고 나서 유다 사람들은 드빌 성으로 가 그곳의 백성과 싸웠지.
누구든 기럇 세벨을 쳐서 그곳을 정복하는 사람은 내 딸 악사를 아내로 주겠다!!
드빌
이에 갈렙의 조카이자 옷니엘이 기럇 세벨을 빼앗았고, 갈렙은 약속대로 자기 딸 악사를 그와 결혼시켰어. Link 3권 61p
내 딸 악사야. 네가 무엇을 원하느냐?
아버지께서 저를 남쪽 메마른 땅으로 시집보내시니, 제게 샘물을 주세요.
모세의 장인 이드로는 겐 사람인데, 그 자손은 유다 사람들과 함께 전쟁에 참여했지.
겐 사람들은 여리고 성에서부터 지금까지 이스라엘과 함께 싸웠어.
우린 그 후 유다 광야로 가서 그곳에 정착하게 되었지.

※세새, 아히만, 달매 : 이스라엘 사람들에게 죽임을 당한 세새와 아히만, 달매는 사람이 아닌 씨족이나 부족의 이름이다. 강하고 힘센 아낙의 후손들인 이들은 팔레스타인 남부 산지에 거주하던 토착민들이었다.

※유다 광야 : 유다 지파가 받은 땅 가운데, 여리고 북쪽 지역의 광야를 말한다.

tip 정복 전쟁은 언제 일어났나

이 정복 전쟁은 앞서 여호수아서에서도 기록돼 있는데 그 시기는 언제인가? 아직도 계속되고 있었던 것인가?
사실 여호수아서에 기록된 정복 전쟁은 여호수아가 죽은 후 일어난 전쟁으로 유다 지파가 땅을 어떻게 차지했는지 알려주고 있다. 여호수아가 죽은 후 정복 전쟁은 실패로 돌아갔고, 사사 시대가 시작된다.

유다 사람들은 그들의 형제인 시므온 사람들과 함께 스밧 성에 살고 있는 가나안 사람들과 싸워 그들을 멸망시켰어.
완전히 가루가 됐는 걸.
그럼 이곳의 이름을 호르마라고 할까?
유다 사람들은 가사와 아스글론, 에그론 및 그 주변의 모든 땅을 점령했지.
벧엘
여리고
에그론
예루살렘
아스글론
가나안
가사
헤브론
드빌
염 해 (사해)
블레셋
호르마
스밧
모압
브엘세바
네게브
아말렉
브엘라해로이
에돔

※호르마 : '완전한 파괴' 또는 '봉헌'을 의미함. 브엘세바 동쪽에 위치했던 것으로 보이나 정확한 위치는 알 수 없다.

여호와께서 유다 사람들과 함께하셨기 때문에, 그들은 그곳 산악 지대를 차지할 수 있었어.
야호!
이제 여기도 우리 땅이다!
유다지파
하지만 그들은 평지에 사는 가나안 사람들을 쫓아내지는 못했지.
왜냐하면 그 사람들한테는 철 전차가 있었기 때문이지.
솔직히 철 전차가 문제는 아니었어.
믿음이 부족해서 두려움이 생겼기 때문이랄까?
알짜배기 땅은 차지하지 못하고 이런 산지에 만족하다니….

tip 유다 지파가 평지 정복에 실패한 이유

여기서 평지는 산과 산 사이의 평평한 지대나 구릉지로서 농업이나 목축업이 유용한 토지를 말한다. 이 지역에 살던 가나안 사람들은 철 전차를 보유할 만큼 매우 강한 전력을 지니고 있었다. 이에 비해 산악 지대는 정복하기가 쉬웠다. 유다 사람들은 철 전차를 핑계로 평지 정복에 실패했다고 하지만 실상은 하나님을 믿지 못한 불신앙 때문에 정복하기 쉬운 지역만 정복했고, 정작 정복해야 할 지역은 실패한 것이다. 전쟁의 주축이 되었던 유다 지파가 정복 전쟁에 주춤한 모습을 보이자, 다른 지파 역시 영향을 받아 정복 전쟁에 소극적이 되고 만다.

다른 지파의 정복

한편 베냐민 지파의 자손들은 예루살렘에 살고 있던 여부스 사람을 쫓아내지 못했어.
당장 나가지 못해~?
흥! 어림도 없는 소리. 못 나가!
여부스 사람
베냐민 자손

※여부스 : 가나안 대표 7족속 중 하나.

그래서 오늘날까지 예루살렘에서 베냐민 자손과 여부스 사람이 함께 살고 있는 거야.
뭐 나중에 다시 설명하겠지만, 다윗 시대에 가서야 여부스 사람들을 거의 섬멸하고, 예루살렘을 이스라엘의 도성으로 삼을 수 있었죠.
Link 역대상 11장 4-8절

tip 정복 전쟁의 실패담

베냐민 지파 역시 하나님을 믿지 못하고 전쟁을 제대로 치르지 못했기 때문에 자신이 받은 땅에 살고 있던 여부스 사람들을 쫓아내지 못하고 함께 살게 되었다. 이후에 등장할 모든 지파들이 이러한 이유로 인해 가나안 정복에 실패하게 된다.

요셉 자손들이 벧엘을 공격하러 올라갔을 때, 여호와께서 그들과 함께하셨지.
여호와께서 함께하시니 니들은 이제 끝장이다.
벧엘

※요셉의 자손 : 에브라임과 므낫세 지파 사람들.
※벧엘 : 예루살렘 북쪽 약 20km 지점에 위치.

벧엘의 원래 이름은 루스였지. Link 1권 45p
요셉 자손들은 먼저 루스로 정탐꾼을 보냈어.
수단 방법을 가리지 말고 최대한 정보를 많이 얻어 오게.
넵~

정탐꾼들은 성 밖으로 나오는 한 사람을 붙잡았어.
으으음!!
후다닥

우리한테 성으로 들어가는 길을 가르쳐줘야겠다.
도와주면 우리도 당신에게 은혜를 베풀도록 하지.

계약서 쓰고 공증이라도 받아야….
맞고 시작할래?
씁~ 이게 정말….

그 사람은 정탐꾼들에게 성으로 들어가는 길을 가르쳐줬어.
자, 여기 이 길을 따라가다 우측으로 꺾어지면 유명한 설렁탕집이 있고, 그 집을 끼고 돌아 4차선 도로를 따라가다 보면….
URL 주소를 쏴주쇼.

잘 알겠소. 우리가 벧엘을 공격할 때 당신과 당신 가족은 반드시 살려주겠소.
동영상이라도 남겨둬야….
띠링

후에 요셉 자손들은 벧엘을 쳐 모두 죽였지만, 정탐꾼을 도와준 사람과 그의 가족은 살려줬어.
이 길을 따라서 도망치시오. 우리는 당신과 당신 가족을 쫓지 않겠소.
타닥
약속을 잊지 않으셨군요.
그들은 헷 사람의 땅으로 도망쳐 이곳에 성을 세우고 그 성의 이름을 루스라 지었지.
우리가 살던 루스는 사라졌지만 이곳에 새로운 루스를 만들자.

※헷 족속 : 가나안 7족속의 대표적인 족속으로 헤브론에서 브엘세바에 이르는 남쪽 지역과 시리아의 광대한 지역에 살았다.

한편 므낫세 자손은 벧스안과 다아낙, 돌, 이블르암, 므깃도와 그 주변의 성읍에 살고 있던 가나안 사람들을 쫓아내지 못했어.
알랍
벧아낫
르홉
벧세메스
악십
악고
아셀
납달리
바산
아벡
골란
기드론
나할롤
스불론
돌
헬갓
므깃도
다아낙
벧스안
길르앗라못
이블르암
므낫세
길르앗
사마리아
세겜
브니엘
욥바
에브라임
실로
암몬
단
벧엘
랍바
게셀
사알빔
베냐민
여리고
아얄론
예루살렘
(여부스)
헤스본
저… 여기서 그만 나가주셨으면….
싫어.
이스라엘 병사들
가나안 병사들
훗날 이스라엘 백성은 그들을 쫓아낼 만큼 강해졌지만, 그들을 쫓아내지 않고 종으로 삼았지.
크하하, 이놈들을 그냥 노예로 부려먹자.
하나님 말씀을 안 듣고 종으로 삼는다고?
뭐 어때? 언제든 쫓아낼 수 있는데, 뭐~
에브라임 자손들 역시 게셀에 살던 가나안 사람들을 쫓아내지 못하고 함께 살게 되었어.
건들자니 사나울 것 같고….
참자. 맘 넓은 우리가 참아야지.
스불론 자손 역시 기드론과 나할롤에 사는 가나안 사람들을 쫓아내지 못했지.
왜 꼽냐?
아… 아니 앞으로 잘 지내자고… 헤헤.

※게셀 : 예루살렘 서북부 30km 지점에 위치했던 가나안의 성읍으로 전략적 요충지였다.

아셀 자손도 악고와 시돈, 알랍, 악십, 헬바, 아빅(아벡), 그리고 르홉에 사는 가나안 사람들을 쫓아내지 않았어.
헉헉, 이것들 만만찮네.
우리 이러지 말고 그냥 사이좋게 지내는 게 어때?
헥헥, 징그러운 녀석들.
오냐, 우리가 봐주마.
납달리 자손 또한 벧세메스와 벧아낫에 살던 가나안 사람들을 쫓아내지 못했어.
하하하
바보들, 그나마 우리는 가나안 사람들을 노예로 삼기나 했지. 낄낄~
칫, 그래 니 똥 굵다.

※헤레스 산 : 예루살렘 서쪽에 위치한 것으로 보이나 정확한 위치는 알 수 없다.
※아얄론 : 블레셋과 에브라임의 경계가 되는 곳에 위치한 구릉지로 유다 산지로 갈 수 있는 주요 교통로이다.

심지어 단 자손들은 평지에서 살지 못하고 오히려 아모리 사람들에 의해 산지로 쫓겨났지.
거긴 하나님한테서 받은 우리 땅이라고!
단
쫓겨난 겁쟁이 주제에… 킥킥.
아모리 사람들은 헤레스 산과 아얄론과 사알빔에 눌러 살기로 마음먹었어.
크, 저놈들을 그냥!!
이제부터 우리가 여기서 살 거야, 꺼져.
참아요 참아.
단
이곳도 좋구먼, 뭘….
흐흐흐
그 후, 아모리 사람들은 북쪽뿐 아니라 남쪽의 아그랍빔 비탈에서 셀라를 지나 그 너머 땅까지 차지해 살고 있었어.
첫, 꼴이 말이 아니구나.
단
흑흑
아모리 놈들에게 쫓겨나 이런 골짜기에서….
하지만 이후에 이스라엘이 점점 강해져 오히려 그들을 종으로 삼게 됐지.
저번에 내려오라고 큰소리쳤던 놈이 누구더라? 응?
그때 무슨 일이 있었나?
모르겠는데?

※사알빔 : 예루살렘 서북부 20km 지점에 위치.

tip 이스라엘의 불순종

정복 전쟁에 대한 하나님의 명령을 수행하지 못한 이스라엘 지파는 가나안 사람들을 쫓아내지 못하고 결국 그들과 섞이고 동화돼 간다. 각 지파별로 하나님을 신뢰하는 정도는 조금씩 달랐다. 유다 지파와 시므온 지파는 그나마 정복 전쟁을 펼치기라도 했지만 그 외의 지파는 두려움에 사로잡혀 아예 싸움을 회피했다. 그중에서도 단 지파는 자신들에게 주어진 땅을 확장하기는커녕 지키지도 못하고 쫓겨날 정도였다. 정복 전쟁의 실패로 인한 가나안 민족과의 연합은 결국 우상숭배라는 타락으로 이어지게 되고 이런 배경에서 사사 시대를 맞이하게 된다.

2장 보김에 나타난 여호와의 사자

여호와의 사자가 길갈에서 보김으로 올라와 이스라엘 백성에게 말했어.
내가 너희를 이집트에서 이끌어내, 너희 조상에게 약속했던 땅으로 데리고 왔다. 그런데 너희들은 내가 한 말을 기억하지 못하느냐?
그런데 저 사람은 누구지?
742
길갈-보김
휘잉
여호와께서 보내신 사자래.
무슨 말씀을 하시려는 거지?

※보김 : 벧엘의 다른 이름으로 보인다.

여호와께서 "나는 너희와 맺은 언약을 영원히 어기지 않을 것이다. 그러니 너희도 이 땅에 있는 사람들과 언약을 맺지 말며, 그들의 제단을 무너뜨려라!"고 하셨소. 이것을 하나님과 약속할 수 있겠는가?!
모세
네~!
하지만 너희들은 내 말에 복종하지 않았다!
헉!
ㅇㅇㅇ…

tip 여호와의 사자

'사자'의 원어 '말라크'는 '특사', '천사', '왕'이란 의미를 지니는데 모두가 '대리 자격으로 파견받은 자'란 의미이다. 그러나 여기서 하나님의 사자란 '선지자'이거나 '천사'가 아니라 인간들에게 나타나기 위해 인간의 모습을 취한 '하나님 자신'이다. 제1위 하나님이신 성부 하나님을 본 사람은 반드시 죽게 된다. Link 2권 101p 따라서 인간의 모습을 취한 하나님, 여호와의 사자는 제2위 하나님이신 성자 하나님 예수 그리스도를 말한다(제3위 하나님은 성령 하나님).

나는 이제 이 땅의 백성을 쫓아내지 않을 것이다. 그들은 너희의 적이 되어 너희를 괴롭힐 것이며, 그들의 신들이 너희의 덫이 될 것이다!
으앗~
헉!
맙소사!
여호와의 사자가 이 말씀을 전하자 이스라엘 백성이 소리 높여 울었지.
자, 그럼 이만이다. 흥!
엉엉엉
오~ 하나님, 잘못했습니다!
Please~!
한 번만 용서해주세요!
그들은 그곳의 이름을 보김이라 하고 거기서 여호와께 제사를 드렸어.
잉잉잉잉~
엉엉엉엉~

※보김 : '우는 자들'이라는 뜻.

tip 하나님의 사자가 보김(벧엘)에 나타난 이유

이스라엘은 가나안 족속들을 모두 진멸하고 땅을 차지해야 하는 사명을 부여받았다. 그럼에도 불구하고 그들은 하나님을 불신하고 불순종하여 가나안 족속과 혼합, 동화된 결과 그들과 언약을 맺으며 우상을 섬기기에 이르렀다. 이에 하나님은 사자를 보내 이스라엘의 배은망덕을 책망하고 저주를 선포한다. 그제야 이스라엘 백성은 통곡하고 후회하며 다시 하나님을 예배하게 된다.

여호수아의 죽음과 이스라엘의 배신

이스라엘 백성은 여호수아가 살아 있는 동안 여호와를 섬겼어.
이제 너희들에게 나눠준 땅으로 돌아가 정복하지 못한 땅을 마저 정복해라.
하나님께서 함께하시니 그 땅은 우리 것이나 다름없습니다!!
알겠습니다. 여호수아님!!
누가 감히 우리 앞길을 막겠습니까?!
우오오오~

하나님이 이스라엘을 위해 하셨던 기적을 본 장로들이 살아 있는 동안에도 여호와를 잘 섬겼지.
오래전, 우리가 요단 강을 건널 때 하나님께서는 강물을 세워 우리가 마른 땅으로 건너게 해주셨지.
오… 그런 기적을…?
정말 하나님의 능력은 엄청나네요.
그러나 여호수아와 장로들이 다 죽고 나자, 그들의 자녀들은 여호와를 섬기지 않았지.
우리 할아버지가 그러는데, 예전에 여호와라는 신이 우릴 이집트에서 이끌어 이곳에 데려왔대.
여호와? 어디서 들어본 것도 같고…?
여우와 늑대 아냐?
이들은 여호와께서 행하신 일에 대해 알지도 못했고 관심도 없었어.
홍해를 가르고, 요단 강물을 멈추고, 해와 달을 멈추고…. 뭐 그런 기적이 있었다던데?
에이, 말도 안 돼.
전설 아냐? 그걸 진짜로 믿냐?

이스라엘 자손은 바알 우상들을 섬기며 하나님께 죄를 저지르기 시작했어.
어쨌든 이제 우리 신은 위대하신 바알이라고.
맞아, 다들 바알과 아스다롯 신을 섬기고 있는데 뭐.
그러자 화가 나신 여호와께서는 약탈자들이 이스라엘 백성을 공격해 그들이 가진 것을 빼앗게 하셨지.
와아아아아

이스라엘 백성은 약탈자들이 공격해오는 것을 막아낼 수 없었어.
흑흑흑

여호와께서 이스라엘 백성에게 재앙을 내렸기 때문에, 그들은 싸우러 나갈 때마다 패배했지.
비틀
비틀
훌쩍
훌쩍

tip 바알과 아스다롯

시리아의 지중해 기슭에 있던 우가리트라는 고대 도시에서 발견된 점토판 문서에서 구약의 이스라엘이 "여호와" 하나님을 섬기는 데 가장 큰 유혹이 되었던 "바알 신화"가 발견되었다.

· **바알** : 농업공동체였던 고대 가나안 인들이 풍요와 다산의 신으로 숭배하던 남성 신이다. 번개와 천둥을 동반해 비와 눈을 땅에 보냈다.

· **아스다롯** : 동물과 식물에 생명을 주는 존재. 풍요, 다산, 사랑 또는 쾌락과 성의 해방이라는 매우 부도덕한 요소가 포함돼 있는 여신이다.

· **아세라** : 풍요를 상징하며 행복을 가져다주는 바다의 신으로 숭배한 우상이었다. 아세라는 동방 여러 민족들이 지녔던 다신교 사상에서 비롯된 여신의 이름. 가장 강한 신 "엘"의 아내이자 "바알"을 비롯한 70명의 신의 어머니로 알려져 있었다.

· **엘** : 가나안 신들 중 가장 높은 위치의 신으로 인간과 신에 대한 모든 일의 최종 결정자였다. 그에게는 7명의 아들이 있었는데 가장 중요한 아들이 바알이었다.

엘과 아세라 사이에서 난 70명 자녀들 중 바알은 누이인 아스다롯의 남편이 된다. 하지만 엘이 몰락하고 바알이 신흥세력으로 부상하면서 아세라가 바알의 아내로 등장하게 된다. 성경에서는 가나안의 대표 우상으로 바알과 함께 아세라와 아스다롯이 번갈아 나오고 있는데 특별히 이들의 차이에 대한 언급은 없다. 성경에서는 아세라와 아스다롯을 동일시하고 있는 듯하다.

여호와께서 경고한 대로 되자, 이스라엘 백성은 매우 괴로웠어.
아아…
도대체 되는
일이 없구나.
다 약탈당하고,
전쟁에서도
지고, 이제 뭘
먹고 살지?
그때 여호와께서 사사라고 부르는 지도자들을 세우시고, 약탈자들로부터 이스라엘 백성을 구해주셨어.
스윽
뭐야 저건?
약 먹었나
왜 저래?
나는 여호와께서 세우신 사사라네.
이제 이스라엘 백성들은 마음을
돌이켜 여호와만을 섬겨야….
척

하지만 이스라엘 백성은 사사들과 하나님의 말을 듣지 않고 다른 신들을 섬기며 절했어.
우리가 의지할
곳은 바알 신밖에
없는 것 같소.
오, 바알
신이여!
와아~
사랑해요
바알~!
옛날 그들의 조상은 하나님의 명령에 순종했지만, 그들은 더 이상 하나님의 명령에 순종하지 않았지.
쯧쯧, 요즘 젊은
것들은 당최….
정말 걱정이네요.
휴우
여호와께 등을
돌리고 이방 신들을
믿다니… 끌끌.

적들이 여러 차례 이스라엘 백성을 괴롭히자 이스라엘 사람들은 여호와께 도와달라고 부르짖었어.
아아… 우리가 불순종의 대가를 치르는구나.
흑흑
오…주여, 저희를 버리지 마시옵소서.
엉엉
여호와께서는 그때마다 이스라엘 백성을 불쌍히 여기셔서 사사를 보내주셨지.
이제 우리의 여호와 하나님을 믿습니까?
네, 믿습니다!!
목소리 봐라.
여호와께서 사사들과 함께하셨기 때문에, 사사들이 살아 있는 동안에는 이스라엘을 적들로부터 구해주셨지.
야일
드보라
입산
입다
엘론
압돈
기드온
삼갈
옷니엘
에훗
돌라
삼손
이스라엘 백성은 사사들이 죽으면 이전보다 더욱 타락해 죄를 지었고, 거짓 신들을 섬겼지.
도무지 범죄와 우상숭배를 멈추려 하지 않는구나!
그래서 여호와께서는 이스라엘 사람들에게 분노했어.
이 백성은 내가 그들의 조상과 맺은 약속을 깨뜨리고 내 말에 귀를 기울이지 않았다!
콰르르릉
꺄오~
그래서 나는 여호수아가 죽을 때까지 정복하지 못했던 민족들을 쫓아내지 않을 것이다!
쫓아내지 않으신다는 말씀은…?
덜덜
덜
덜덜

나는 그 나라들을 이용해 이스라엘 백성들이 그들의 조상처럼 나 여호와의 명령을 따르는지 시험할 것이다!
콰르르릉
ㅇㅇㅇ….

tip 하나님과 맺은 언약이 깨지다

하나님과 이스라엘 백성의 언약은 메소포타미아, 특히 히타이트의 종주권 계약 형태와 유사하다. 종주권 계약은 종주국의 대왕과 속국의 우두머리인 봉신 사이에 맺어지는 계약을 말하는데 히타이트 제국의 종주권 계약의 두드러진 특징은 종주가 봉신에게 은혜를 베풀고 봉신은 감사하는 마음으로 복종하는 것이다. 이런 언약 관계에서 하나님은 '이스라엘 사람들은 가나안 족속들을 동정해서도 안 되며, 언약을 맺어서 그들을 이스라엘의 공동체로 끌어들여서도 안 된다 Link 2권 102p'고 명하셨다. 하나님은 자신의 백성들을 택하셔서 하나님의 나라를 건설하시기 위해 이스라엘과 시내 산에서 이렇게 언약을 맺으셨다. 하지만 이스라엘은 그 언약을 어겼고 결과적으로 고통을 당하게 되었다.

3장 여호와께서 가나안 민족을 남겨두심

여호와께서는 가나안 정복 전쟁 때를 알지 못하는 이스라엘 백성을 시험하기로 하셨지.
와아아아아아

그건 전쟁을 해본 경험이 없는 이스라엘 백성에게 싸우는 법을 가르치기를 원하셨기 때문이야.
이제 돌격이다. 정신 바짝 차려라!
흑, 무서운데….
칼에 찔리면 아프겠지?
끄응…

또 여호와께서는 이스라엘 백성이 모세를 통해 그들이 조상들에게 내린 명령에 순종하는지 알고 싶어 하셨지.
모세야, 네 생각은 어떠하냐?
뻘
뻘
죄, 죄송합니다. 설마 저도 이스라엘 백성들이 저 지경이 될 줄은….

이스라엘 사람들은 그 땅에 남겨진 이방 민족의 딸들과 결혼하기 시작했고, 자기의 딸들을 그 사람들의 아들들과 결혼시켰어.
헤헤, 이렇게 예쁜 신부와 혼례를 올리게 되다니.
가나안 여자 면 어때?

그러면서 결국 바알과 아스다롯 같은 이방 신들을 섬기기 시작했지.
당신도 저랑 같이 바알 신과 그 아내 아세라 신을 섬기는 게 어때요?
뭐, 아무렴 어때. 알았어, 헤헤.

여호와께서 이스라엘 백성을 시험하기 위해서 쫓아내지 않은 민족은 블레셋의 다섯 군주들과 가나안 사람, 시돈 사람, 히위 사람들이었어.

흥, 우릴 이길 수 있을 것 같냐?

tip 블레셋 족속

블레셋 족속은 팔레스타인 남쪽 해안 평야에 거주하던 족속이다. 이들은 본래 에게 해 주변에서 떠돌던 해양 민족이었는데 청동기 시대 말엽에 가나안 지역으로 들어와 정착했다. 이스라엘과 블레셋은 한동안 평화롭게 지내다가 사사기 말엽인 B.C. 1,050년경 해안 평야에만 머물던 블레셋이 내지로 영토 확장을 꾀하면서 이후 전쟁이 끊이질 않았다. 블레셋 사람들은 싸움을 좋아했으나 가나안 사람들을 추방시키지는 않았다. 대신 그들은 가나안 족들의 문화를 많이 도입한 후 통치자가 되었다.

2. 반복되는 백성의 타락과 사사를 통한 끝없는 구원

3장 첫 번째 사사 옷니엘

이스라엘 자손들은 하나님을 잊고 바알과 아세라를 섬기는 악한 일을 저질렀어.
바알신이 6개의 숫자를 내려줬어. 당첨되면 한턱 쏠게, 히히.
오, 전지전능한 바알신이 내려줬다면….
기대되는데?

이에 진노한 하나님은 메소포타미아의 왕 구산 리사다임이 이스라엘 백성을 다스리게 하셨지.
껄껄~ 이 몸은 이스라엘 백성을 매우~ 매우~ 고통스럽게 해줬지.
낑낑
끄응
끙끙
헉헉

이스라엘 백성은 8년 동안, 구산 리사다임 왕에게 고통을 당했어.
으… 무거운 세금에….
짝
헉헉
끙끙
힘든 강제 노동까지….

tip 왜 매번 고통을 당한 뒤에도 우상을 섬겼을까?

율법과 하나님을 섬기는 의식과는 전혀 다른 제사 의식을 가진 바알과 아세라의 종교 행위는 성적 타락과 무분별한 욕망의 충족을 불러일으켰다. 풍요의 신인 바알과 아세라를 만족시키기 위해 성행위를 강조한 제사 의식 때문에 매춘을 하는 남자와 여자가 신당에서 봉사하게 되었고, 이스라엘 백성 또한 욕망의 해소와 쾌락을 위해 끊임없이 우상을 섬겼다.

※아세라 : 성경에서는 아스다롯 Link 3권 87p 과 같은 여신으로 나타난다.

※메소포타미아 : 앗시리아, 바벨론의 본 영토가 있는 곳이기보다는 북부와 동부의 시리아(아람)로 보는 것이 타당하다. 이것은 번역의 오류로 보인다.

그제야 이스라엘 백성은 여호와께 부르짖었지.
오, 하나님, 이스라엘을 돌보시는 분은 오직 여호와뿐이십니다.
흑흑, 바알과 아세라는 짝퉁이라는 걸 알았어요.

그래서 여호와께서는 그들을 구하기 위해 한 구원자를 세우셨는데, 그가 바로 갈렙의 조카이자 사위인 그나스의 아들 옷니엘이야. Link 3권 61p
그러게 진작 우상을 버리고 하나님만을 섬겼어야지.
척!
난 옷니엘의 아내 악사예요.
오 오…!

여호와의 영이 임하자 옷니엘은 이스라엘의 사사가 되어 전쟁터로 나갔어.
와아아아
여호와께서 우리와 함께 하신다. 돌격하라!!

tip 여호와의 영

여호와의 영이란 성령을 뜻한다. 구약시대에 성령은 어떤 특정한 일을 위해 특정한 사람에게 임했다가, 그 일이 완성되면 떠나갔다. 옷니엘은 성령이 임하심으로 구산 리사다임 왕을 물리칠 수 있었고, 이스라엘 백성을 지혜롭게 다스릴 수 있는 능력도 얻게 되었다.

여호와께서는 옷니엘을 도와 그가 메소포타미아 왕 구산 리사다임을 물리치게 하셨지.
와아아아
어… 어디서 저런 무식한 놈이….

옷니엘이 죽을 때까지 40년 동안 이스라엘은 평화를 누렸어.
만세!
폭군을 물리쳤다!
와아~!
하나님 짱!

두 번째 사사 에훗

하지만 옷니엘이 죽은 다음, 이스라엘 백성은 다시 악한 일을 저질렀어.
바알 신을 예배하라!
바알 신에게 영광을!
불신지옥
바알천국

진노하신 여호와께서는 모압의 왕 에글론을 강하게 만들어 이스라엘을 공격하도록 했지.
지금이 이스라엘을 꿀꺽할 수 있는 좋은 기회라고 보는데 어떠시오?
쩝쩝
우리의 막강 군대는 허접 이스라엘을 쉽게 접수할 수 있을 겁니다.

※모압 : 가나안 동쪽 암몬 아래 지역에 위치해 오랜 기간 동안 이스라엘을 괴롭힌 민족.

에글론은 암몬, 아말렉의 백성과 손잡고 이스라엘을 공격해 종려나무 성읍을 점령했어.
모압짱 에글론

그 후, 이스라엘 백성은 18년 동안이나 모압의 왕 에글론의 지배를 받았지.
끙끙
낑낑
끄응
헉헉
또 다시 노예 신세야.
우리가 기도한 바알 신이 있긴 한 거야?

※암몬 : 가나안 동쪽 지역에 위치해 오랜 기간 동안 이스라엘을 괴롭힌 민족.
※아말렉 : 에서의 손자 아말렉의 후예들로 유다 남방 지역을 거점으로 삼아 목초지를 찾아 떠돌아다니는 유목 민족.
※종려나무 성읍 : 가나안 땅 중앙에 위치했던 여리고 성의 별칭.

이스라엘 백성은 다시 하나님을 찾으며 부르짖었지.
하나님, 제발 우리 좀 살려주세요.
한 번만 도와주시면 이제부터 진짜 잘 할게요.
Help me~
여호와께서는 다시 이스라엘 백성을 구하기 위해 한 사람을 보내주셨는데, 베냐민 지파 게라의 아들 왼손잡이 에훗이 바로 그였어.
여기서 왼손잡이란 왼손만 쓸 수 있는 사람이라는 뜻이야. 난 오른손을 전혀 사용할 수 없는 지체장애인이거든.
이스라엘은 모압 왕 에글론에게 바칠 물건을 에훗을 통해 보냈어.
에훗은 길이가 약 45cm 정도 되는 짧은 양날 검을 자신의 오른쪽 허벅지에 숨겼지.
에훗은 모압 왕 에글론에게 가서 그가 바치라고 한 물건을 전해주었어.
헉 헉 헉
그래, 수고했다. 놓고 가.
별말씀을….
에글론에게 물건을 바치고 돌아가던 중, 에훗은 길갈 근처의 경계가 되는 돌이 있는 곳에서 일행을 먼저 돌려보냈지.
난 할 일이 좀 남아 있으니 먼저 돌아가세요.

※길갈 : 여리고 근처 위쪽에 위치한 성읍.

그리고 자신은 다시 성의 다락방에 있던 에글론에게 가서 말했어.
왕이시여. 하나님의 명령으로 왕께 전할 비밀스러운 말씀이 있습니다.
냠냠
그래? 그대들은 잠시 물러가 있도록 하라.

tip 다락방

왕이 있던 다락방은 왕의 여름궁전에 있는 방으로 일반적인 회의실이 아닌 중요한 일을 이야기할 때 쓰는 장소였다. 따라서 에글론 왕이 중대한 논의를 위하여 에훗을 여름궁전 다락방으로 불렀음을 알 수 있다. 다락방은 탑과 같은 형태를 지녔으며 모든 방향에 창문을 내어 공기의 이동이 원활했고, 대개는 집에서 가장 편한 곳이었다.

모든 신하들이 물러가고 에글론은 성 꼭대기에 있는 다락방에 홀로 앉아 있게 됐지.
뭐해, 빨리 나가.
휘익~

에훗이 다가가자 왕이 자리에서 일어났어.
그래. 너희의 신께서 내게 무슨 말씀을 하시더냐?
아, 그건….
에훗은 왼손으로 오른쪽 허벅지에 차고 있던 칼을 뽑아 왕의 몸을 찔렀지.
푸욱
크윽!!

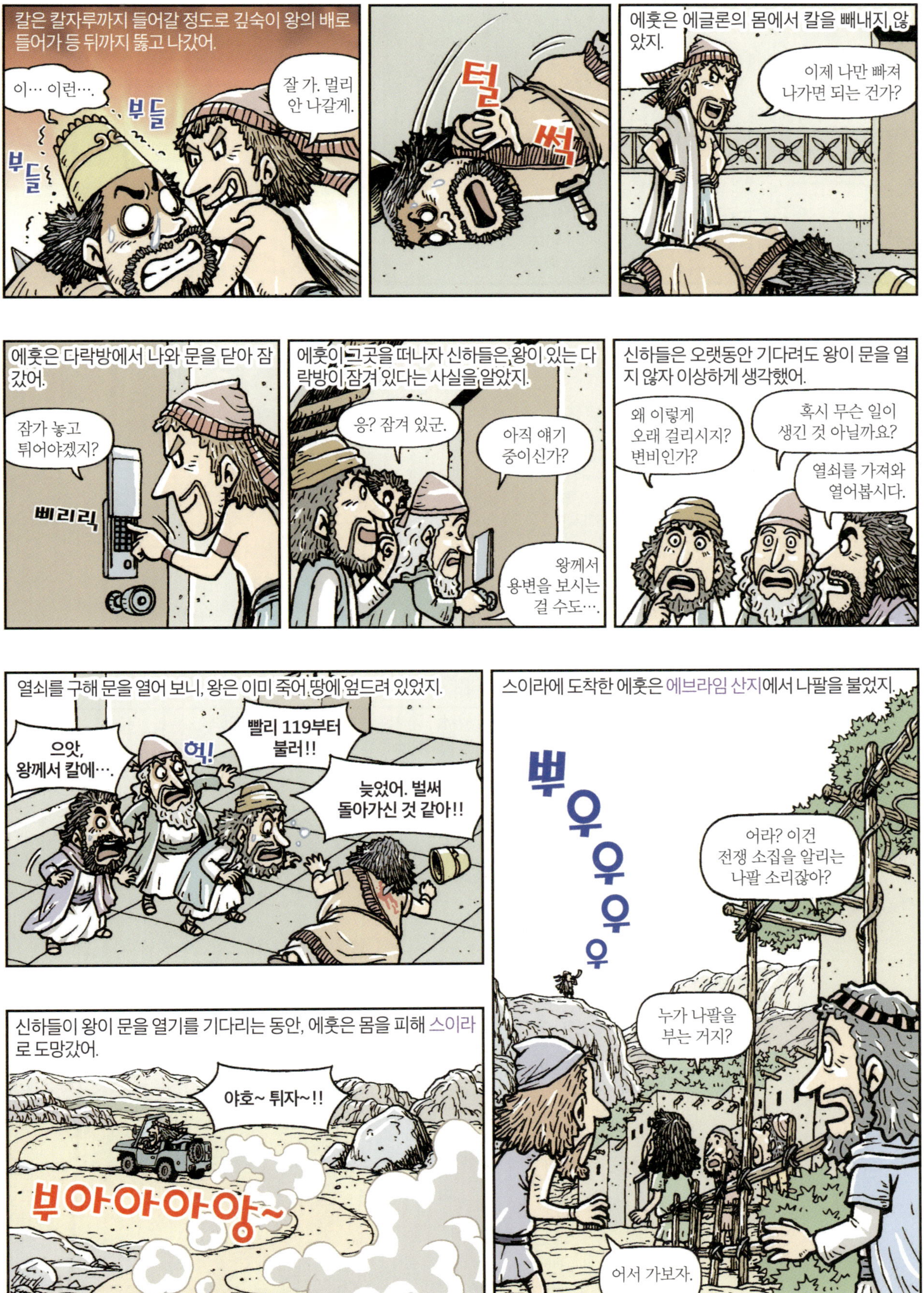
칼은 칼자루까지 들어갈 정도로 깊숙이 왕의 배로 들어가 등 뒤까지 뚫고 나갔어.
이… 이런….
부들
부들
잘 가. 멀리 안 나갈게.
털
썩
에훗은 에글론의 몸에서 칼을 빼내지 않았지.
이제 나만 빠져 나가면 되는 건가?
에훗은 다락방에서 나와 문을 닫아 잠갔어.
잠가 놓고 튀어야겠지?
삐리릭
에훗이 그곳을 떠나자 신하들은 왕이 있는 다락방이 잠겨 있다는 사실을 알았지.
응? 잠겨 있군.
아직 얘기 중이신가?
왕께서 용변을 보시는 걸 수도….
신하들은 오랫동안 기다려도 왕이 문을 열지 않자 이상하게 생각했어.
왜 이렇게 오래 걸리시지? 변비인가?
혹시 무슨 일이 생긴 것 아닐까요?
열쇠를 가져와 열어봅시다.
열쇠를 구해 문을 열어 보니, 왕은 이미 죽어 땅에 엎드려 있었지.
으앗, 왕께서 칼에….
헉!
빨리 119부터 불러!!
늦었어. 벌써 돌아가신 것 같아!!
신하들이 왕이 문을 열기를 기다리는 동안, 에훗은 몸을 피해 스이라로 도망갔어.
야호~ 튀자~!!
부아아아앙~
스이라에 도착한 에훗은 에브라임 산지에서 나팔을 불었지.
뿌우우우우
어라? 이건 전쟁 소집을 알리는 나팔 소리잖아?
누가 나팔을 부는 거지?
어서 가보자.

※스이라 : 정확한 위치는 알 수 없으나 에브라임 산지의 어느 한 부분에 위치할 거라고 추정된다.
※에브라임 산지 : 세겜에서 벧엘까지 뻗어 있는 에브라임 성읍을 둘러싼 지역.

그 나팔 소리를 듣고 모인 이스라엘 백성은 에훗을 앞장세워 언덕을 내려왔어.
나를 따르시오! 여호와께서 우리를 도와 우리의 적인 모압 백성을 물리치게 해주셨소!!
오옷~ 전쟁이다!
이제 지긋지긋한 노예 생활도 끝이다!

이때 치른 전쟁으로 이스라엘은 1만 명의 모압 사람을 죽였는데 죽은 모압 사람들은 모두 강하고 용맹한 사람들이었어.
믿을 수 없어. 모압의 정예부대인 우리가 이렇게 형편없이 깨지다니.
어떻게 허접 이스라엘이 갑자기….

에훗을 따라 내려간 이스라엘 백성은 우선 요단 강 나루터를 차지한 다음, 모압 사람이 요단 강을 건너지 못하게 했어.
적들이 도망치지 못하게 이곳을 막고, 강 건너편 모압의 본진에서 적이 못 건너오게 하십시오!
넵!

tip 에훗이 요단 강 나루터를 점령한 이유

에훗은 요단 강 서편에 있던 모압 군대가 요단 강 동편에 있는 모압 본토로 도망가는 것을 차단한 것이다. 또한 요단 강 동쪽에 있는 모압 본토에서 쳐들어올지도 모를 군대를 막기 위한 것이기도 했다. 결과적으로 에훗의 이 작전은 큰 성공을 거둔다. 요단 강 나루터는 이전에 여리고 병사들이 정탐꾼을 추적했던 곳이다.

Link 3권 20p

그날 모압은 이스라엘에 항복했고, 그 후 이스라엘은 80년 동안 평화를 얻을 수 있었지.

세 번째 사사 삼갈

에훗의 뒤를 이어 사사가 된 사람은 아낫의 아들 삼갈인데, 그는 소를 모는 막대기로 블레셋 사람 600명을 죽여 이스라엘을 구원했지.
퍽
이야아압~
퍽
그런 걸로 찌르지 마!
켁, 우린 소가 아니라고!

※600명은 삼갈이 일생 동안 죽인 숫자인지 한 번에 죽인 숫자인지 기록에 나타나 있지 않다.

tip 세 번째 사사 삼갈

삼갈의 출신지와 활동사항 그리고 그의 시대적 배경에 대해 알려진 것은 없다. 그래서 삼갈을 수수께끼 같은 인물이라고 부르기도 한다. 삼갈은 에훗의 죽음 이전에 사사 직을 임명받은 것으로 보인다. 왜냐하면 사사기 4장 1절(다음 컷 본문의 지문)에 삼갈의 죽음은 언급이 없고 에훗의 죽음을 기록하고 있기 때문이다. 에훗이 너무 늙어 사사 직을 잘 수행할 수 없을 때 삼갈이 사사로 임명됐다고 추측할 수 있다.

4장 네 번째 사사 드보라

80년 동안 평화롭게 지냈던 이스라엘은, 에훗이 죽은 후 또다시 여호와 앞에서 악을 저질렀어.
여호와? 호랑이 담배 피던 시절 얘기하네. 우리에겐 전능하신 바알 신이 있을 뿐이야!!
시끌
그럼~ 그럼~
바알 신이야말로 진짜 신이라고!
시끌
알겠어? 엉?!

그러자 여호와께서는 하솔 성을 다스리던 가나안의 왕 야빈에게 이스라엘을 넘겨주었지.
히히… 이놈들 아주 아주 괴롭혀 줄 거야.
끙끙
끙끙
끄응
헉헉
헉헉
야빈 왕의 군대 지휘자는 하로셋 학고임에 살던 시스라였어.
후훗, 나는 쇠로 만든 전차(철병거)를 9백 대나 가지고 있었지.
야빈 왕은 20년 동안이나 이스라엘 백성을 학대했어.
오늘은 뭐로 놈들을 괴롭혀줄까? 20년을 괴롭혔는데도 날마다 새로워, 히히.
흠… 뭐 새로운 게 없을까요?
이스라엘 백성은 여호와께 도와달라고 부르짖었지.
하나님 제발… 흑흑.
엉엉
엉엉
아이고, 이대로는 더 이상 못 살아, 잉잉.
잘못했어요.

※하로셋 학고임 : 가나안 북부 지역에 있던 곳으로 보이나 정확한 위치는 알 수 없다.

※하솔 성 : 가나안 북부 지역에 위치하며 여러 성읍들이 연합하여 세운 나라.

그때 랍비돗의 아내인 여자 예언자 드보라가 이스라엘의 사사가 됐어.
후훗
드보라는 바로 나 랍비돗의 아내지.
여보, 주인공은 저라고요.
이스라엘 사람들은 드보라가 종려나무 아래 앉아 있을 때, 그녀에게 자주 재판을 받곤 했지.
언제까지 기다려야 합니까? 빨리 재판을….
나도 밥 좀 먹자~!!
버럭
어느 날, 드보라는 사람을 보내 게데스 성에 살고 있던 아비노암의 아들 바락을 불렀어.
어쩐 일로…?
이스라엘의 하나님 여호와께서 당신에게 명령하셨습니다.

※종려나무 아래 : 에브라임 산악 지대의 라마와 벧엘 성 사이에 위치했던 장소.

※게데스 성 : 납달리 지파에게 분배된 땅의 도피성 중 하나.

너는 가서 납달리와 스불론 지파 사람 1만 명을 모아 다볼 산으로 가거라. 내가 야빈 왕의 군대 지휘관인 시스라와 그의 전차들, 그리고 군대를 기손 강으로 이끌어내어 네 손에 넘겨주겠다!
이렇게 말씀하셨습니다.
아앗, 정말요?

tip 다볼 산과 기손 강

다볼 산은 이스라엘 골짜기 북동쪽에 있는 해발 400m 높이의 원뿔형 봉우리다. 이 산은 납달리, 스불론, 잇사갈 지파의 경계를 이루고 있기 때문에 세 지파의 군사력을 모으기에 적합했다. 또한 지역이 높아 평지에서 철병거로 무장한 적을 아래에 두고 공격하기에도 좋았다. 그리고 다볼 산 서남쪽 약 16km 지점에 있는 기손 강은 에스드랄론 남쪽 산악지대에서 발원하여 스불론, 납달리, 잇사갈 지역을 통과해 지중해로 흘러들어간다. 기손 강은 우기에는 많은 물이 흐르고 범람하지만 건기에는 마르고 넓은 들이 있어서 철병거를 배치하기에 적당했다.

저… 그런데… 당신이 저와 같이 가주신다면, 저도 가겠습니다. 하지만 당신이 함께 가지 않으면 저도 가지 않겠습니다.
뭐라고요?

tip 조건부 순종

바락은 드보라가 그와 함께 전쟁터에 나가야만 한다는 조건 하에서 그 명령을 받아들였다. 즉 조건을 앞세운 조건부 순종이었다. 이는 여호와의 절대 명령에 대한 합당한 응답이라고 할 수 없을 뿐더러, 드보라를 통한 하나님의 신탁을 의지한 반응도 아니다.

할 수 없군요. 그럼 나도 당신과 함께 가겠습니다. 하지만 이 싸움에서 이기더라도 당신에게 돌아갈 영광은 없다는 걸 기억하세요.
아, 네.
제가 워낙 믿음이 부족해서…

시스라는 한 여자에게 죽게 될 것입니다.
그 악독한 시스라가 한 여자에게 죽는다고요? 당신이 죽입니까?
자, 그럼 저와 함께 우선 당신이 살고 있는 게데스 성으로 가서 군사를 소집하시지요.
아… 알겠습니다.
드보라와 함께 게데스 성으로 간 바락은 그곳에서 스불론과 납달리 백성을 불러 모았지.
우리 스불론 사람들은 바락님을 따르겠습니다!!
우리 납달리 사람들도요~
와아아아
우오오오옷~
사기가 충천하군요. 이거 해볼 만하겠는데요.

※이주 : 호밥의 자손(겐 사람)들은 유다 땅에 거주지를 삼고 있었다. Link 3권 82p

게데스 성 근처의 사아난님 상수리나무 옆에는, 호밥의 자손 헤벨이라는 사람이 장막을 치고 살고 있었어.
여보, 저것 좀 봐!
헤벨
무슨 일이에요?
헤벨의 아내 야엘
그는 유다 땅에 있던 거주지를 떠나 이곳으로 이주해온 상태였지.
이스라엘이 전쟁을 준비하고 있어.
와아아아
정말 그러네요.

※사아난님 상수리나무 : 정확한 위치는 알 수 없으나 다볼 산과 게데스 사이의 구릉지대에 있었던 곳으로 보인다.
※호밥 : 모세의 처남. 시내 산을 떠날 때 모세는 호밥에게 광야 길의 안내를 부탁했다. Link 2권 150p

하로셋 학고임에 있던 시스라는 아비노암의 아들 바락이 다볼 산으로 올라갔다는 얘기를 들었어.
이런 건방진 노예 녀석들!!
쾅!
시스라는 쇠로 만든 전차(철병거) 900대와 모든 군사를 이끌고 기손 강으로 이동했지.
겁 없는 이스라엘 놈들. 감히 나 시스라에게 대들다니… 철병거의 쓴맛을 보여주겠다.
콰르르르
그때 드보라가 바락에게 말했어.
어서 일어나세요.
아웅~ 무슨 일인데…?
부스스…
당장 모든 군사와 철병거를 준비하라. 우리도 그쪽으로 간다!
옛, 알겠습니다.
오늘은 여호와께서 당신을 도와 시스라를 물리치게 해주실 날입니다!!
오늘이요? 지금? 비도 엄청 오는구만.
서둘러요, 여호와께서 당신을 위해 이미 길을 닦아놓으셨어요.
아, 알겠습니다.
빨리, 빨리. GO! GO!
척
길을 닦아놨다니 무슨 말이지?
바락은 1만 명의 군사를 거느리고 다볼 산에서 내려왔어.
모두 나를 따르시오. 기손 강가에 있는 시스라의 병사들을 쳐부수러 갑시다!!
쏴아아아아
하필… 이런 폭우에 무슨 싸움박질을 한다고….
그러게, 앞도 잘 보이지 않는데 말이야.
그때 기손 강에는 폭우가 내리고 물이 범람했지.
으아, 건기에 웬 비가 이렇게 쏟아지는 거야?
쏴아아
바닥은 진흙탕으로 변했고, 쇠로 만든 전차도 힘을 쓸 수 없는 상태가 됐어.
히이이잉~
이 말들은 또 왜 이래?
바닥이 완전 엉망진창이야. 철병거 바퀴가 진흙탕에 파묻혔어!

※하로셋 학고임: 가나안 북부 지역에 있던 것으로 보이나 정확한 위치는 알 수 없다.

쏴아아아
우왕
좌왕
여호와께서 미리 길을 닦아놓았다는 것은 폭우를 뜻하는 것이었군.
그리고 바락이 시스라와 그의 군대를 공격했어.
와아아
헉, 적군의 기습이다!!
쏴아아아
켁, 하필 이럴 때 공격해 오다니….
전투가 벌어지는 동안, 여호와께서는 시스라와 그의 군대와 전차들을 혼란스럽게 하셨지.
아이고, 말들이 왜 이래!
와아아
으아악
히이잉~
으아아… 진흙탕에 빠져 철병거가 꼼짝하지 않는 거라고!
바락의 군대가 시스라의 군대를 물리쳤고, 시스라는 전차를 버리고 걸어서 달아났어.
헉헉… 900대나 되는 철 전차가 쓸모없게 되다니….
으아아아~ 도망치자!
쏴아아
타다닥
바락은 도망치는 시스라와 그의 군대를 하로셋까지 뒤쫓아 갔지.
아이고, 더 이상은 한 발짝도 못 가. 죽어도 못 간다고….
끄응…
하로셋
저기 시스라가 있다!
으악, 이스라엘 놈들이 여기까지 쫓아왔다!
헉!
뭐라고?
이런 지독한 놈들. 도대체 어디까지 쫓아올 셈이야!
죽어도 못 간다더니 제일 빠르네! 같이 가요!
와아아
후다다닥
와아아아~
결국 시스라의 군인들은 한 사람도 살아남지 못하고 이스라엘 백성의 칼에 맞아 죽었어.
와아아
우리가 시스라를 물리쳤다!!
와아아

※하로셋: Link 3권 97p 의 하로셋 학고임과 같은 위치로 시스라의 본거지이다.

※헤벨과 야빈은 서로 우호적이었고 친분관계가 두터웠는데, 그 이유와 내용에 대해서는 알 수가 없다.

하지만 시스라는 잡히지 않고 겐 사람 헤벨의 땅으로 달아났지.
저, 저기 헤벨의 장막이 있구나.
헉 헉
비틀 비틀
시스라가 헤벨의 땅으로 도망친 이유는 헤벨이 하솔의 왕 야빈과 사이좋게 지내고 있었기 때문이야.
헤벨이 나를 숨겨줄 거야. 이제 난 살았어.

※헤벨의 땅 : 헤벨이 살던 사아난님 상수리나무가 있는 지역 Link 3권 96p 으로 이곳은 하솔로 가는 방향이었다.
시스라는 남서쪽의 하로셋으로 도망간 병사들과는 달리 북동쪽으로 도주하여 이스라엘의 추격을 피할 수 있었다.

시스라는 몹시 지친 상태로 헤벨의 아내 야엘의 장막 앞에 도착했어.
아니, 시스라 장군님 아니세요?
오… 그대는 헤벨의 아내 야엘이로군.
내게 쉴 곳을 주오. 몹시 피로하오.
어서 이 안으로 들어오세요.
야엘은 시스라를 장막 안 침대에 눕히고, 이불을 덮어주며 말했지.
두려워할 것 없습니다. 이곳에서 편히 쉬세요.
고맙소. 목이 마르니 마실 물을 좀 주시오.

야엘은 우유가 담긴 가죽 부대를 열어 시스라에게 마시게 했어.
벌컥
벌컥

tip 우유가 담긴 가죽 부대

가죽 부대는 액체를 담기 위해 만들어진 것으로 대개 포도주나 우유, 물 등의 음료를 담는 데 사용되었다. 여기서 말하고 있는 우유는 엉긴 젖으로 요구르트와 비슷한 최고급 우유를 말한다. 야엘의 대접이 극진했음을 보여주는 단면이다.

야엘이 다시 이불을 덮자 시스라가 말했지.
당신은 가서 천막 입구를 지키고 서 있으시오. 만약 누가 와서 물으면 아무도 안 왔다고 대답하고….
알겠습니다. 시스라 장군님.

몹시 피곤했던 시스라는 깊이 잠들어버렸어.
드르릉~
푸우~
쫓기는 인간이 잘도 자는군.
야엘은 밖에 서 있지 않고, 장막 말뚝과 망치를 들고 조용히 시스라에게 다가갔지.
두 둥

※장막 말뚝 : 장막의 밧줄을 땅에 고정시키는 말뚝으로 나무로 되어 있음.

스윽
드르릉
야엘은 깊이 잠든 시스라의 관자놀이에 말뚝을 박았고, 시스라는 그 자리에서 죽어버렸어.
퍽!
커억~!!

tip 말뚝

야엘은 급소인 관자놀이를 침으로 써 무딘 나무로 다른 부분을 치는 것보다 훨씬 효과적이고 안전하게 시스라를 죽였다. 연약한 여자인 야엘이 장막 말뚝을 뽑아 망치질로 시스라를 죽일 수 있었던 것은 당시에 장막 세우는 일이 여자들 몫이었던 데 기인한다.

시스라를 쫓던 바락이 야엘의 천막에 도착하자, 야엘이 밖으로 나와 바락을 맞이하며 말했지.
이리 오세요.
제가 당신이 찾고 있는 사람을 보여드리겠어요.
??
바락이 장막 안에 들어가 보니, 시스라가 관자놀이에 말뚝이 박힌 채 죽어 있었어.
당신이 한 거요?
헉!
그래요.
시스라는 한 여자에게 죽게 될 것입니다.
드보라님은 바로 이것을 예언한 것이로군.
그날 하나님은 가나안 왕 야빈을 이스라엘 백성 앞에서 물리쳐주셨지.
시스라가 죽었다!!
야빈의 목숨도 이제 얼마 남지 않았다!!
와아아아

이스라엘은 점점 더 강해졌고, 마침내 가나안의 왕 야빈을 완전히 멸망시킬 수 있었어.

tip 구원의 여성 드보라

가나안 왕 야빈이 쇠로 만든 전차 900대를 앞세워 이스라엘을 심하게 억압하며 20년을 다스리고 있을 때, 한 남자의 아내였던 드보라가 사사가 되었다. 드보라는 바락을 불러 군대를 모으고 여호와의 이름으로 야빈의 군대 지휘관인 시스라와 싸우도록 했다. 또한 바락이 전투에 동행할 것을 요청했을 때, 그녀는 함께 나아가 시스라의 군대를 완전히 섬멸했다. 드보라의 이런 활약은 여자를 종속적으로 보던 시대에 더욱 돋보이는 것이다.

※가나안 왕 야빈이 언제 이스라엘에게 진멸되었는지 성경에서는 언급되지 않지만 이스라엘 왕정제도가 수립되기 이전이었을 것으로 추정된다.

5장 드보라와 바락의 노래

그날 드보라와 아비노암의 아들 바락은 이 모든 일들을 노래로 불렀어.
드보라의 노래
CM Pictures Deborah & Barak
드보라는 먼저 가나안 왕 야빈과의 전쟁에서 승리할 수 있도록 도와주신 하나님께 감사하며 찬양했지.
지도자들이 이스라엘을 이끌었네~
백성들 스스로 나서서 전쟁에 나가 싸웠네~
여호와를 찬양하여라~
그리고 전쟁에 참여한 지파와 외면한 지파에 대해서도 노래를 통해 지적했어.
흠, 그땐 정말 대단했지.
우리 납달리 지파도 정말 용맹하게 싸웠다고.
스불론과 납달리 사람들은 이스라엘을 구하기 위해 목숨을 바쳐 헌신했다네~
쉿, 공연 중에는 조용히….
에브라임, 베냐민, 잇사갈, 요단 강 동쪽에 사는 므낫세 절반 지파 역시 전투에 매우 적극적이었다네~
정말 그랬다네~
하지만 르우벤 사람들과, 단, 므낫세, 야셀 지파 사람들은 형제의 고통을 외면했다네~
기손 강의 전투에서 여호와 하나님의 도우심으로 우린 승리할 수 있었지~
※르우벤, 단, 므낫세 절반, 야셀 : 이들은 자신들의 안위와 생업을 핑계로 전쟁에 참여하지 않았다.
여호와여~ 주의 적은 모두 이와 같이 망하게 하소서~
그러나 주를 사랑하는 사람은 솟아오르는 해처럼 힘차게 하소서~
이후 이스라엘은 40년 동안 평화로웠지.
와아아아아아~
짝짝짝짝짝!
encore!
encore!

사사기

6장 다섯 번째 사사 기드온

시간이 흐른 후, 이스라엘 백성은 또다시 여호와 앞에서 죄를 저질렀어.
이야, 짱이다.
와, 전부 바알 캐릭터네?
어때? 멋있지? 이게 이번에 한정판으로 나온 바알 프라모델이야.
그래서 여호와께서는 미디안 사람들이 7년 동안 이스라엘을 다스리게 하셨지.
이제 너흰 우리 밥이야. 하하핫.
끙끙
낑낑
헉헉
미디안 녀석들은 너무 강해.
게다가 너무 잔인하다고.

이스라엘 사람들은 잔인한 미디안 사람들을 피해 산속의 동굴이나 피난처, 요새에 숨기도 했어.
암호!
미디안은?
우리의 원수!
으으으…

tip 피난처

이스라엘 백성은 미디안의 압제를 피해 안전한 피난처를 만들었다. 팔레스타인의 산지는 석회석으로 이루어져 있어서 자연적으로 만들어진 동굴이 많았으며 급류로 인해 생겨난 '산 구멍'도 많았다. 또한 굴을 파기에도 용이했다. 이러한 도피처는 미디안의 압제를 피해 도망하기 위한 장소만이 아니라 농작물의 저장고로도 쓰였을 것으로 보인다.

※미디안 족속 : 가나안 남쪽 지방에서 모압과 동맹을 맺고 Link 2권 186p 우상을 숭배했던 사람들.

※가사 : 블레셋 중심의 성읍으로 팔레스타인의 남서쪽 끝에 위치하고 있다.

이스라엘 사람들이 농사를 지을 때마다….
두두두두
엇?!
하하, 올해도 풍년….
미디안 사람들과 아말렉 사람들과 동방 사람들이 와서 이스라엘을 공격했어.
어서 추수한 곡식을 내 놔라~ 으핫핫핫~
두두두두
으앗, 약탈자 들이닷!!
아이고~!
그들은 이스라엘 땅에 약탈을 위한 전초 기지를 만들고는, 가사 땅에 이르기까지 이스라엘 백성이 심어놓은 모든 농작물을 망쳐 놓았지.
농사를 짓는 건 너희의 임무고, 약탈하는 건 우리의 임무다!
크하하!
맙소사….
아이고, 올해 농사도 끝장났구나.

※아말렉 : 에서의 손자 아말렉의 후예들로 유다 남방 지역을 거점으로 삼아 목초지를 찾아 떠돌아다니는 유목민.

※동방 사람 : 팔레스타인 동쪽에 거주하던 유목 민족들을 폭넓게 일컫는 말.

그들은 먹을 식량뿐 아니라 양이든, 소든, 나귀든, 하나도 남기지 않고 약탈해갔어.
크하하, 자 그럼 열심히 일하라고, 다음에 또 보자. 안녕~!
퍽!
흑흑
낙타를 타고 메뚜기 떼처럼 들어와 이스라엘 땅을 엉망으로 만드는구나.

결국 이스라엘 백성들은 미디안 사람들의 약탈 때문에 아주 가난해질 수밖에 없었지.
엄마, 배고파요. 잉잉.
어제도 하루종일 굶었는데….

그래서 그들은 여호와께 미디안으로부터 구해달라고 부르짖었어.
하나님, 제발 도와주세요!!
저희에겐 여호와 하나님 밖에 없습니다. 제발요. 흑흑.

기도를 들은 여호와께서는 이스라엘 사람들에게 한 예언자를 보내주셨지.
이스라엘의 하나님 여호와의 말씀을 전하겠습니다.
오오…!!
하나님이 우리 기도를 듣고 예언자를 보내셨다.

tip 예언자(선지자)

예언자(선지자)는 하나님의 계획과 의지를 인간에게 전달하기 위해 하나님께로부터 직접 보냄을 받은 자를 의미하며 '사자'와는 구별된다. 이들은 특히 이스라엘 백성이 하나님의 뜻을 따르지 않을 때 나타나 책망하며 회개를 촉구하는 일을 했다.

나는 너희가 노예로 있던 땅 이집트에서 인도해서 가나안의 모든 백성을 쫓아내고 그 땅을 너희에게 주었다. 그때 내가 말하길….
아….

나는 너희의 하나님 여호와다. 너희는 아모리 사람의 땅에서 살게 될 것이다. 하지만 너희는 그들의 신을 섬겨서는 안 된다! Link 2권 84p
하지만 너희는 내 말에 순종하지 않았다!
아아… 하나님…!
우리가 우상숭배의 죄를 저지르는 바람에 이 모든 일이 생긴 거구나.
여호와로부터 등을 돌리다니 우린 바보 멍청이야.
흑흑 엉엉
하나님, 잘못 했으니 용서해 주십시오.

※아모리 : '고산지대 사람들'이라는 뜻으로 근동 지역 여러 곳에 분포하여 살던 유목 민족, 여기서는 가나안 사람을 다르게 표현한 말이다.

기드온을 찾아온 여호와의 사자

어느 날, 여호와의 사자가 오브라의 상수리나무 아래에 와서 앉았어.
그 나무는 아비에셀 자손인 요아스가 소유하고 있던 땅에 있었지.
휙
탁
탁
그때 요아스의 아들 기드온은 포도주를 짜는 틀 안에서 밀을 타작하고 있었어.
곡식이 있는 걸 알면 미디안 놈들이 다 뺏어가니까 몰래 포도주를 짜는 틀 안에서 밀을 타작하는 거라고.
탁
탁
여호와의 사자가 기드온에게 나타나 말했지.
버럭
힘이 센 용사여! 여호와께서 너와 함께 계신다!!
깜짝
허걱!!

※아비에셀 : 므낫세 지파의 작은 족속(집안).

※오브라 : 벧엘 동북쪽 약 6km 떨어진 곳으로 에브론이라고도 한다.

왜 갑자기 소리를 지르고 그래요?!
누구셔?
내 맘.
참, 그런데 힘센 용사라고요? 여호와께서 함께하신다고요? 지금 저한테 말씀하신 건가요?
당연히 그대를 말하는 것이지.
핫! 여호와께서 우리와 함께 계신다면, 왜 이토록 많은 괴로움을 겪어야 하는 거죠?
흥, 니들 하는 짓을 봐라.

조상들이 말하기를 여호와께서는 많은 기적과 함께 우리를 이집트에서 이끌어 내셨다고 하셨습니다. 하지만 이제 여호와께서는 우리를 버리셨습니다.
니들이 하나님을 버린 것이지.
하나님은 우리를 미디안 사람들에게 정복당하게 하셨습니다.
거참 안됐구나. 흑흑. 팽!
하지만 네게는 이스라엘을 구할 능력이 있다. 내가 너를 보내니 가서 너의 백성을 미디안 사람들로부터 구하여라!
어쭈, 마치 여호와의 사자쯤 되는 것처럼 얘기하시네! 응?

제가 무슨 힘이 있어 이스라엘을 구할 수 있겠습니까?
제 집안은 므낫세 지파 중에서 가장 약하고, 제 집안에서 가장 보잘것없는 사람이 바로 접니다.
내가 너와 함께 할 것이니 걱정할 것 없다.
너는 한 사람과 싸우는 것처럼 미디안 군대와 싸워 쉽게 이길 것이다.

마… 만일 제가 주께 은혜를 입었다면, 저와 이야기를 하고 있는 분이 정말 주님이라는 증거를 보여주십시오.
그러지 뭐.

tip 주님이라는 증거

강력한 군사력으로 이스라엘의 모든 지역을 약탈하고 있는 미디안을 쉽게 물리칠 수 있다고 약속한 하나님의 말씀은 기드온의 입장에서는 이해하기 힘들었다. 그래서 기드온은 하나님의 약속을 확증할 수 있는 기적을 요구했다. 여기서 증거의 원어는 '오트(tWa)'로 징조, 표, 깃발, 횃불, 기념비, 전조, 기적이라는 뜻으로 해석된다. 여기 사용된 '기적'의 핵심적인 기능은 기드온이 자기와 이야기하고 있는 상대가 누구인지를 확인하려는 데 있다.

제가 예물을 가져와서 주 앞에 바치겠으니 제가 돌아올 때까지 떠나지 마시고 여기서 기다려주십시오.
탁
네가 돌아올 때까지 이곳에서 기다리겠다.

집으로 돌아온 기드온은 염소 새끼를 잡아 요리하고, 1에바의 밀가루로 누룩을 넣지 않은 빵(무교병)을 만들었어.
지금 내가 할 수 있는 최고의 요리를…!
고기와 함께 누룩을 넣지 않은 빵을 바구니에 넣었고, 국도 그릇에 담아 상수리나무 아래로 가지고 가서 여호와의 사자에게 드렸어.
주님~ 주님~ 여기 이 음식을 받으십시오.
타다닥

※1에바 : 약 22리터.

그 안에 들어 있는 고기와 무교병을 이 바위 위에 올려놓고, 그 위에 국을 붓도록 하라.
넷? 어떻게 드시려고?
기드온은 여호와의 사자가 시키는 대로 했지.
이렇게 해서 먹으면 더 맛있을라나?
콸콸
네가 보고 싶어 하던 증거를 보여주마!
?
스윽

사사기

여호와의 사자가 지팡이 끝을 고기와 무교병에 대자 바위에서 불길이 치솟았어.
화르륵
허어억, 바위에서 불이?
불은 고기와 무교병을 완전히 태웠고, 여호와의 사자는 떠나서 보이지 않았지.
두리번
어, 어디로 가셨지? 갑자기 사라지다니….
두리번
그제야 기드온은 자기가 여호와의 사자와 이야기하고 있었다는 것을 알았어.
엉엉
엉엉
오!! 여호와 하나님. 저를 살려주십시오. 제가 여호와의 사자를 직접 보았습니다!!
두려워하지 마라. 너는 죽지 않을 것이다!
하, 하나님의 음성이!!
하나님의 말씀을 들은 기드온은 그 곳에 여호와께 예배드릴 제단을 쌓고 여호와 샬롬이라고 불렀어.
그날 밤, 여호와께서 기드온에게 말씀하셨지.
네 아버지의 가축 가운데 7년 된 수소 한 마리를 준비하여라!
네 아버지의 바알 제단을 허물고, 그 옆에 있는 아세라 우상도 찍어버려라!
와, 신난다.
다 때려 부숴버려라!
박살내버리자!
퍽
퍽
퍽
너희 하나님 나 여호와를 위해 성에서 가장 높은 곳에 제단을 쌓아라!
보기 좋게 잘 쌓아라!
네 주인님.

※이스라엘 사람들은 여호와의 사자를 직접 대면하면 죽음이 뒤따른다고 생각했다.

※샬롬 : '평화'라는 뜻.

기드온은 자신의 종 10명을 데리고, 여호와께서 명령하신 일을 했어.
그러고 나서 수소를 죽여
그 제단 위에서 번제로 드려라.
네 제물을 불사를 때는 아세라 우상을
찍어서 나온 나무를 사용해라!
아세라는 흔적조차
남지 않게 됐군.

기드온은 가족이나 성에 사는 사람들이 그 모습을 볼까 봐 두려워 이 모든 일을 밤에 했지.
쉿, 잘못하면
맞아 죽는다고.

tip 이 모든 일을 밤에 한 기드온

기드온은 하나님의 명령을 따르면서도 세상 사람들을 두려워해서 그 모든 일을 밤에 했다. 물론 우상숭배의 관습이 깊이 뿌리 내린 그곳에서 우상의 단을 헐고 파괴하는 일이 곧 생명을 담보하는 일임은 사실이다. 그러나 그가 하나님을 온전히 신뢰했다면 자신의 생명도 하나님이 책임져주실 것임을 확신하고 두려워하지 않았을 것이다. 기드온은 여호와의 사자를 만나 그가 행한 기적을 직접 보았음에도 이후에 온전히 믿지 못함을 자주 나타낸다.

다음날 아침 바알을 위한 제단이 무너지고 아세라 목상도 찍혀 있었어.
으앗, 이게
어떻게 된 거야?
누가 겁 없이
이런 짓을….
아이고,
난 몰라~
모두 와 봐, 밤사이에
무슨 일이 있었던 게
틀림없다고!

사람들은 기드온이 쌓은 제단과 제물로 바쳐진 수소를 발견했지.
뭐, 뭐야? 누가
여기다가 제단을
쌓았잖아?
제사도
지냈어.
이걸 다 밤에
했단 말야?
사람들은 이 일을 한 사람을 찾기 위해 서로 캐묻고 자세히 조사를 했지.
기드온의 종이 실토했다.
범인은 요아스의 아들
기드온이야!!
시끌
어젯밤 주인이
시켜서 어쩔 수
없이….
당장
끌고 와.
그놈을 가만
두지 않겠어.
시끌
사람들은 요아스에게 몰려가 아들을 끌어 내라고 위협했어.
기드온의 아버지
요아스
무슨
일이오?
당신 아들이
바알의 제단을
허물어버렸소!
게다가
아세라 우상도
찍어버렸소!
그러니 당신의 아들은
죽어야 하오!
요아스는 자기에게 몰려온 사람들에게 이렇게 말했지.
당신들 지금 바알 편을
들고 있는 거요? 당신들이
바알을 위한단 말이오?
윽! 뭐,
뭐야?

누구든지 바알의 편을 드는 사람은 이 아침에 죽임을 당할 것이오! 바알이 만약 신이라면 자기 제단이 허물어졌으니, 바알 스스로 싸워야 할 것이오!
그, 그렇긴 한데….
하긴….

tip 기드온의 아버지 요아스

요아스는 살아 있는 참된 신과 아무것도 할 수 없는 거짓 신을 구별하는 기준을 제시하고 있다. 기준은 그 신이 자신의 대적자를 직접 벌할 수 있느냐 없느냐는 것이다. 이로써 요아스는 바알의 무능력을 비웃고 있다. 기드온의 아버지 요아스도 한때 바알 신을 섬겼지만 어떠한 이유인지 여기서는 바알을 무능력하고 거짓된 신이라고 주장하며 기드온의 편을 들어준다.

그날부터 기드온은 여룹바알이라고 불렸는데, 그 이유는 그가 바알의 제단을 무너뜨렸기 때문이야.

※여룹바알 : '바알 스스로 싸우게 하라'는 뜻.

그때 요단 강 건너 이스르엘 골짜기에는 미디안과 아말렉, 동방 사람들이 모여 진을 치고 있었어.
낄낄, 파종기가 빨리도 온단 말이야~
자~ 그럼 올해도 신나는 약탈 준비를 해볼까?
미디안과 그 패거리들

기드온은 여호와의 영(성령)이 자신에게 들어오자 나팔을 불었고, 나팔 소리를 들은 아비에셀 집안 사람들이 모두 모여 기드온을 따랐어.
아버지~
아들아, 내가 너와 함께하겠다.

※이스르엘 : 길보아 산악 지대의 북쪽에 위치한 지역으로 물이 풍부하며 화강암으로 된 고지다. 이 골짜기 근처에는 므낫세, 잇사갈, 스불론, 납달리, 그리고 아셀 지파가 자리 잡고 있었다.

※아비에셀 : 므낫세 지파의 작은 집안.

기드온은 므낫세, 아셀, 스불론, 납달리 지파 사람들에게 사람을 보냈지.
모두 모여 함께 싸우자고 전하도록 하라!
두두두

그러자 모든 백성이 올라와 기드온과 그의 군대를 맞이하고 전쟁에 함께하기로 약속했어.
오오, 저 많은 병사들이 여호와와 나 기드온을 믿고 모여드는구나!

※므낫세, 아셀, 스불론, 납달리 : 이 네 지파는 미디안 동맹군의 전초 기지가 있는 지역에서 가장 가까이 있었으므로 가장 많은 피해를 입었을 것이다.

그날 밤 기드온이 하나님께 말했어.
주께서는 제가 이스라엘을 구원하는 것을 돕겠다고 제게 말씀하셨습니다.
제가 여기에 양털 한 뭉치를 놓겠으니 양털에만 이슬이 맺히고 다른 땅은 모두 마르게 해주세요.
메에에~
싹둑
싹둑
그럼 주께서 저와 함께하셔서 이스라엘을 구원하실 것임을 믿겠습니다.
메에에~
다음 날 아침, 기드온이 일찍 일어나 양털을 짰더니 양털에서 물이 한 그릇 가득 나왔지.
우와, 정말 양털만 젖어 있잖아?
주르륵
기드온이 다시 하나님께 말했어.
하나님, 제발 제게 화를 내지 말아주세요. 한 번만, 딱 한 번만 더… 이번에는 양털을 마르게 하시고, 그 주변 땅은 이슬로 젖게 해주세요.
그날 밤 하나님은 다시 기드온이 말한 대로 해주셨지.
땅은 축축한데… 양털은 이렇게나 보송보송 하다니….

7장 기드온의 300용사

그때 미디안 연합군은 북쪽 모레라고 부르는 언덕 아래 골짜기에 진을 치고 있었지.

※모레 : 이스르엘 평원의 북쪽에 위치한 작은 야산으로 보이나 정확한 위치는 알 수 없다.

기드온과 그를 따르는 모든 백성은 남쪽 하롯 샘 근처에 진을 쳤어.
미디안 군이 엄청나대.
휴, 어떻게 이기냐?
졸졸졸졸

※하롯 샘 : 정확한 위치를 알 수 없다.

여호와께서 기드온에게 말씀하셨어.
내가 보기에는 미디안 백성과 싸울 이스라엘 백성이 너무 많은 것 같구나!
서, 설마요? 미디안 연합군의 숫자는 13만 5천 명이라 우리보다 월등히 많습니다요.

나는 이스라엘 사람들이 자기들의 힘으로 미디안과 싸워 이겼다고 자랑하는 것을 듣고 싶지 않다. 그러니 너는 백성에게 이렇게 전하라….
누구든지 이 싸움이 두려운 자가 있다면 길르앗 산을 떠나 집으로 돌아가도 좋습니다!
에? 정말?
어라, 농담 아니지?
기드온이 하나님의 명령을 전하자, 3만 2천 명의 백성 중 2만 2천 명이 돌아가고 1만 명이 남았지.
우리 같은 늙은이는 도움이 안 될 테니 그만 집으로 돌아가자고.
휴우
미디안의 대군을 어떻게 이기나 걱정했는데 다행이야.
여호와께서 또 기드온에게 말씀하셨어.
백성이 아직 많으니 그들을 물가로 데리고 가라. 너를 대신해서 내가 그들을 시험해 남을 사람들을 골라내겠다!
1/3도 안 남았는데?
네? 여기서 더 골라내시겠다고요?
기드온은 사람들을 데리고 물가로 내려갔어.
자, 오늘은 모두 이곳에서 휴식을 취할 것이오!
우르르~
우왓, 물이다, 물~
목말랐는데 잘됐다!
여호와께서 기드온에게 말씀하셨지.
기드온, 저 사람들을 두 편으로 나누어라. 물을 손에 담아서 혀로 핥아먹는 사람과 무릎을 꿇고 엎드려 물을 먹는 사람을 따로 구별하라!
와아
물을 손에 담아서 핥아먹는 사람은 300명이었고, 나머지는 모두 무릎을 꿇고 물을 먹었어.
웅성
웅성
그런데 저쪽 친구들은 왜 우리와 구별해 놓은 거지?
글쎄?
내가 손에 입을 대고 물을 핥아먹은 300명을 통해 미디안을 물리치고 너희를 구원하겠다!
자, 거기 무릎을 꿇고 엎드려 물을 마신 사람들은 모두 집으로 돌아가시오!
엥?
돌아가라고?

아니
우리가
왜?
싸움도 안 하고
집에 가니 좋긴
하지만….
말도 안 돼
300명으로?
한 명이 아쉬
울 텐데…?
웅성
웅성
기드온은 300명의 병사들만 남기고 다른 모든 백성은 집으로 돌려보냈지.
자, 이제 우리는
13만 5천 명만 해치
우면 되는 거야?
휑~

tip 300 용사의 선택

이 300명에 대해 손으로 떠먹는 모습 때문에 주위를 경계하며 먹는 모습이라고 말하며 훈련된 용사라고 해석하는 사람도 있다. 하지만 군사의 수를 줄인 목적은 승리의 원인이 하나님께 있음을 인정케 하는 데 있었기 때문에 잘 훈련된 정예 부대를 선택했다고 보기엔 무리가 있다. 그런 이유로 만약 엎드려 먹은 사람이 300명이었다면 그들이 선택되었을 것이다. 하나님께는 물을 손에 담아서 핥아 먹든, 엎드려 먹든 적은 인원만이 필요했을 뿐이었다.

기드온은 집으로 돌아가는 백성들에게 식량을 담았던 항아리와 나팔을 받아 놓았어.
미디안 연합군의 진영은 기드온이 있는 골짜기 아래쪽에 위치하고 있었지.
300명으로 정말 저
많은 미디안 연합군을
이길 수 있을까?

그날 밤, 여호와께서 기드온에게 말씀하셨어.
기드온, 일어나거라!
어서 내려가 적진을
공격하라. 내가 그들을
물리치도록 해주겠다!
아, 네… 아까
낮에 걱정하던
얘길 들으셨나?
만약 골짜기 아래 적진으로 내려가는
것이 두렵거든, 너의 종 부라를
데려가 그들이 하는 말을 들어라!
부라야, 일어나라.
나와 갈 데가 있다.
부스스
그들이 하는 말을 네가 듣게 되면, 용기를
얻어 그들을 공격할 수 있을 것이다!
적군의 진영
으로 정탐하러
가는 거야.

기드온과 그의 종 부라는 함께 적진의 가장자리로 내려갔지.
너, 너무 가까이
가는 것 아네요?
쉿~
미디안 연합군 진영의 군대는 메뚜기 떼처럼 많았고, 그들의 낙타도 바닷가의 모래알처럼 셀 수 없이 많았어.
저, 저렇게
병사들이 많다니…
가까이서 보니 훨씬
더 대단하구나.
흐미… 우린
300명밖에
없는데….

기드온과 그의 종 부라가 적진에 도착했을 때, 미디안 병사 한 사람이 친구와 꿈 얘기를 하고 있었지.
어젯밤 꿈속에서 말이야. 보리로 만든 빵 한 덩어리가 우리 진영으로 데굴데굴 굴러들어오는 거야.
보리로 만든 빵?
그 보리빵이 어떤 커다란 장막을 쳤는데, 글쎄 그 장막이 와르르 무너져 버리더라고.
으아앗!
쿵!
내가 꿈에 대해 좀 아는데, 자네 꿈은 이스라엘 사람인 요아스의 아들 기드온의 칼과 관계가 있는 것 같아.
기드온의 칼?
아… 하나님께서는 기드온이 미디안의 모든 군대를 물리치게 하실 게 분명해.
헉, 크… 큰일났네!
덜덜
저들의 하나님은 무섭던데….
어쩌지?
아… 저들도 나를 두려워하고 있구나.

미디안 병사의 얘기를 들은 기드온은 하나님께 감사드렸어.
오, 하나님 감사합니다. 이제 저는 저들이 조금도 두렵지 않습니다!!

그리고 다시 이스라엘 진영으로 돌아와 병사들에게 말했지.
하나님께서 선택한 300명의 용사들이여.
지구를 지켜라!
여호와께서 우리에게 미디안 군대를 이기게 해주셨다!!
시끄럽다 잠 좀 자자!
닥치고 빨리 일어나!
뭐, 뭐지?
지금 당장 출동이래!
빨리 서둘러!

tip 꿈의 해몽

'보리빵'은 빈민 계급이 먹던 가장 흔한 음식으로 여기서는 압제당하는 비천한 '이스라엘'을 상징한다. '어떤 커다란 장막'은 미디안 전체 진영의 장막을 가리킨다. 따라서 전체 장막이 쓰러진다는 것은 미디안 군대가 참패하고 파괴되는 것을 상징한다. 이 꿈의 해몽을 통해 미디안 사람들이 기드온과 이스라엘 군대를 두려워하고 있었음을 알 수 있다. 이들의 두려움은 예전에 이스라엘이 이집트를 나와 홍해를 건너고, 아모리 왕들을 죽이고 요단 강을 건너 가나안에 들어가려 할 때, 가나안 사람들이 두려워하던 것 Link 3권 21p 과 같은 종류였다.

기드온은 300명을 3개의 부대로 나누고 모든 사람에게 나팔과 빈 항아리를 주었어.
항아리 속에는 횃불을 잘 감춰 뒀죠?
넷!
나를 잘 보고 따라하세요. 내가 적 진영의 가장자리에 도착해 나팔을 불면 여러분도 같이 나팔을 부세요! 그러고 나서 이렇게 외치세요. 여호와를 위해! 기드온을 위해!
알겠습니다.
기드온과 그를 따르는 군사 100명이 적진의 가장자리까지 갔어.
Go! Go!
사사사삭
마침 한밤중이었고 적군이 보초병을 막 바꾼 뒤였지.
그럼 수고해.
빠이~
지금이다!
기드온과 그를 따르는 사람들은 나팔을 불며 항아리를 깨뜨리기 시작했어.
뿌우우우
뿌우우우
와장창
쨍그랑
헉!
뭐… 뭐야?!
그러자 세 무리로 나뉜 기드온의 군사들은 모두 나팔을 불며 항아리를 깨뜨렸고 왼손에는 횃불을, 오른손에는 나팔을 들고 소리쳤어.
뿌우우
여호와를 위해! 기드온을 위해!
뿌우우
여호와를 위해! 기드온을 위해!
으악, 무슨 일이냐!?
크… 큰일났다!!
저… 적이 쳐들어왔다~!!

이스라엘은 미디안 연합군 진영 사방을 둘러싸고 자기 자리에 그대로 서 있었지.
여호와를 위해! 기드온을 위해!
적군의 습격이다!!
서둘러라!!
뿌우우
뿌우우우
어서 사람들을 깨워!!

tip 전쟁 나팔

통상적으로 전쟁 나팔은 한 방향으로 한 사람이나 두세 사람이 불었다. 그런데 기드온은 자그마치 300명이 동시에 사방에서 전쟁 나팔을 불게 했다. 이것은 이스라엘 군대가 강한 미디안 군대를 포위할 만큼 숫자가 많고 강한 것처럼 보여, 미디안 군대를 두려움에 떨게 하고 당황하게 하기 위한 전술이었다.

진영 안에서는 놀란 미디안 사람들이 큰 소리를 지르며 달아나기 시작했어.
뿌우우우
뿌우우
기드온이 쳐들어왔다!
허둥
우린 이제 죽었다!!
지둥
으아아아!!
기드온의 군사 300명이 나팔을 불었을 때, 여호와께서는 적군들이 칼을 가지고 서로 싸우게 만드셨지.
누… 누가 적이야?
적군을 막아라!
으아아악
아악~ 살려줘.
으아악
죽어라, 이스라엘 놈들!
크으윽!

미디안 군대는 스레라의 벧 싯다와 또 답밧 성에 가까운 아벨므홀라의 경계선까지 도망쳤어.
아벨므홀라

그러자 돌아간 줄 알았던 납달리와 아셀, 므낫세 지파로부터 모여온 이스라엘 사람들이 미디안을 뒤쫓았지.
으악, 언제 여기까지?
와아아
튀어라!
기드온은 에브라임의 모든 산지에 급히 사람을 보냈어.
당신들은 어서 가서 벧 바라에서 가장 가까운 요단 강 나루터까지 가는 길을 지켜주십시오.
적들의 퇴로인 요단 강을 지키라는 거로군.

※에브라임의 모든 산지 : 여기서는 '에브라임 지파의 모든 경내'를 말한다.
※벧 바라 : 이스르엘 골짜기에서 요단 강 나루터로 갈 수 있는 어느 한 지점으로 보이나 정확한 위치는 알 수 없다.

그렇게 모두 모인 에브라임 사람들은 벧 바라에서 요단 강 나루터까지 가는 길과 그 나루터를 점령했지.
헉, 저… 저게 뭐야? 퇴로가 막혀 있잖아!
요단 강만 건너면 살았다 싶었더니.
이… 이제 끝장이다.

※스레라(사르단) : 요단 강 저지대의 성읍으로 여리고 북방 21km 지점에 위치.
※답밧 : 요단 강 유역에 있는 성읍.　※아벨므홀라 : 요단 강 서편의 성읍으로 벧산의 남쪽 15km 지점에 위치.

에브라임 사람들은 오렙과 스엡이라고 하는 미디안의 군대 지휘관 두 사람을 사로 잡았어.
크윽!
그래서 오렙은 오렙 바위에서 죽였고, 스엡은 스엡의 포도주 틀에서 죽였어.
또 계속해서 미디안 사람들을 뒤쫓았지.
와아아
최후의 한 놈까지 모두 없애버리자!
지독한 녀석들.

그때 기드온은 요단 강 동쪽에 있었는데, 에브라임 지도자들이 요단 강 서쪽에서 오렙과 스엡의 머리를 잘라 그에게 가지고 왔어.
미디안 지휘관의 머리를 가지고 왔소!

8장 에브라임 지파의 불만

요단 강을 건너온 에브라임 사람들은 기드온에게 크게 화를 냈어.
어째서 우리를 이런 식으로 대하는 거요!
탁
지금 무슨 말씀인지…?

왜 미디안과 싸울 때 우리를 부르지 않은 거요?
우리 에브라임 지파를 무시하는 건가?
난 또 뭐라고, 제가 한 일이 뭐 대단하다고 에브라임 지파를 무시하겠습니까?
사실 여러분 몇 명이 한 일이 아비에셀 사람 모두가 한 일보다 더 낫지 않습니까?
으잉?
에브라임 사람들은 기드온의 말을 듣고 화를 풀었어.
그러니 제가 한 일을 어떻게 여러분이 한 일과 비교할 수 있겠습니까?
하나님은 여러분이 미디안의 군대 지휘관인 오렙과 스엡을 잡도록 해주셨습니다.
말 되네.
흐흐, 우리가 좀 큰일을 했지.

※아비에셀 사람 : 므낫세 지파의 아비에셀 집안사람을 말하며, 기드온과 300 용사를 가리킨다.

두 왕을 잡은 기드온

기드온과 300명의 용사는 지쳐 있었지만 요단 강을 건너 계속 적의 뒤를 쫓고 있었어.
헉
헉
헥
헥헥
헥

tip 미디안 군대의 퇴각

기드온의 부대가 숙곳으로 미디안 군대를 쫓아갔다는 것은 미디안 군대의 퇴각 방향이 두 갈래였음을 말해준다. 하나는 미디안의 군대 지휘관들인 오렙과 스엡 부대가 퇴각한 '벧 바라' 쪽이었으며, 다른 하나는 미디안 왕인 세바와 살문나가 퇴각한 '숙곳' 방향이었다.

적을 추격하던 도중, 기드온이 숙곳에 들러 그곳 사람들에게 말했어.
우리는 미디안의 두 왕인 세바와 살문나를 쫓고 있습니다. 병사들이 매우 지쳐 있어 그러니 빵을 좀 주십시오.
이게 웬 거지 떼야?
하지만 숙곳의 지도자들은 기드온의 부탁을 거절했지.
우리가 왜 빵을 줘야 해?
맞아. 당신들이 아직 세바와 살문나를 사로잡은 것도 아닌데 뭘 믿고….
낄낄, 겨우 이 숫자로 잡을 수 있겠어?

※숙곳: 요단 강 동편, 얍복 강 바로 위에 위치했으며 갓 지파가 분배받은 성읍으로 이스라엘 사람들이 살고 있었다.

여호와께서 내가 세바와 살문나를 사로잡도록 도와주실 것이오!
깜짝이야.
그들을 사로잡은 뒤 다시 돌아와 가시와 찔레로 만든 도리깨로 당신들의 살을 찢어놓고 말 것이오!
씩
씩
헹, 어디 맘대로 해 보셔.
어이구 기대되는구먼.
허세 떨고 있네.
메롱~
얼래리 꼴래리~

기드온과 300명의 용사는 이번엔 브누엘로 올라가 그들에게 먹을 양식을 구했어.
제발 우리 병사들에게 먹을 양식을 좀 나눠주시오.
하지만 브누엘 사람들 역시 숙곳 사람들처럼 기드온의 부탁을 거절했지.
흥, 어림 없는 소리.
괜히 당신들을 도와줬다가 나중에 세바와 살문나가 보복하면 어쩌려고?
흥! 지금 내 부탁을 거절한 걸 후회하게 해줄 테다.
승리하고 돌아올 때 반드시 이 망대를 무너뜨릴 것이다!
크윽!
아, 네~
잘 해봐.

※브누엘: 숙곳에서 동쪽 약 9km 지점에 위치.

tip 망대를 무너뜨리다

망대란 성의 부속물로 성벽보다 높게 건축되어 멀리서 침공해오는 적군의 공격에 대항하는 방어물이자 피난처였다. 성의 망대를 무너뜨린다는 것은 그 성의 안전과 평안을 없애버린다는 의미이다.

한편 미디안의 왕 세바와 살문나, 그리고 그들의 군대는 갈골 성으로 가서 안심하며 쉬고 있었어.
여기는 괜찮겠지?
여기까지 쫓아 온다면 사람이 아니죠.
휴~우리 미디안 연합군 중에서 12만 명이 죽고, 겨우 1만 5천 명만이 살아남았소.
크으… 우리가 어쩌다가… 이거 완전 대박이군.

※갈골: 정확한 위치를 알 수 없다.

기드온은 노바와 욕브하 동쪽 유목민의 길을 따라 올라가서…
이 길은 유목민뿐만 아니라 상인들이 이용하던 길이지.
타다닥
아주 잘 닦여 있어서 많은 사람들이 빠르게 이동하기 좋다고.

적군이 방심하고 있을 때 갈골 성을 공격했어.
으아악~
와아아
언제 여기까지…!?
말도 안 돼!
이놈들아, 싸워라 싸워!
왜 숫자도 훨씬 많은데 당하기만 하는 거냐!?

미디안의 왕인 세바와 살문나는 도망쳤지만 기드온이 추격해 그들을 사로잡았고, 그들의 모든 군대를 무찔렀지.

tip 미디안 대군을 무찌른 300명의 이스라엘 병사들

기드온과 300명의 군사는 이스라엘 영토를 마음껏 유린하여 초토화시켰던 원흉인 미디안의 두 왕을 사로잡고, 그들의 대군을 격파했다. 지치고 허기진 기드온과 300명의 군사가 그들의 50배도 넘는 미디안 군대를 상대로 승리한 것은 기적이었다. 성경의 저자는 오직 이 불가능한 일을 가능하게 하신 분이 하나님이심을 암시하고 있다.

※노바 : 정확한 위치를 알 수 없다.
※욕브하 : 요단 강 동편 갓 지파의 성읍.

※저자 : 성경에서 엄밀한 의미의 저자는 성령 하나님이시다.

기드온이 헤레스의 싸움터에서 돌아와 다시 숙곳에 도착했어.
흥, 내가 미디안에 패배할 줄 알고 구박했겠다!
그 후 기드온은 숙곳에 도착해 성 사람들에게 말했어.
당신들은 내가 살문나와 세바를 사로잡지 못할 것이라 조롱하며, 우리 병사들에게 양식을 나눠주지 않았다!
하지만 여기를 봐라. 우리는 이렇게 세바와 살문나를 사로잡았다!
어떻게 얼마 되지도 않는 병사들로….
말도 안 돼.
그리고 한 젊은이를 붙잡아, 그곳의 지도자들과 장로 77명의 이름을 받아냈지.
이게 다야? 조사하면 다 나와.
77명이나 말해 줬잖아.
자, 그럼 내가 당신들을 어떻게 하겠다는 걸 기억하고는 있겠지!?
아이고, 우린 죽었다!
큰일 났네.

※헤레스 : 정확한 위치는 알 수 없으나 갈골 근처에 있던 곳으로 추정됨.

기드온은 숙곳 성의 장로들을 붙잡아 광야의 가시와 찔레로 그들을 벌했지.
가시로 된 도리깨를 많이 준비해 뒀지. 너희들 이제 다 죽었어.
커어억, 저 많은 걸 어디서 다 구했지?
아이고, 살려주게.
엉 엉엉 엉
그냥 빵을 달라고 할 때 줄 걸….

그런 다음 브누엘 성을 무너뜨리고 그 성 사람들도 다 죽였어.
빵 좀 아끼려다 멸망했다던 곳이 여기로군.

기드온은 사로잡은 미디안의 두 왕 세바와 살문나에게 물었지.
너희가 다볼 산에서 죽인 사람들은 어떻게 생겼느냐?
그… 그들은 모두 당신처럼 생겼소.
모두 다 왕처럼 생겼더군.

그들은 내 형제들… 그리고 내 형제의 아들들이다. 여호와께 맹세하지만 너희가 그들을 살려주었으면, 나도 너희를 죽이지 않았을 것이다.
아이고….

※다볼 산 : 이스라엘 골짜기에 위치한 작은 산.

tip 세바와 살문나가 죽인 사람들

성경의 다른 곳에서 따로 언급하지는 않았지만 이는 미디안 동맹군이 이스라엘 군과 다볼 산에서 대치하고 있을 때 발생한 소규모 국지전에서 죽은 사람들이라 추측된다. 다볼 산에서 죽은 사람들 중 기드온의 가까운 친척이나 형제들이 있었기 때문에 기드온이 그토록 세바와 살문나를 잡으려고 애를 썼던 것으로 짐작할 수 있다.

기드온은 자기의 맏아들인 여델에게 말했어.
여델, 네가 저들을 죽여라.
깜짝
헉!
네, 넷?
뭐?
아니?!

아직 어린아이였던 여델은 칼을 뽑기를 두려워했지.
덜덜
기드온, 사내가 할 일을 어린애에게 맡기지 마라!
당신 손으로 우리를 죽여라!

tip 어린아이 여델

기드온이 아직 나이 어린 여델에게 처형을 명령한 이유는 그 왕들에게 소년의 칼에 죽었다는 수치와 불명예를 안겨주기 위함이었다. 또 자신의 아들 여델에게 적장을 죽이는 영예를 안겨주기 위함이기도 했다. 이에 미디안 두 왕은 어린 소년에게 죽는 수치를 면하기 위해 기드온에게 직접 자신들을 죽여 달라고 요청했다.

기드온은 세바와 살문나를 죽인 다음, 그들의 낙타 목에 달린 장식을 떼어 가져갔어.
새, 달 모양의 장신구라… 전리품으로 맘에 드는군.

tip 새, 달 모양의 장신구

이는 초승달 모양의 장식품으로 사람의 목이나 전쟁에 사용되는 낙타의 목에 부적처럼 달고 다니며 달 신의 보호를 기원했다. 사람의 목에는 금이나 은으로 만든 장식을, 짐승의 목에는 여러 가지 잡다한 금속으로 만든 장식을 달아주었다. 이러한 장식은 당시 유행하던 월신 숭배의 단면을 보여준다.

전쟁에 참여한 아셀과 스불론, 납달리, 므낫세 절반 지파의 백성이 기드온에게 말했지.
당신이 우리를 미디안의 손에서 구원했으니 당신과 당신의 자손들이 우리를 다스리기를 원합니다.
제, 제가요?
여러분을 다스리는 건 나와 내 자손들이 아니라 바로 하나님 여호와십니다.
오오….
역시….
다만 한 가지 부탁이 있는데, 여러분이 전쟁 중에 얻은 물건들 중 금귀고리 하나씩만 제게 주십시오.
알겠습니다. 저희 백성들도 기꺼이 내놓을 것입니다.
그런 것 쯤이야 얼마든지….
참 소박한 분이구나. 겨우 금귀고리 하나씩을 원하다니….
그럼 그럼.
백성은 겉옷을 펼쳐 그 위에 금귀고리를 하나씩 던져 놓았는데, 그렇게 모인 금귀고리의 무게는 1,700세겔이었어.
우와~ 귀고리 하나씩만 모았을 뿐인데 엄청나네.

※1,700세겔 : 약 19.38kg.

그 외에도 적으로부터 빼앗은 새, 달 형상의 장신구와 패물, 미디안 왕들이 입었던 자주색 옷, 낙타 목에 있던 장식품을 기드온에게 주었어.
호오~ 이거 완전히 명품들인 걸?
기드온은 모든 금으로 에봇을 만들고, 그 에봇을 자기 고향인 오브라에 두었지.
황금으로 만든 에봇이라니 정말 대단해.
이거 폼 나는데!
오옷, 눈 부셔.

※에봇 : 제사장이 입는 소매 없는 짧은 겉옷.

그곳에 있는 모든 이스라엘 백성이 하나님이 아닌 그 에봇을 섬기기 시작했어.
이게 그 유명한 기드온님의 에봇이야.
진심을 다해 경배 드려야지.
이 에봇이 우리에게 복을 줄 거야.
결국, 금으로 만든 에봇은 기드온과 그의 집안 사람들에게 죄의 덫이 되고 말았지.
하하하
황금 에봇이 여기 있는 한 우린 걱정 없다고.

tip 금으로 만든 에봇

에봇(Ephod)은 대제사장 옷의 일부로 하나님의 뜻을 알아보는 우림과 둠밈 Link 2권 91p 이 부착되어 있었다. 그런데 기드온은 제사장의 복장인 에봇을 금으로 만들어 자신의 집에 두었다. 다시 말해 실로에 있는 성막에 버금가는 예배 장소를 자신의 집에 만든 것이다. 이로 인해 백성들의 종교 중심지가 옮겨지게 되는데 이는 성막에서만 예배하라고 하신 하나님의 명령에 어긋났다.

미디안은 이스라엘의 다스림을 받게 됐고, 더 이상 말썽을 일으키지 못했어.
크하핫~ 전세 역전!
낑낑
끙끙
헉헉
아이고, 우리가 이스라엘을 떠받들게 될 줄이야!
헥헥

그래서 기드온이 죽기까지 40년 동안 그 땅은 평화로웠지.
하하하

기드온은 나이가 많아 죽었고, 오브라에 있는 그의 아버지 요아스의 무덤에 묻혔어.
아버지, 저 왔어요.
뭐야? 인정머리 없게 빈손으로 왔어?

※오브라 : 세겜과 갈릴리 바다 사이의 이스르엘 골짜기에 위치한 것으로 보이나 정확한 위치는 알 수 없다.

이스라엘 백성들은 기드온과 그의 후손에게 충성을 다하겠다고 다짐했던 약속을 지키지 않았지.
약속? 그런 게 있었나?
모르겠는데?

한편 기드온은 생전에 아내가 많아 70명이나 되는 아들을 두고 있었어.
내가 하나님의 법을 잘 몰라서….
헤헤
와글
와글

기드온은 세겜에 있던 그의 첩이 아들을 낳자, 그 이름을 아비멜렉이라 지었지.
아하하핫! 네 얼굴은 꼭 왕처럼 잘 생겼구나!

9장 왕이 된 아비멜렉

어느 날, 기드온의 아들 아비멜렉은 외삼촌들과 그 가족들이 살고 있는 세겜으로 갔어.
어서오너라, 내 사랑하는 조카야.
긴히 드릴 말씀이 있습니다. 가족들을 불러주세요.

※세겜 : 예루살렘 북쪽 약 49km에 위치한 지역으로 기드온의 거처인 오브라와는 꽤 멀리 떨어진 곳이다. 이 먼 곳에 첩을 둘 정도라면 기드온의 사생활이 문란하지 않았을까 추측된다.

tip 아비멜렉

아비멜렉은 '나의 아버지는 왕이다'라는 뜻을 지닌다. 세겜은 아브라함이 일찍이 단을 쌓은 곳으로 Link 1권 45p 이스라엘의 종교 중심지이며 도피성으로 구별됐다. 아비멜렉이 세겜으로 간 것은 세겜 사람들의 감정을 이용해 이스라엘의 왕권에 오르기 위함이었다. 당시 세겜 사람들은 기드온의 에봇으로 인해 아비에셀 사람들의 성읍인 오브라가 이스라엘 지파의 종교 중심지가 되고 있음을 못마땅하게 여기고 있었다. 그 전에는 세겜이 종교 중심지였기 때문이다. 아비멜렉은 이러한 세겜 사람들의 감정을 이용해 왕이 되려 했다. 세겜 사람들 역시 아비멜렉을 왕으로 옹립한다면 에봇을 섬기던 사람들에게 바알을 섬기게 할 수 있고, 결국 세겜을 다시 종교 중심지로 세울 수 있다고 판단했다.

아비멜렉은 친척들을 모은 후 이렇게 말했지.
외삼촌들께서는 세겜의 지도자들에게 이렇게 물어봐주십시오.
여룹바알 기드온의 아들 70명이 여러분을 다스리는 것이 좋은가, 아니면 한 사람이 다스리는 것이 좋은가?

※아비에셀 : 므낫세 지파의 작은 족속으로 기드온이 속한 집안. Link 3권 104p

※여룹바알 : '바알 스스로 싸우게 하라'는 뜻으로 기드온을 말함. Link 3권 108p

아, 그리고
무엇보다 제가
여러분의 친척임을
기억하십시오.
우리야 당연히
친척인 아비멜렉이
다스리는 것이
더 좋겠지?
아무렴~
그래야 우리한테
국물이라도….
아비멜렉의 외삼촌들이 아비멜렉을 위해
세겜 지도자들에게 그 말을 전했어.
70명? 아니면
아비멜렉 1명?
세겜의 지도자들은 아비멜렉을 지지하며
말했지.
아비멜렉은 세겜에서
살던 여인의 아들이니
우리들의 형제요.
여룹바알의 다른 아들
보다 우리의 형제가
다스리는 것이 더 좋죠.

또 바알브릿의 묘에서 은 70세겔을 꺼내
아비멜렉에게 주었어.
왕이 되려면
아무래도 돈이 좀
필요하지 않겠소?
후훗,
고맙습니다.

tip 바알브릿의 묘

바알브릿은 기드온이 죽은 후 이스라엘이 섬긴 우상으로 '언약의 바알'이라는 뜻을 지니고 있다. 여기서 '묘'는 '집', '궁전'이라는 뜻으로 바알브릿의 신전을 가리킨다. 이 신전에는 제사 의식과 축제 경비로 사용될 보물들을 모아두었고 이 보물들은 아비멜렉을 통해 정치 자금으로 사용되었다.

아비멜렉은 그 은으로 폭력을 일삼는 깡패들
을 사서 자신을 따르게 했지.
헤헤, 이 정도면
종신 두목으로
모시겠습니다요.
우리는 돈만
주면 충성!
밥만 줘도
충성!

※70세겔 : 약 800g.

아비멜렉은 그 깡패들을 데리고 아버지
기드온의 고향인 오브라로 갔어.
썩 비켜,
이것들아!
어딜 아비멜렉님이
행차하시는데….
콱!
그리고 한 바위 위에서 자기 형제 70명을 죽였지.
크… 아비멜렉,
어째서 같은
형제를….
으아아악
권력을 얻으려면
방해가 될 형제들을
먼저 죽여야지, 낄낄~
하지만 여룹바알의 막내 아들 요담은 아비멜렉을 피해 도망가 살아남았어.
66, 67, 68, 69…
잠깐, 한 명이
안 보이잖아.
엥! 정말요?

사사기

그 후, 세겜과 밀로 성의 모든 지도자가 세겜에 있는 돌기둥 근처의 큰 상수리나무 기둥 옆에 모였어. 그들은 그곳에서 아비멜렉을 왕으로 삼았지.
와아아아
이제 아비멜렉이 우리들의 왕이다!
새로운 왕 만세!
와아아
만세! 만세!

tip 나라를 망친 집단 이기주의

아비멜렉이 왕이 될 수 있었던 것은 그의 음모가 치밀했던 이유도 있지만, 결정적인 이유는 그의 출신지인 세겜 사람들의 집단 이기주의 때문이었다. 자신들과 가까운 친척이라는 이유로 의롭지 못한 아비멜렉에게 정치 자금을 대준 결과 끔찍한 살육이 일어났다. 이로 인해, 신정 정치의 전통이 깨지고 인간의 통치가 시작된다. 처음엔 단지 두 성읍에 불과했으나 나중에는 온 이스라엘이 아비멜렉의 통치를 받게 된다.

세겜을 꾸짖는 요담

형제들 중 유일하게 살아남은 요담은 이 소식을 듣고 그리심 산 꼭대기에 올라가 세겜 사람들에게 소리 높여 외쳤어.
세겜의 지도자들이여~ 내 말을 들어 보십시오!!

※밀로 : 세겜에서 얼마 떨어져 있지 않은 곳에 있던 요새로 보이나 정확한 위치는 알 수 없다.
※돌기둥 : 원래 있던 것인지 아니면 아비멜렉이 왕이 된 기념으로 세운 것인지 알 수 없다.

※그리심 산 : 세겜으로부터 남서쪽에 위치한 '축복의 산', 저주의 산인 에발 산과 마주보고 있다. Link 3권 44p

그럼 하나님도 여러분의 말씀을 들어주실 것입니다!
저게 누구야?
기드온의 막내 아들인 요담 같은데?
죽은 줄 알았는데 살아 있었네?
웅성 웅성
뭐라는 거지?

어느 날, 나무들이 자기들을 다스릴 왕을 뽑기로 결정하고 올리브 나무에게 찾아갔습니다.
제발 우리의 왕이 돼 주십시오.
내 기름은 사람과 하나님을 영화롭게 합니다.

그런데 내가 어떻게 기름 만드는 일을 그만두고, 다른 나무들을 다스리는 일을 하겠소?
왕 자리를 거절하다니.
무화과나무한테 가서 부탁하는 게 좋겠어.

무화과나무여. 당신이 왕이 되어 우리를 다스려주십시오.
어림도 없소.

내가 어찌 달고 맛있는 열매를 맺는 일을 그만두고 다른 나무들을 다스리는 일을 하겠습니까?
뭐 이래….
포도나무한테 한번 가보자고.
포도나무여, 당신이 왕이….
No!! 거절합니다. 하나님과 사람을 기쁘게 하는 포도주 만드는 일을 그만두고 어찌 나무들을 다스리겠소.
왕 시켜먹기 진짜 어렵네, 끄응.
가시나무가 있잖아.
가시나무여, 당신이 왕이….
어? 그래? 좋아, 두말하기 없기다. 흐흐.
내가 너희의 왕이 되기를 원한다면 모두 내게 와서 내 그늘에 피해라.
후딱!
그, 그늘이 어디 있다고?
가, 가까이 가면 가시에 찔릴 것 같은데….
으르릉
흐흐, 그렇게 하지 않으면 가시나무에서 불이 나와 레바논의 백향목을 불살라버릴 것이다.
반항하는 거냐?
으으….
이… 거 왕을 잘못 고른 거 아냐?

※백향목 : 구약에 70번이나 등장하는 귀한 나무. 레바논 산맥 표고 2천여 미터의 눈 덮인 높은 산에서 자라는 광대한 교목이다.

tip 가시나무

가시나무는 불신앙, 심판, 파멸과 고통 등을 상징하며 폭군인 아비멜렉을 비유하고 있다. 가시나무가 그늘이 없고, 단지 고통만을 주는 것처럼 아비멜렉 역시 안식을 주지 않고 고통만을 줄 것임을 상징한다. 또한 레바논의 백향목이라는 비유는 세겜의 지도자들을 가리킨다.

이제 당신들이 아비멜렉을 왕으로 삼은 것이 과연 옳은 일인지 생각해보십시오! 여러분도 아시는 것처럼 내 아버지 기드온은 여러분을 미디안의 손에서 구하기 위해 목숨을 걸고 싸웠습니다!
거참 시끄러운 놈일세.
이놈아, 그렇게 할 말이 많으면 당장 이리 내려와서 말해!

하지만 지금 여러분은 내 아버지의 아들 70명을 한 바위 위에서 죽인 아비멜렉을 세겜의 왕으로 삼았습니다.
여종의 아들인 아비멜렉을 단지 여러분의 친척이라는 이유만으로 왕으로 삼았습니다.
만약 그대들이 여룹바알과 그의 가족에게 한 일이 옳다고 생각하면 아비멜렉을 여러분의 왕으로 삼아 행복하게 사십시오.
하하하.
잘 살아 보세~!

하지만 만약 여러분이 한 일이 옳지 않다면, 아비멜렉에게서 불이 나와 세겜과 밀로 사람들을 태워버릴 것입니다.
마찬가지로 세겜과 밀로 사람들에게도 불이 나와 아비멜렉을 태워버릴 것입니다.

tip 불이 나와서 태워버리다

이 말은 악한 행위에 대한 저주가 필연적으로 이루어질 것이라는 예언이다. 즉 아비멜렉과 세겜 사람들 각자에게서 불이 나와 서로를 태우게 된다는 것이다. 여기서 불은 죽음과 파멸을 상징하고 있다. 아비멜렉과 세겜 사람들이 서로 싸워 자멸할 것이라는 저주이다.

감히 우리에게 저주를 퍼붓다니.
너 죽을래?
애들을 모아서 저놈 잡아와라!

말을 끝낸 요담은 그리심 산에서 내려와 브엘 성으로 도망가 거기서 살았어.
튀자!
타다다
걸음아 날 살려라!

※브엘: 정확한 위치를 알 수 없다.

아비멜렉과 세겜의 싸움

아비멜렉이 이스라엘의 일부 지역(세겜과 밀로)을 다스리기 시작한 지 3년⋯.
어때? 폼 나나?

하나님은 악한 영을 보내 아비멜렉과 세겜의 지도자들 사이에 다툼이 일어나게 했어.
슈우우우

tip 하나님이 보내신 악한 영

요담의 저주를 실현시키는 주체가 하나님이심을 분명히 밝히고 있다. 하나님은 자신의 형제들을 살해하고 스스로 왕이 되려 한 교만한 아비멜렉의 죄악을 응징하고, 그에 동조한 세겜 사람들의 악함을 징벌하신다. 여기서 악한 영은 사탄의 영향 하에 초자연적인 영권을 행사하는 악한 귀신을 의미한다. 하나님은 공의를 실현하기 위해서 악한 세력도 이용하시는데 이는 하나님께서 악의 근원이 되신다는 뜻이 아니라, 선과 악의 모든 것을 다스리고 섭리하신다는 사실을 보여준다. 즉, 악한 세력의 활동 영역은 하나님의 '섭리와 허락'이라는 틀 속에 한정되어 있다.

그래서 세겜 지도자들이 아비멜렉을 배신하게 됐지.
이놈이 그냥 미워.
없애 버리자.
민주적인 방법으로 탄핵하는 게 어때?

여호와께서는 아비멜렉이 여룹바알 기드온의 아들 70명을 죽인 일과 세겜 사람들이 아비멜렉을 도와 그의 형제를 죽이도록 한 악한 일 Link 3권 121p 을 갚으신 거야.

세겜 사람들은 아비멜렉을 사로잡아 죽이기 위해 산꼭대기 주요 길목에 복병들을 매복시켰어.
기회가 올 때까지 뭘 하고 있지?
심심한데 용돈 벌이나 할까?

※산꼭대기 : 세겜을 둘러싸고 있는 에발 산과 그리심 산을 가리킴.

그들은 그곳을 지나가는 사람들을 잡아 가진 것을 모두 빼앗았지.
히히, 이거 짭짤하군.
으아아아
다 때려치고 이걸 본업으로 할까?

그런데 누군가가 이 일에 대해 아비멜렉에게 전했고 암살 계획은 실패로 돌아가고 말았지.
이 좀도둑 같은 놈들아, 나의 완벽한 계획을 망쳤잖아!
퍽
퍽
으아악!

tip 매복병들의 노략질

아비멜렉을 체포하기 위한 매복 작전이 세겜 길목으로 들어오는 모든 자들을 노략하는 데까지 발전된 이유는 확실치 않다. 아마도 이런 조직적인 강탈은 아비멜렉 정부에 대한 불신을 조장하고 반역 정신을 고무시키는 일이 되었을 것이다. 또한, 여행자들의 금품을 빼앗음으로써 아비멜렉에게 돌아갈 세금을 중간에 가로채는 결과를 초래했을 것이다.

그때 에벳의 아들 가알이라는 사람과 그 형제들이 세겜으로 이사해 왔고, 세겜의 지도자들은 가알을 믿고 따르기로 결정했지.
와아아
에벳의 아들 가알~
우리는 가알을 원합니다.
와아아
가알! 가알!

tip 가알을 의지한 세겜 사람들

에벳의 아들로만 알려진 가알은 어디 출신의 누구인지 알 수 없다. 다만 여러 지역을 다니며 의협심을 발휘한 약탈자의 두목이었을 것으로 추측된다. 우리는 세겜의 지도자들이 어떤 기대를 가지고 가알을 추종했는지 알 수 있다. 즉, 아비멜렉의 통치에 불만을 품은 세겜 사람들이 가알을 이용해 아비멜렉에게 반역을 꾀했으며, 가알 역시 세겜의 정치적 상황을 이용해 자신의 권력을 쟁취하려고 했다.

세겜 사람들은 성 밖 들판에 나가 포도밭의 포도를 따서 포도주를 만들었어.
잔치를 벌이자!
걸그룹도 온대.

그리고 신전에서 잔치를 베풀고, 먹고 마시며 아비멜렉을 저주했지.
아비멜렉은 똥이다.
바퀴벌레야.
하하하
하하하

※신전 : 바알브릿 Link 3권 121p 의 신전을 가리킨다.

그때 에벳의 아들 가알이 말했어.
아니 도대체 우리 세겜 사람들이 왜 여룹바알의 아들 아비멜렉의 말을 들어야 하며, 왜 아비멜렉의 부하 스불의 다스림을 받아야 합니까?
우리는 차라리 세겜의 아버지 하몰의 자손을 섬겨야지, 아비멜렉을 섬길 수는 없는 일입니다!
당신 말이 맞소!!
아무렴, 우리가 왜 아비멜렉을 섬겨?
아비멜렉은 똥이다!

tip 아비멜렉의 부하 스불

세겜 성을 다스리고 있던 스불은 아비멜렉이 임명한 사람으로 세겜 성을 다스리기에 합당한 인물이 아니었다. 가알이 얘기한 하몰의 자손이란 세겜 성읍의 귀족들로 이 지역의 전통 있는 하몰 가문 출신들을 가리킨다. 가알은 세겜의 통치자는 아비멜렉과 그가 임명한 장관 스불 대신 세겜 성읍 출신자들 중에서 선출해야 한다는 얘기를 하고 있다.

만약 당신들이 나를 이 백성의 지휘관으로 삼아준다면 나는 아비멜렉에게 가서 이렇게 말할 것입니다. 딸꾹!
호… 어떻게…?
당장 네 군대를 이끌고 나와라, 이 길바닥에 흘린 똥 같은 아비멜렉아! 당장 나와 한번 붙어보자!
우와, 정말 용감한 분이셔~
가알님, 만세~
당장 똥을 치워주세요!
짝 짝 짝
와아~

그때 세겜의 지도자는 스불이었는데, 그는 가알이 한 말을 듣고 분노했어.
뭐얏? 가알이라는 놈이 그딴 말을 했다고?!
증거는 녹화해 뒀습니다.
씩
씩
군사적 세력이 부족했던 스불은 아루마 성에 있던 아비멜렉에게 심부름꾼을 보내 이렇게 전했지.
에벳의 아들 가알과 그 형제들이 세겜 성에서 사람들을 선동해 당신을 배신하게 만들고 있습니다.
뭐라?!
아비멜렉님과 군대는 밤에 세겜 성 근처 들판에 숨어 있다가, 아침 해가 뜰 때 기습적으로 성을 공격하십시오. 그럼 가알과 그의 군대가 성에서 나와 당신에게 대항할 것입니다.
그 찌질한 놈이 성문을 걸어 잠그고 안 나오면?

※아루마 : 정확한 위치는 알 수 없으나 세겜 성 근처에 있었던 성읍으로 추정된다.

그럴 리가 없습니다. 가알은 아비멜렉님을 길바닥에 흘린 똥처럼 하찮게 말하고 큰소리쳤으니 성문을 잠그고 숨어 있을 수 없을 것입니다.
이놈을 그냥!!
빠드득
아비멜렉과 그를 따르는 모든 군사들은 밤중에 일어나 세겜으로 이동했어.
군대를 네 개의 부대로 나눠라. 그리고 세겜 성 근처에 숨어 있도록 하라.
넵, 알겠습니다.

새벽 즈음, 성문 입구에 가알이 서 있을 때, 아비멜렉과 그의 군사들은 숨어 있던 곳에서 나왔어.
하아암. 잘 잤다.
응?
어라? 저, 저건 뭐지…?
우르르르
스불이여, 저기 산에서 내려 오는 사람들이 보이시오?
어디?
하하하, 당신은 지금 산의 그림자를 보고 있는 거요! 산 그림자가 사람처럼 보이는 거란 말이오.
저, 저길 보시오. 사람들이 밭 가운데로 내려오고 있잖소. 그리고 므오느님 상수리나무 길에서 내려오는 사람들도 있지 않소.
우르르르

※므오느님 상수리나무 : 므오느님은 점쟁이, 마술사 등을 뜻하므로, 이 나무의 이름은 점쟁이들이 상수리나무 아래서 점을 쳤던 사실에서 유래된 것으로 보인다.

참 나. 아비멜렉을 길바닥에 흘린 똥처럼 하찮게 말하던 당신 모습은 어디로 간 거요? 당장 사람들을 데리고 나가 싸우면 될 것 아니오.
그래 맞다!
나가 싸워라!
가알 만세!
가알은 어쩔 수 없이 세겜 사람들을 이끌고 아비멜렉과 싸우러 나갔어.
쳇, 좋아. 아비멜렉 따위는 단칼에 무찔러주마!
슥
똥을 치워버리자!
가알 만세!
와아아
와아!
그러나 가알과 세겜 사람들은 아비멜렉에게 패해 쫓겨 도망쳤지.
와아아아
으악, 사람 살려!
아이고 엄마야!
튀어라!
가알의 많은 군사는 성문에 이르기도 전에 죽임을 당했어.
휴우, 조금만 늦었으면 나도 골로 갈 뻔했어.
헉헉, 후덜덜하군. 겨우 살았다.

스불은 가알과 그의 형제들을 세겜에서 쫓아냈지.
헉헉
아이고 내가 똥 됐구나.
그날 밤 아비멜렉은 군사들과 함께 아루마 성에 돌아가 머물렀어.
와 아 아 아
하하핫, 모두 수고 많았다!
끄응… 자기 무기는 자기가 들지.
다음 날, 세겜 성의 백성들이 밭에 일을 하러 나왔지.
아비멜렉은 아루마 성으로 갔다는군.
빨리 추수를 끝내자고.
하필 바쁜 추수철에 이런 일이 생기다니.
이 얘기를 전해들은 아비멜렉은 자기 군대를 세 개의 부대로 나눠, 다시 세겜으로 보내 밭에 숨게 했어.
세겜 성 놈들이 언제 나를 또 배신할지 모르니 깨끗이 쓸어버린다!
드디어 세겜 사람들이 모두 성에서 나오자, 아비멜렉의 군대는 일제히 그들을 공격했지.
와아아아
뭐야? 돌아간 줄 알았더니.
으악, 아비멜렉의 군사들이다!
꽥! 아침부터 웬 날벼락이냐!
아비멜렉과 함께 있던 부대는 미리 와서 성문 입구를 가로 막았어.
흐흐… 꼼짝 마라!
헉, 성문에도…!
큰일 났다.
다른 두 부대는 밭에 있던 모든 백성을 공격해 그들을 죽였지.
헉헉, 이것도 할 짓이 아냐.
으아악
아이고 힘들어.

아비멜렉의 군대는 온종일 세겜 성을 공격해 그 성을 점령하고, 그 성의 백성을 모두 죽였어.
아악~
까아아~

그러고 나서 그 성을 헐고 무너진 성 위에 소금을 뿌렸지.
푸스스
완전 싹쓸이군.

tip 소금을 뿌리는 행위

소금은 식물을 파괴하고 곡식이 자랄 수 없도록 땅을 완전히 망가뜨리는 역할을 한다. 여기서 아비멜렉이 소금을 뿌린 행위는 그 땅이 황폐해져 다시는 사람이 살지 못하도록 한 저주에 해당한다. 아비멜렉은 자신을 배반한 세겜 사람들에게 철저히 보복하고 그 땅을 저주함으로써 세겜 사람들에게 모욕을 주고자 했다.

한편 세겜 성 근처에 있던 밀로 성 사람들은 세겜 성에서 일어난 일을 들었어.
완전히 성을 무너뜨리고 땅에다 소금까지 뿌렸다는군.
어린애, 여자, 노인 할 것 없이 모두 죽였대.
아, 괜히 세겜 놈들이랑 손잡고 아비멜렉한테 대들어서….

밀로 성에 살고 있던 사람들은 모두 엘브릿 신전의 안쪽으로 모였지.
바알브릿께서 지켜 주시겠지?
덜
덜
덜

tip 엘브릿의 동굴 신전

엘브릿이란 '언약의 신'이라는 뜻이며, 바알브릿은 '언약의 바알'이라는 뜻이 있다. 즉, 엘브릿과 바알브릿은 같은 신을 가리킨다. 엘브릿의 동굴 신전은 바위 틈이나 동굴 등의 은신처를 뜻하며, 아마도 신전의 예물을 보관했던 장소로 상당히 큰 은신처였던 것으로 보인다. 밀로 성의 사람들이 엘브릿 신전으로 몸을 숨긴 이유는 그들의 신이 보호해줄 것이라는 잘못된 믿음 때문이다.

아비멜렉은 밀로 성에 있던 모든 사람들이 엘브릿 신전에 모여 있다는 소식을 들었어.
하하하, 모두 겁먹고 동굴 속으로 숨어 버렸다고?

아비멜렉은 모든 군대를 이끌고 세겜에서 가까운 살몬 산으로 올라갔지.
그런데 밀로 성으로 가지 않고 갑자기 웬 산?
헉
헉
헉
글쎄?

아비멜렉은 도끼를 들고 나무 몇 그루를 잘라내 어깨 위에 메었지.
뭐하냐, 빨리 나무를 메고 따라와!
네?

모든 군인들은 나무를 잘라 아비멜렉이 한 대로 따라했어.
나무를 어디다 쓰려나?
뭐 이유가 있겠지.

※살몬 산 : 산림이 울창하고 무성한 산이다.

그들은 나뭇가지를 모아 엘브릿 신전 안쪽 주변에 쌓고 불을 질렀어.
크하하, 이거 완전히 여우사냥이로군!
화르륵
크크, 통구이가 되겠군.
결국 엘브릿 신전 안으로 몸을 피했던 밀로 성 사람들은 불에 타 죽거나 연기에 질식해 죽었지.
콜록, 콜록~ 이게 웬 연기야?
신전에 불과 연기가 꽉 찼어!
으아아아~
으아악
콜록
콜록
컥
컥
이렇게 죽은 사람의 수는 남녀 합쳐 약 천 명 정도였어.
그 후 데베스 성으로 간 아비멜렉은 성을 에워싸 공격한 다음 그곳을 점령했지.
와아아
와아아

※데베스 : 정확한 위치는 알 수 없으나 데베스 사람들도 반역에 동참한 것으로 보인다.

그런데….
어라, 성이 텅 비었잖아?
다들 어디로 도망친 거지?
우리가 포위하고 있었잖아.
앗, 왕이시여. 저기 망대 쪽에….
후다닥

그 성에는 견고한 망대가 있어서 성의 모든 사람들이 거기로 도망쳐 들어갔어.
성에 있던 사람들이 다 저리로 피한 거로군.
가소로운 것들.

tip 망대

적이나 주위의 동정을 살피기 위해 높이 세운 탑으로 적의 침입을 사전에 탐지하거나 농작물을 관리하는 데 사용되었다. 데베스의 망대가 성읍 한가운데 있었던 점으로 보아 세겜 망대보다 더 견고한 요새였음을 알 수 있다.

데베스 성 사람들은 문을 잠근 다음, 망대의 지붕으로 올라갔지.
빨리 위로~
타다닥
어서 피하자고!
망대의 문 앞에 도착한 아비멜렉은 그 문에 불을 지르려고 했어.
화르륵
멍청한 놈들. 어차피 나무로 된 문인데… 웃겨요.
저놈이 불을 지르려고 해, 안 돼.
흑흑.
아… 우린 다 죽었어.
그때 한 여인이 맷돌 위짝을 아비멜렉의 머리 위로 던졌어.
휘익
아악~ 그만 둬. 이 나쁜 놈!!
아비멜렉은 그 돌에 맞아 머리가 깨지고 말았지.
퍽!
켁!
헉!
뭐해?! 빨리 119 불러!
맙소사! 웬 여자가 던진 거야!?
여자라고?!
아비멜렉이 자신의 무기를 들고 다니는 부하를 급히 불러서 말했어.
어… 어서… 네가 들고 있는 그 칼로 날 죽여다오.
덜덜
네?
사… 사람들이… '여자가 아비멜렉을 죽였다.'는 말을 하지 못하도록 말이다, 어… 서…!
네….
부들
부들

※맷돌 위짝 : 맷돌의 위에 있는 부분.

결국 부하의 칼에 아비멜렉이 죽었지.
아비멜렉을 따르던 사람들은 그가 죽자 전쟁의 명분을 잃고 모두 자기의 고향으로 돌아갔어.
아비멜렉이 죽다니 믿을 수가 없군.
그것도 여자한테 …
툭
툭
이제 난 집으로 돌아갈래.
하나님께서는 아비멜렉이 자기 형제 70명을 죽인 악한 일을 그렇게 갚아주셨어.

또한 세겜 사람들의 모든 악한 행동도 갚아주셨지.
역시 하나님은 악을 벌하시는 분이야.
세겜 성
여룹바알(기드온)의 아들 요담의 저주 Link 3권 124p 가 그대로 이루어지게 된 거야.

10장 여섯 번째 사사 돌라

아비멜렉이 죽은 뒤 잇사갈 지파 사람 돌라가 일어나 이스라엘을 구원했어.
난 고향을 떠나 에브라임 산지 사밀 성에 살다 사사가 되었지. 23년 동안 사사로 있다 죽어서 사밀에 묻혔어.
※사밀 : 정확한 위치는 알 수 없다.

일곱 번째 사사 야일

그 후 길르앗 사람 야일이 22년 동안 이스라엘의 사사가 되었어.
돌라는 겨우 한 컷 출연했군, 안 됐어.
※길르앗 : 목초지와 물이 풍부했던 요단 강 동편 지역.

그에게는 아들 30명과 이들이 타고 다닌 30마리의 나귀가 있었지.
PARKING
이스라엘에선 높은 지위와 신분을 가진 사람들은 이런 나귀를 타고 다니잖아.
한마디로 고급 승용차를 한 대씩 끌고 다닌 셈이지.
맞아 맞아~

그들은 30개의 성읍을 다스렸는데, 그곳은 하봇야일이라고 불리던 곳 Link 2권 210p 이었어.

야일은 죽어서 가몬 성에 묻혔지.
자, 잠깐만. 나도 벌써 끝이야?
낄낄. 나보고 한 컷 출연했다고 놀리더니.

※하봇야일 : '야일의 마을'이라는 뜻.

※가몬 : 길르앗 지역 내의 한 장소로 추정될 뿐 정확한 위치는 알 수 없다.

이스라엘을 괴롭히는 암몬

이스라엘 사람들은 또다시 여호와 앞에서 우상을 섬겼어. 그들은 여호와를 멀리하고 더 이상 그분을 섬기지 않았지.
우리는 바알과 아스다롯뿐 아니라 아람, 시돈, 모압, 암몬, 블레셋 사람의 신을 섬겼다고.
야, 내가 다 낯 뜨겁다. 그걸 자랑이라고…
다양하니까 좋지 뭐.

tip 아람, 시돈, 모압, 암몬

- **아람** : 처음에는 유목 생활을 했으나 B.C.14세기 초에 이르러 메소포타미아 북부에서 시리아에 걸친 지역에 정착했다. 이들이 주로 섬긴 신은 하닷, 아낫, 못, 림몬 등이다.
- **시돈** : 베니게(페니키아)의 주요 도시 국가였다. 지중해 연안에 위치하며 무역이 활발했다. 이들의 신은 바알과 아세라이다.
- **모압** : 가나안 동쪽 암몬 아래에 위치, 오랜 기간 동안 이스라엘을 괴롭힌 민족이다. 아브라함의 조카인 롯과 그의 딸 사이에서 태어난 아들 모압의 자손. Link 1권 67p 모압의 신은 그모스이다.
- **암몬** : 가나안 동쪽 모압의 위쪽에 위치, 오랜 기간 동안 이스라엘을 괴롭힌 민족이다. 아브라함의 조카인 롯과 그의 딸 사이에서 태어난 아들 벤암미의 자손. Link 1권 67p 암몬의 신은 몰렉이다.

사사기

이스라엘 백성에게 화가 난 여호와께서는 그들이 블레셋 사람과 암몬 사람의 지배를 받게 하셨지.
우리는 이스라엘 자손들을 괴롭히고 못살게 굴었지, 낄낄~
똑바로 들어, 이것들아~
헉헉
낑낑
끙끙

요단 강 동쪽의 길르앗 땅에 사는 이스라엘 사람들은 18년 동안 암몬 사람들에게 괴롭힘을 당했어.
사정없이 괴롭혀 줄까? 엉?
촤악
크으윽.

※길르앗 땅에 사는 이스라엘 사람들 : 르우벤, 갓, 므낫세 절반 지파 Link 3권 19p 를 가리킨다.

그 후 암몬 사람들은 요단 강을 건너와 요단 강 서편의 유다와 베냐민, 에브라임 사람들을 공격했지.
강 건너 산다고 무사할 줄 알았냐?
와아아아
가장 넓은 땅을 차지하고 있는 유다, 베냐민, 에브라임 지파의 땅을 삼키러 왔다!
으악~
적이다!

※블레셋 : 이스라엘이 가나안 땅을 점령할 때 자리 잡고 있었던 여러 민족 중 하나. 팔레스타인이란 말은 블레셋의 헬라어 Palaistine를 라틴어로 옮긴 것이다.

이스라엘은 암몬 사람들로부터 큰 고통을 받자 여호와께 부르짖으며 기도했어.
저희들이 여호와 하나님 앞에 죄를 지었습니다.
어리석게도 하나님을 등지고 우상을 섬겼습니다.
엉엉 엉
흑흑

여호와께서 이스라엘 사람들에게 말씀하셨어.
이집트, 아모리, 암몬, 블레셋 사람들이 너희들을 괴롭힐 때, 너희는 내게 부르짖었다. 그리고 그때 나는 너희를 그 사람들의 손에서 구해주었다!
그, 그렇죠.

또 너희는 시돈, 아말렉, 마온 사람이 괴롭힐 때도 내게 부르짖었고, 그때도 나는 너희를 구해주었다!
맞습니다.
기억이 납니다요.

※시돈의 압제는 가나안 북부의 야빈과 시스라 사건을 Link 3권 95p, 아말렉의 압제란 기드온에 의해 패배한 미디안 연합군의 아말렉을 Link 3권 109p, 마온은 미디안을 가리킨다.

그런데도 너희는 나를 버리고 다른 신들을 섬겼으니, 나도 다시는 너희를 구해주지 않을 것이다!
아이고, 저희가 정말 큰 죄를 지었습니다.
헉!
제발!!
너희가 다른 신을 선택했으니, 너희가 괴로움을 당할 때 그들에게 가서 도와달라고 하면 되지 않느냐? 너희들을 좀 구해달라고 말이다!
주께서 어떻게 하시든지 우리가 그대로 따르겠으니 딱 한 번만 더… 네?!
그딴 엉터리 우상들이 뭘 하겠습니까!
흑
흑
잉 잉
이스라엘 사람들은 자기들이 섬기던 다른 나라의 신들을 없애버리고 다시 여호와를 섬겼지.
이깟 거짓 우상들~ 다 없애 버리겠습니다!
그 결심 오래오래 가길 빈다… 크크.
꽈 광
쾅
완전히 뽀개버려!
여호와께서도 이스라엘이 고통 속에 빠져 있는 것을 보시고 마음 아파하셨어.
하나님, 잘못했으니 용서해주세요.
딱 이번 한 번만 더…!
엉엉엉
흑흑
주여, 제발, 제발!
꺼이 꺼이
그때 암몬 사람들은 여러 해 동안 그랬던 것처럼 다시 이스라엘을 침략하기 위해 길르앗 땅에 진을 쳤고, 이스라엘 역시 그에 대항해 미스바에 진을 치고 있었어.
이스라엘 길르앗 백성의 지도자들이 말했어.
그런데 누가 우리들을 이끌고 암몬 사람들과 싸움을 시작하죠?
우리한테 그 정도 인재가 있소?

※미스바: 요단 강 동쪽에 위치한 곳으로 예전에 야곱과 그의 삼촌 라반이 증거 비를 세운 곳 Link 1권 115p 으로 보인다. 지금 이곳에 진을 친 이스라엘은 르우벤, 갓, 므낫세 절반 지파를 가리킨다.

만약 그런 사람이 있다면 그는 우리 길르앗 사람들의 통치자가 될 것입니다.
내 생각도 그렇소.
그 말에 동의하오.
11장 여덟 번째 사사 입다
므낫세 지파 길르앗 집안에는 입다라는 뛰어난 용사가 있었지.
나는야 그 이름도 유명한 전쟁의 용사 입다~!
짜 안
그런데 입다는 첩의 자식이었기 때문에 형제들의 미움을 받았어.
못생긴 첩의 자식 주제에….
네가 그런 말하면 왠지 질투하는 것 같다야.

※길르앗 집안: 여기서는 길르앗 땅이 아닌 므낫세 지파 마길의 후손 길르앗 집안을 말한다.

형제들은 어른이 되자 입다를 집안에서 내쫓아버렸지.
넌 첩의 자식이니 아버지의 재산을 조금도 나눠줄 수 없어.
좋은 말 할 때 꺼져.
입다는 자기 형제들로부터 도망쳐 돕 땅에서 부랑자들과 어울렸어.
왜, 꼽냐?
얼마 후 암몬 족속이 이스라엘과 전쟁을 일으켰어.
돕 땅에 입다라는 용맹한 자가 있다던데….
나도 소문 들었소.
오오~ 입다라면 적임자일 것 같소? 입다를 데려옵시다.
길르앗 장로들은 입다를 데려오기 위해 돕 땅으로 찾아갔지.
우리가 지금 암몬 사람들과 싸우려고 하니 우리 군대를 이끌고 싸워주시오.
으하하하~ 나보고 당신들의 지휘관이 되어 달라고?
큥! 당신네 길르앗 집안은 날 미워해서 아버지 집에서 내쫓았소. 그런데 이제 힘드니까 나더러 도와달라고 하는 거요?
아… 아니 그건…!

※돕 : 길르앗의 북쪽 변방에 있던 수리아의 한 지역으로 이스라엘 땅은 아님.

그건 당신 길르앗 가족들 문제 아니오?
그걸 우리 길르앗 전체의 문제로 생각하지 마시오.
제발 함께 가서 암몬 사람들과 싸워주시오.
흥~이다!
만약 그렇게만 해준다면, 당신을 길르앗의 통치자로 모실 것입니다.
그게 정말이오? 만일 여호와께서 나를 도와 암몬 사람들을 물리친다면, 나를 당신들의 통치자로 섬기겠다는 말이오?
여호와께서 우리가 말한 모든 것을 듣고 계십니다.
우리가 말한 모든 것을 그대로 지킬 것을 약속합니다!
흐음… 이거 괜찮은데….

※길르앗 가족(집안) : 므낫세 지파의 집안.
※길르앗 : 넓은 의미로 요단 강 동편의 두 지파 모두를 나타냄.

그래서 입다는 길르앗의 장로들과 함께 미스바로 갔고, 길르앗 백성은 입다를 자기들의 지도자 겸 군대의 지휘관으로 삼았지.
여호와 앞에서 맹세하오! 나 입다는 전쟁의 조건과 의무를 반드시 지키겠소!!
와아아아

군대 지휘관이 된 입다는 암몬 사람들의 왕에게 사람을 보내 물었어.
"도대체 이스라엘이 잘못한 것이 무엇이오? 어째서 당신은 우리 땅을 공격하는 것이오?"라고 물으셨습니다.
그건 너희들이 이집트 땅에서 나와, 아르논에서부터 얍복 강과 요단 강에 이르는 우리 땅을 빼앗았기 때문이다.

tip 암몬 왕의 주장

암몬 왕이 자기네 땅이라고 우기는 지역은 남쪽 모압 경계인 아르논에서부터 북으로는 얍복, 서쪽으로는 요단 강에 이르는 길르앗 남부지역으로 이는 이스라엘이 아모리 왕 시혼에게서 빼앗은 땅이다. Link 2권 185p 이 땅은 원래 모압의 것이었는데 아모리 왕 시혼이 정복했다가 다시 이스라엘에게 빼앗겼다. 다만 일부의 땅이 암몬에게 속해 있었던 듯하다. 그런데 여기서 암몬 왕은 마치 그 땅이 모두 자기의 소유인 양 주장하고 있다. 설사 그 땅 모두가 암몬의 소유였을지라도 이미 아모리 족속에게 빼앗겼을 뿐 아니라, 다시 이스라엘이 빼앗은 지 300년이 지난 지금에 와서 그 소유권을 주장한다는 것은 설득력이 없다.

"그러니 우리 땅을 평화롭게 돌려다오"라고 암몬 왕이 말했습니다.
그대는 다시 가서 암몬 왕에게 이렇게 전하라.
"이스라엘은 모압이나 암몬 백성의 땅을 빼앗은 적이 없소."라고 말씀하셨습니다.
얼씨구~ 빼앗은 적이 없어?
우리 이스라엘 백성은 이집트를 나와 광야를 지나 홍해까지 이르고 가데스에 도착했을 때…. Link 2권 179p
라암셋
호르산
가데스 바네아
신 광야
에돔
술 광야
바란 광야
엘바란
신 광야
시내 산

※가데스(가데스 바네아) : 가나안 땅의 남방 경계를 이루는 지역.

에돔 왕과 모압 왕에게 사자를 보내 우리가 땅을 잠시 지나갈 수 있게 해달라고 부탁했소. Link 2권 181p
안 돼~
하지만 에돔 왕과 모압 왕이 허락하지 않아 가데스 바네아에 머물러 있다가, 결국 우리는 광야를 지나 에돔 땅과 모압 땅의 경계를 돌아서 갔소.
여리고
헤스본
암몬
예루살렘
헤브론
야하스
아르논강
블레셋
모압
아말렉
네게브
호르산
신 광야
에돔
가데스 바네아
그리고 모압 땅의 경계인 아르논 강 건너편에 진을 쳤소. 이스라엘은 결코 모압 땅에 들어가지 않은 거요.

※아르논 : 모압 북쪽 경계에 있는 지역.

거기서 이스라엘은 헤스본의 왕이자 아모리 족속 왕인 시혼에게 사자를 보내 왕의 땅을 지나갈 수 있게 부탁을 드렸소. Link 2권 185p
흥, 웃기고 있네.
하지만 시혼 왕은 이스라엘을 믿지 않고 그곳을 지나가지 못하게 했을 뿐 아니라, 야하스에서 오히려 이스라엘을 공격했소.
와아아아
결국 이스라엘의 하나님 여호와께서 시혼과 그의 백성을 물리치도록 도와주셨고….
여호와께서 우리와 함께 계신다. 밴댕이 소갈딱지 같은 시혼 왕을 혼내주자~

그 결과 아르논 강에서 얍복 강과 요단 강에 이르기까지 아모리 사람들의 모든 땅을 이스라엘이 차지하게 된 것이오.
성경2.0 2권을 본 사람들은 다 알아.
요단강
길르앗
얍복 강
가나안
여리고
암몬
예루살렘
아르논 강
모압
그렇게 아모리 사람을 쫓아낸 분은 이스라엘의 하나님 여호와셨소. 그런데도 당신은 이스라엘 백성을 이 땅에서 쫓아낼 수 있다고 생각하시오?
아니… 저… 저 놈이…!
당신의 신 그모스가 준 땅에서 당신이 살고 있듯이 우리 또한 우리의 하나님이신 여호와께서 주신 땅에서 살 것입니다.
뭐야?

※아모리 : '고산지대 사람들'이라는 뜻으로 근동 지역 여러 곳에 분포했던 유목 민족.
※그모스 : 모압 사람들이 믿던 전쟁의 신.

십볼의 아들 발락 왕 Link 2권 186p 도 주장하지 않았던 땅의 소유권을 암몬의 왕이 요구하다니 그게 말이나 됩니까?
발락은 발락이고 나는 나다!
그렇다면 이스라엘이 그 땅에 300년 동안이나 살고 있었는데 왜 그동안에는 그 땅을 찾아가지 않았소?
그, 그건….
우리가 당신에게 죄를 지은 것이 없는데도 당신은 전쟁을 일으켜서 우리에게 죄를 짓고 있소. 그러니 심판자이신 여호와께서 이스라엘과 암몬 중 어느 쪽이 옳은지를 가려주실 것이오.
으으음….

※발락 왕 : 원래 모압 소유인 땅을 모압의 왕 발락도 반환을 요구하지 않았는데 300년이 지난 후 암몬 왕이 요구한다는 것은 말이 안 됨을 지적한 것이다.

암몬 왕은 입다가 한 말을 무시했어.
시끄럿~ 그게 도대체 무슨 상관이야!
다 필요 없어. 땅이나 도로 내 놔~ 임마!
버럭
크… 왕이란 자가 이렇게 막무가내라니….
그 후 여호와의 영, 즉 성령님이 입다에게 임했지.
오오옷, 갑자기 뭔가 힘찬 기운이….
도대체 뭘 드신 거지?
시금치?
에너지 드링크?
슈우웅
길르앗 남부에서부터 북부까지 횡단하며 모은 군사들과 함께 미스바에 도착한 입다는, 다시 암몬 사람들의 땅으로 진군해 나아갔지.
그때 입다는 여호와께 한 가지 서원을 했어.
하나님, 저희가 암몬 사람들을 물리칠 수 있게 해주십시오.
만약 그렇게 해주신다면 제가 승리를 거두고 돌아올 때, 제 집에서 저를 맞으러 나오는 첫 번째 사람을 여호와께 번제로 바치겠습니다.

※길르앗 북부 : 길르앗 북부는 므낫세 절반 지파가 차지하고 있었다.
※서원 : 인간이 하나님께 헌신하기 위해 자기의 귀중한 것을 바치겠다는 맹세나 서약. Link 2권 134p

그러고 나서 입다는 암몬 사람들과 싸웠는데, 여호와께서 입다를 도우셔서 암몬 군대를 물리칠 수 있었어.
Dokdo, This is part of Korea.
남의 땅을 탐내다니!!
계속 너희 땅이라고 우기니까 이런 꼴을 당하지!!
와아아
켁, 살려줘~
너네 땅이야, 너네 땅~
와아아아아

※아로엘 : 사해 동쪽 약 21km 지점, 아르논 강 근처에 위치.
※민닛 : 헤스본에서 랍바로 가는 길목에 위치한 것으로 보이나 정확한 위치는 알 수 없다.

입다는 아로엘 성에서 민닛 지역까지 20개의 성읍을 치고, 아벨 그라밈 지역까지 쫓아가 암몬 사람들을 크게 무찔렀어.
으으… 이렇게 되면 방법은 단 하나….
잉잉
결국 암몬 사람들은 이스라엘에게 항복할 수밖에 없었지.
우리가 졌어요. 무조건 항복~
다시는 우리 땅이라고 우기지 않을게요, 흑흑.
승리한 입다가 미스바에 있는 집으로 돌아올 때 그의 딸이 소고를 들고 춤추며 나와 아버지를 맞이했어.
와아아~
찰랑
찰랑
아빠, 승리를 축하드려요~♬

※아벨 그라밈 : 헤스본 북서쪽에 위치한 것으로 보이나 정확한 위치는 알 수 없다.
※미스바 : 요단 강 동쪽에 위치한 곳으로 예전에 야곱과 그의 삼촌 라반이 증거비를 세운 곳 Link 1권 115p 으로 보인다.

헉!
아, 아니. 하필이면 네가 왜…?!
쿵
그녀는 입다의 단 하나뿐인 딸이었지.
으아악! 나의 사랑하는 딸아~ 네가 나를 슬프게 만드는구나!
엉엉
엉
네?
무슨 일이야?!
아아… 얘야, 내가 여호와께 약속한 것이 있는데, 그것은 절대 깨뜨려서는 안 되는 거란다.
흑흑…
제가 승리를 거두고 돌아올 때, 제 집에서 저를 맞으러 나오는 첫 번째 사람을 여호와께 번제로 바치겠습니다.
아… 이럴 수가…!!
입다의 서원을 들은 딸은 아버지의 서원에 순종하기로 했어.
아버지. 아버지가 여호와께 약속하셨으니, 그 약속을 지키세요.
크흐흐흑!
여호와께서는 아버지를 도우셔서 아버지의 적인 암몬 사람들을 물리칠 수 있게 하셨으니까요.
※번제 : 불에 태워드리는 제사.

그런데 제게도 한 가지 부탁이 있어요. 제가 두 달 동안 친구들과 함께 산에 가서 울 수 있게 해주세요.
아아아아… 주여!! 크흐흑!
입다는 딸의 부탁을 듣고 두 달 동안 산에서 지낼 수 있도록 해줬지.
크흐흑.
입다의 딸은 친구들과 두 달 동안 산에서 슬프게 울고 난 다음 돌아왔어.
흐흑…
사랑하는 내 딸아, 이 못난 아비를 용서해다오.

입다는 여호와께 약속한 대로 자신의 딸을 제물로 바쳐 제사를 드렸어.
크흐흑, 사랑하는 딸을 결혼도 하지 못한 채 죽게 만들다니….
이때부터 길르앗에 사는 이스라엘 여자들은, 해마다 4일 동안 미스바의 산에서 입다의 딸을 기억하며 슬피 울었어.
흑흑
훌쩍
엉엉
뭐야? 줄 초상났나?

tip 하나님의 사사가 왜 자기 딸을 희생 제물로 바쳤을까?

입다가 하나님께 전쟁에서 승리하게 해주시면 자신을 처음 영접해주는 사람을 번제로 드리겠다고 서약한 것은 사람을 희생 제물로 드리는 이방의 종교 문화에 물든 때문이었다. 자신의 딸을 살려둘 수도 있었지만, 입다는 서약을 번복함으로써 자신의 체면과 권위를 잃을까 두려워 그렇게 하지 못했다. 하나님의 율법에 무지했기 때문에 사람을 희생 제물로 바치겠다는 서약을 한 것이다.

12장 길르앗과 에브라임의 전쟁

에브라임 지파의 지도자들이 군사를 모아 요단 강 건너 사본으로 와서는 입다에게 말했어.
암몬 사람들과 싸우러 강을 건너갈 때 왜 우릴 부르지 않았나?
씩 씩
씩
누구 맘대로 암몬과 싸움을 벌여? 엉?
우릴 무시하다니 용서할 수 없다!

※사본 : 요단 강과 얍복 강 사이에 위치.

우린 너와 네 집을 불로 태워버릴 것이다!
뭐, 뭐라고?

※불로 태우다 : '멸망시키다'라는 뜻의 관용어.

tip 에브라임 지파의 시비

에브라임의 속셈은 조그마한 길르앗 집안 출신의 입다가 계속되는 전쟁에서 연승한 것에 대한 시기와 질투를 표면화시킨 뒤, 승리의 영광과 전리품을 나누는 데 있었다. 그들은 여호수아가 속한 지파로서 상당한 우월감이 있었는데 이전에 이미 기드온에게도 그 오만함을 드러낸 바 있다. Link 3권 115p

나와 내 백성이 암몬 사람들과 전쟁 중일 때 나는 당신들에게 도움을 요청했지만 당신들은 오지 않았소!
헉!
쾅
나는 당신들이 나를 도울 생각이 없다는 것을 알고, 내 목숨을 걸고 암몬 사람들과 싸웠고, 여호와께서 나를 도우셔서 그들을 물리치게 해주셨소! 그런데 이제 와서 당신들이 나와 싸우겠다고? 그걸 지금 말이라고 하시오?

※앞서 성경에 나오지는 않지만 입다는 에브라임에게 도움을 요청했던 것으로 보인다.

흥, 너희들은 원래 에브라임과 므낫세에서 도망친 자들이다. 그게 바로 너희 길르앗 놈들이라고.
뭐라고?

tip 에브라임 지파에서 도망친 자들

이 말은 르우벤, 갓, 므낫세 반 지파가 속한 길르앗 사람들에게 상당히 모욕적이었다. 여기서 '도망치다'는 의미는 '이스라엘에 속하지 않는다'라는 뜻으로 더 이상 하나님의 백성이 아니라는 뜻까지 포함하고 있는 것이다.

감히 나와 우리 지파를 조롱하다니… 도저히 용서할 수 없다!!
크으윽
가… 감히 우릴 협박하는 것이냐?!
한번 해보자는 거냐? 엉?
잘하면 치겠다. 엉?

결국 입다는 길르앗 사람들을 모두 모아 에브라임과 싸웠어.
콰쾅
저 교만하고 무례한 에브라임을 싹 쓸어버려라!!
쿠구구궁

길르앗 사람들은 요단 강 나루터를 차지해, 에브라임 사람들이 요단 강 건너에 있는 자기 지파의 땅으로 도망가지 못하게 했지.
여기서 지키고 있다가 에브라임 지파 사람들이 오면 다 죽여버리는 거야.
그런데 그 사람이 에브라임 지파 사람인지 어떻게 알아? 생긴 게 다른 것도 아니고?
전투에 패한 에브라임 군사가 도망치기 위해 나루터에 왔을 때, 길르앗 사람들은 이렇게 물어봤어.
잠깐, 당신들이 에브라임 사람인지 아닌지 확인해 봐야겠어.
십볼렛이라고 해보셔.
네?
※십볼렛: '흐르는 개울'이라는 뜻.
갑자기 왜 그런 걸….
십볼렛? 그게 뭔데?
우리 이스라엘은 같은 언어를 사용하지만 지역마다 차이가 있어서 에브라임 사람들은 이 십볼렛이라는 말을 제대로 발음하지 못하거든.
잔말 말고 어서 해보지 않고 뭐해!
맞고 할래? 그냥 할래? 엉?
아… 알겠습니다.
씨… 씹.볼.렛.
십볼렛을 씹볼렛이라고 발음한 사람들은 길르앗 사람들에 의해 모두 죽임을 당했어.
네 놈은 에브라임 사람이구나!
으악, 이런 방법이 있다니!
촤
악
이 전쟁으로 인해 죽임을 당한 에브라임 사람이 4만 2천 명이나 됐지.
망했다.
입다는 이스라엘 백성을 위해 6년 동안 사사로 있었고, 죽은 뒤에는 길르앗에 있는 어느 마을에 묻혔지.
입다의 묘
2.4 Km

아홉 번째 사사 입산

입다가 죽은 후에 베들레헴 사람인 입산이 사사가 되었어.
이게 다 내 자식들이라네.
와글
와글
바글
바글

※베들레헴: 예루살렘 남쪽 약 10km에 위치.

입산은 아들과 딸을 각각 30명씩 두고 있었는데, 자기 딸들을 다른 지파의 남자들에게 시집보냈지.
잘 살아 보세~♬
타다닥
그뿐 아니라 다른 지파의 여자 삼십 명을 데려와 자기 아들들의 아내로 삼았어.
번호!
하나!
둘!
셋!
넷!
입산은 7년 동안 이스라엘의 사사로 지냈고, 그 후에 죽어서 베들레헴에 묻혔지.
그런데 왜 자식들을 그런 식으로 결혼시킨 거죠?
저승
자식들을 이용해 주변 지역과 좋은 관계를 유지하려고 했던 거지, 뭐.
열 번째 사사 엘론
입산이 죽은 후에 스불론 지파 사람 엘론이 이스라엘의 사사가 됐어.
당신은 여기까지. 자, 출연료. 단역이라 얼마 안 돼.
엘론
크하하
이제부터 제가 사사 역을 맡을 겁니다.
엘론은 10년 동안 이스라엘의 사사로 있다 죽어 아얄론에 묻혔지.
으잉? 설마 이걸로 끝?
밥값 빼고 나니 자네 출연료는 없네.
84 3
열한 번째 사사 압돈
엘론이 죽은 후에 에브라임 지파 사람 압돈이 이스라엘의 사사가 됐어.
사사 역을 맡으려면 나 정도는 돼야지. 인물 좋잖아~♬
※아얄론 : 아얄론 골짜기에 있는 아얄론과는 다른 곳으로, 스불론 지파가 분배받은 땅으로 보이나 정확한 위치는 알 수 없다.
압돈에게는 아들 40명과 손자 30명이 있었는데, 그들은 모두 자신들의 나귀를 타고 다녔지.
나귀를 탄다는 것은 중요한 위치에 있다는 뜻이지.
압돈은 8년간 사사로 지낸 후 죽어서 에브라임 지파의 땅 비라돈에 묻혔어.
3컷 출연했으니 밥값 빼고…
자, 500원.
이… 이거 날 희롱하는 거지? 응?
※비라돈 : 세겜 서쪽에 위치한 것으로 보인다.
13장 열두 번째 사사 삼손
이스라엘 백성은 또다시 여호와 앞에서 범죄를 저지르기 시작했어.
헐~ 그만큼 혼이 났으면 소도 말을 알아듣겠다.
아… 나도 이제 지겹다. 지겨워. 도대체 몇 번째야.
그래서 하나님은 블레셋 사람들이 이스라엘을 40년 동안 다스리게 하셨지.
크하하핫, 네놈들의 피고름을 쪽쪽 다 빨아먹어줄 테다!!!
낑낑
끙끙
헉헉
흑흑
으아아….
크윽, 이놈이 지옥을 미리 보여주는구나.

tip 블레셋 족속(Philistines)

블레셋 인들은 원래 에게 해 근방에 있었던 것으로 추측되며 갑돌(그레데 섬의 히브리식 이름)을 점령한 것으로 보인다. 람세스 3세(B.C.1,188년)에 의해 '바다 사람들'이라고 불렸으며 기원전 1,300년경 이집트의 세토스 1세 때 팔레스타인에 처음 등장했다. 지중해변 중남부 지역에 자리 잡은 이들은 람세스 2세 때는 이집트를 침공할 정도의 세력을 확보했다. 이후 국가는 건설하지 못했지만 B.C.1,100년경 이후 가사, 아스글론, 아스돗, 가드, 에그론 등의 도시 국가를 이루어 이스라엘을 끝까지 괴롭혔다. 팔레스타인이란 말은 블레셋의 헬라어 Palaistine를 라틴어로 옮긴 것이다.

단 지파의 사람 중에 마노아라는 사람이 있었는데, 그는 소라 성에 살고 있었어. 마노아의 아내는 임신을 하지 못해 자식을 낳을 수 없었지.
여보, 아무래도 전 아이를 낳을 수 없는 몸인가 봐요.
울지 말고 우리 하나님께 기도합시다.

※소라 성 : 예루살렘 서쪽 27km 지점에 위치한 지역.

어느 날 여호와의 사자가 마노아의 아내에게 나타나 말했어.
너는 아기를 낳을 수 없는 몸이지만 이제 임신하여 아들을 낳게 될 것이다.
아아, 그게… 정말입니까?
너는 포도주나 독주를 마시지 말고, 부정한 것은 아무것도 먹어서는 안 된다.
임신 초기에 태아의 중추 신경계와 심장, 눈, 귀 등이 완성되니 약물을 남용해서는 안 되고, 에 또….
아, 그건 그렇고…
너는 아들을 낳을 것이니 그의 머리를 깎지 마라. 그는 태어날 때부터 하나님께 바쳐진 나실인이 될 것이다.
나실인?

※부정한 것 : 더러운 짐승이나 썩은 시체를 가리킨다.

※나실인 : 구별하여 하나님께 헌신하는 사람. Link 2권 142p

그는 블레셋 사람들에게서 이스라엘을 구원하는 일을 시작할 것이다.
제… 제가 낳을 아들이 그런 큰 일을…!
마노아의 아내는 자기가 겪은 일을 남편에게 가서 말했어.
하나님께서 보내신 사람이 왔는데요! 그분의 모습이 하나님의 사자 같아서….
너무 두려워서… 아니 두려워 한 건 저예요!
흔들
흔들
아무튼 어디서 왔느냐고 물어 보지도 못했어요!
커억…!
지… 진정하고 천천히 말해요. 그러니까 당신이 하나님의 사람을 봤다는 거요?
네… 그… 그런데 그분은 자신의 이름을 가르쳐주지 않았어요.

tip 하나님의 사람? 하나님의 사자?

하나님의 사람이란 예언자에게 붙여진 명칭으로 모세나 엘리사 및 다른 선지자들과 디모데도 그렇게 불렸다. 마노아의 아내는 여호와의 사자 Link 3권 85p 를 단순히 하나님의 말을 전하는 선지자로만 생각했다. 그녀가 '하나님의 사자 같아서'라고 이야기한 것을 보면 하나님의 사자를 그 자체로서 인지하지 못했음을 알 수 있다.

마노아는 아내의 말을 듣고 여호와께 기도했지.
주여… 주께서 보내주셨던 하나님의 사람이 저희에게 다시 오기를 바랍니다.
그래서 우리에게 태어날 아기를 어떻게 키워야 할지 가르쳐 주시옵소서.
그 기도를 들으신 하나님께서 밭에 혼자 앉아 있던 마노아의 아내에게 하나님의 사자가 다시 나타나게 하셨어.
귀찮게 왜 또 불러?
으아앗, 정말 다시 나타났다!

마노아의 아내는 이번에도 남편에게 급히 달려가 말했지.
여보~ 여보~ 그 사람이 다시 왔어요!
두두두두
전에 제게 나타났던 사람이 왔다고요!! 빨리요, 빨리!
그게 정말이오?
우당탕
쾅!
쨍그랑
마노아는 자기 아내를 따라 하나님의 사자에게 갔어.
다… 당신이 제 아내에게 말씀하셨던 그분인가요? 헉헉….
그렇다. 어쩔래.
헉헉
당신께서 말씀하신 일이 일어나면, 태어날 아기는 어떻게 살아가야 합니까? 그 아기는 무슨 일을 해야 합니까? 우리는 태어날 아기를 어떻게 키워야 합니까?
뭐하니?
역사의 현장 촬영.
포도나무에서 나는 것은 무엇이든 먹지 말아야 하고 포도주나 독주를 마시면 안 된다. 또 부정한 것은 무엇이든지 먹지 말아야 한다. 네 아내는 내가 명령한 모든 것을 지켜야 한다.
네네, 잘 알겠습니다.
수고했습니다. 근데 잠시만 여기 머물러주시면 안 되겠습니까? 제가 당신을 위해 염소 새끼를 요리해 드리겠습니다.
제 남편이 한 요리해요.
내가 잠시 머무른다 할지라도 네 음식을 먹지는 않을 것이다.
왜요? 맛이 없을까 봐요?
속이 안 좋으세요?
음식을 마련할 생각이 있다면 여호와께 태워드리는 제물인 번제물을 드리도록 하여라.
네… 그… 러죠 뭐.
정말 맛있는데… 후회할 텐데….
여호와의 사자는 마노아가 여호와의 사자를 알아채기를 바랐던 거야.
저… 그런데 당신의 이름이 무엇인지 가르쳐 주실 수 있겠습니까?
어째서 내 이름을 묻느냐?
그래야 당신의 말씀이 이루어질 때, 당신께 영광을 돌릴 수 있지 않겠습니까?

※여호와의 사자는 번제물을 통해서 자신이 누구인지 알려주려고 한 것이다.

나의 이름은 기묘다.

tip 기묘

기묘란 '놀라운'이라는 뜻인데 여기에서는 '기이하고 놀랍다'라는 의미다. 또 '여호와께서 매우 놀랍고 뛰어나다'라는 의미도 포함한다. '이름이 기묘다'라는 말은 하나님에게만 사용되었고, Link 이사야 9장 6절 에는 예수그리스도의 이름을 '기묘자'라고 소개하기도 했다.

마노아는 염소 새끼와 소제 제물을 가져와 바위 위에 올려놓고 여호와께 바쳤지.
깨끗하고 흠 없는 염소를 준비하신 거죠?
물론이지.
그러자 불꽃이 제단에서부터 하늘로 치솟았고…
오오옷!
화르륵
불이 타고 있을 때 여호와의 사자가 그 불을 타고 하늘로 올라갔어.
쉬이이익
뜨악!
헉!
화르륵
마노아와 그의 아내는 그 모습을 보고 얼굴을 땅에 대고 엎드렸지.
세… 세상에 이런 일이~!!
지… 지금 이… 이게 무슨…!!
마노아는 그때서야 그가 여호와의 사자임을 알게 됐지.
서… 선지자… 하나님의 사람이 아니라 여호와의 사자였어! 오오… 우리가 하나님을 보았소, 그러니 이제 우리는 죽을 것이오!
부들
부들
아니, 여호와께서는 우리를 죽이지 않으실 거예요.
만약 그랬다면 우리 번제물이나 소제를 받지 않으셨겠죠. 그리고 이 모든 일을 우리에게 보여주지도 않으시고, 말씀해주지도 않으셨을 거예요.
아… 그, 그런가?
하늘로 올라간 여호와의 사자는 다시 나타나지 않았어.
얼마 후, 마노아의 아내는 사내아이를 낳았어.
아… 내 아들, 네 이름은 삼손이다!
하하하

※하나님을 대면한 사람은 반드시 죽는다 Link 2권 101p 는 생각은 유대인들에게 있어서 일반적인 상식이었다.

※삼손 : '작은 태양'이라는 뜻.

14장 삼손의 결혼

삼손은 자라면서 여호와의 복을 받았지.
메에에~
저… 저 녀석… 힘이 조… 조금 세네.
삼손이 마하네단에 있을 때, 여호와의 영이 그를 움직이기 시작했어.
성령님께서 나와 함께 하시고 나의 움직임을 이끄셨지.
어느 날, 삼손이 딤나 성으로 내려갔다가, 어떤 블레셋 처녀를 보게 됐어.
앗, 천상의 미녀가…!!

※마하네단 : 에스다올과 소라 사이에 위치. 훗날 삼손은 이곳에 묻힌다. Link 3권 165p 이곳은 단 지파의 용사들이 블레셋 사람들의 침입을 막기 위해 모인 곳이기도 하다. Link 3권 170p

※딤나 : 삼손의 고향인 소라 남서쪽 6.4km 지점에 위치.

삼손은 집으로 돌아와 자기 부모에게 그 여자와 결혼하고 싶다고 말했지.
엄마, 아빠. 빨리 딤나에서 본 그 블레셋 여자를 제게 데려다 주세요. 그 여자와 결혼하고 싶어요.
갑자기 웬 결혼…?
근데…블레셋 여자라고?
삼손의 부모는 여호와께서 이 일을 계획하셨다는 것을 모르고 있었어.
이스라엘에도 너와 결혼할 여자가 얼마든지 있는데, 왜 하필 블레셋 여자와 결혼하겠다는 것이냐? 그들은 할례도 받지 않은 이방인들이다.
몰라, 몰라, 그 여자를 데려다주세요. 난 꼭 그 여자와 결혼할 거예요.
당시는 블레셋 사람들이 이스라엘을 다스리고 있던 때였고,
이 원수 같은 블레셋 놈들~
언젠가는 복수하고 말 거야.
헉헉
낑낑
흑흑

여호와께서는 블레셋 사람들을 칠 기회를 찾고 계셨던 거야.
One Shot One Kill.

tip 이방 여자와 결혼하는 삼손

삼손은 사사이며 하나님께 바쳐진 나실인이었다. 그럼에도 이방 여인을 사랑해 결혼하고자 한 것은 하나님께서 행하신 일이 아니라 전적으로 그의 작전이며 결정이었다. 하나님이 원하시는 방법은 아니었지만, 하나님은 삼손을 도와 이스라엘을 블레셋에게서 구원하려 하셨다. 하나님께서는 인간의 잘못을 계기로 자신의 뜻을 이루기도 하신다.

삼손은 자기 아버지, 어머니와 함께 블레셋 처녀의 집이 있는 딤나로 내려갔어.
휴, 알았다. 네 고집이 그러니….
지금 당장 가죠.

그들이 딤나에서 가까운 포도밭을 지날 때였지.
저벅
저벅
으르릉…
?!
휙

갑자기 웬 어린 사자가 으르렁거리며 삼손에게 다가 왔어.
크르르
아니 웬 고양이가…?
크아아아앙!
그때 여호와의 영이 삼손에게 들어왔고, 삼손은 큰 힘을 얻게 되었지.
으으음!!
슈우욱
퍽
크아앙
삼손은 마치 염소 새끼를 찢듯이 맨손으로 사자를 찢어버렸어.
캐캥~
하지만 삼손은 사자를 죽인 일에 대해 아버지와 어머니에게 말하지 않았지.
무슨 일이 있었던 거니?
아 네, 귀여운 고양이 한 마리가 있어서….

블레셋 여자를 만난 삼손은 그 여자를 더 좋아하게 됐어.
태양처럼 빛나고 보름달처럼 고운 내 여자여… 흐흐.
아이잉~
저… 저 녀석. 닭살 돋는 소리를 잘도 하는구나.
얼마 후, 삼손은 그녀와 결혼하기 위해 다시 딤나로 갔는데….
응, 저건…?

tip 얼마 후

정확한 시간은 알 수 없지만 삼손이 죽인 사자의 시체에 벌떼와 꿀이 있었던 것으로 보아 상당한 시간이 경과했을 것으로 보인다. 왜냐하면 벌은 아주 까다로운 곤충이어서 금방 죽은 시체나 아직 습기가 남아 있는 곳에는 집을 짓지 않기 때문이다. 사자 시체에 꿀이 있다는 것은 상당한 시간이 지나 시체가 완전히 부패되고 앙상한 뼈만 남은 상태이거나, 혹은 태양열과 아라비아 사막의 건조한 바람에 의해서 썩지 않고, 사자의 가죽과 뼈가 바싹 마른 상태인 것으로 보인다.

딤나로 가는 길에 전에 죽였던 사자의 시체를 보게 됐지.
전에 나한테 까불다가 죽었던 고양이로군. 그런데 웬 벌떼가?
부우웅
사자의 시체에는 벌떼가 꿀을 만들고 있었어.
벌들이 여기에 집을 지었네.
부우웅

삼손은 손으로 꿀을 긁어모아 걸어가면서 먹었지.
우와, 진짜 달구나.
이거 좀 드셔보세요.
웬 벌집이냐?
삼손은 그 꿀이 죽은 사자에게서 나온 것이라는 말은 하지 않았어.
음… 정말 달구나.
그런데 이 꿀은 어디서 난 거니?
아… 그냥 저쪽에 벌집이 있어서요.

tip 삼손의 거짓말

삼손이 죽은 시체를 만진 것은 나실인의 규례에 어긋나는 행동이었다. 율법은 의식상의 정결을 위해 동물이나 사람의 죽은 시체를 만지는 것을 엄격히 금지하고 있으며 특히 나실인에게는 더더욱 엄격했다. Link 2권 143p 삼손이 부모에게 꿀을 어디에서 구했는지 말하지 않은 것은 이 때문이었다.

딤나에 도착한 삼손의 아버지는 블레셋 여자에게 갔고, 삼손은 그곳에서 잔치를 열었지.
파티에 오신 것을 환영합니다! 모두 즐기세요!!
쿵짝
쿵짝
하하하
하하하
이 잔치에는 30명의 블레셋 청년들이 초청받았지.
우리 마을 최고의 미녀를 데려가다니….
하하하
내가 한 인물 하니까 뭐.

삼손이 낸 수수께끼

자자, 내가 수수께끼를 하나 낼 테니 잘 들어보시오.
딸꾹
수수께끼?
이 잔치는 일주일 동안 계속될 텐데, 그동안 내가 내는 수수께끼의 답을 알아맞히면 베옷 30벌과 겉옷 30벌을 여러분께 드리겠소.
오오옷, 그게 정말이오?
베옷과 겉옷 30벌이라니.
정말 대단한데!
와우~ 땡잡았다.

※겉옷 : 여기에선 축제나 국가적 경사가 있을 때 입는 예복으로 존귀와 부의 상징이었다.

사사기

하지만 답을 알아맞히지 못하면 여러분들이 내게 베옷 30벌과 겉옷 30벌을 줘야 합니다.
알겠소. 닥치고 수수께끼나 말해보시오.
"먹는 자에게서 먹을 것이 나오고, 강한 자에게서 단 것이 나온다."
자, 어디 한번 풀어 보시겠소?
으잉? 그게 뭐야?
힌트는 없어?
잔치가 시작된 지 3일이 지났지만 블레셋 사람 30명은 삼손이 낸 수수께끼를 풀지 못했어.
끙끙.
쿵
으아, 도대체 이게 무슨 뜻이야?
바둥 바둥
으으… 차라리 일반상대성이론이 더 쉽겠다.
드디어 4일째 되는 날….
무슨 방법이 없을까? 이거 도저히 풀 수 없을 것 같은데….
꼼짝없이 삼손에게 베옷과 겉옷을 줘야 하나?
끙
흠, 그렇다면….
무슨 좋은 방법이라도?
그들은 삼손의 아내에게 찾아가 이렇게 말했어.
넌 우리를 가난하게 만들려고 삼손을 초대한 것이냐?
너 때문에 우린 완전히 망했다.
무슨…?
네가 불러들인 남자니까 네가 책임져야 할 것이다.
네 남편을 꾀어서 그자가 낸 수수께끼의 답을 우리에게 알려다오.
크르릉!
만약 알려주지 않는다면 너와 네 아버지의 집에 있는 것을 다 불로 태워버릴 것이다.
삼손의 아내는 삼손에게 울며 수수께끼의 답을 알려달라고 졸랐어.
당신은 나를 진정으로 사랑하지 않아요.
아니, 그게 무슨 말이오?
흑 흑

내 백성에게 수수께끼를 내놓고는, 내게는 왜 그 답을 가르쳐주지 않는 거죠?
나는 부모님에게도 답을 가르쳐 드리지 않았소. 그런데 왜 당신에게 가르쳐주겠소.
그녀는 나머지 잔칫날 동안 계속 울며 졸라댔지.
어서 알려주세요, 빨리요~
질 질 질
안 된다니까.
수수께끼 답 좀 알려줘요. 제발~
똥 좀 싸자!
결국 잔치가 벌어진 지 7일째 되는 날, 삼손은 아내에게 답을 얘기해주고 말았어.
아, 알았소. 수수께끼의 답을 가르쳐주겠소.
꺄앗, 정말요?
쾡…
펄쩍
이렇게 귀찮을 수가!
그녀는 수수께끼의 답을 블레셋 사람들에게 말해주었지.
드디어 알아냈어요.
후딱 말해 주시오.
오오~
아, 이제 우리는 살았다.
잔치 7일째 되는 날,
그래, 답을 알았소?
흐흐흐.
낄낄낄.

해가 지기 전 블레셋 사람들이 삼손에게 가서 수수께끼의 답을 말했어.
꿀보다 단 것이 어디 있겠으며, 사자보다 강한 것이 어디 있겠소.
흐흐, 어떠냐.
아니, 어, 어떻게…?

삼손의 수수께끼

'먹는 자'와 '강한 자'는 같은 것을 가리킨다. '먹을 것'과 '단 것' 또한 같은 것을 가리킨다. 삼손은 최근에 '사자의 시체에서 꿀'을 먹은 적이 있다. 사자는 강한 동물이며 먹이사슬의 최고에 있는 동물로 먹는 자이다. 그리고 사자의 시체에서 벌들이 벌집을 만들었기 때문에 먹을 것인 꿀이 나왔다. 따라서 삼손이 말한 먹는 자와 강한 자는 사자를 말하며 먹을 것과 단 것은 꿀을 말한다. 수수께끼의 답은 '사자에게서 벌꿀이 나왔다'인 것이다.

그, 그러고 보니….
너희가 내 암송아지로 밭을 갈지 않았다면 내 수수께끼를 풀지 못했을 것이다.
버럭
딸꾹!
그때 여호와의 영이 삼손에게 내려와 삼손에게 큰 힘이 생겼어.
뭐… 뭐야, 그냥 가려고?
답을 맞췄으니 약속한 옷을 줘야지.
너희들에게 약속한 상품을 가지러 가는 거다!
슈우우

※내 암송아지 : 삼손의 아내를 가리킨다.

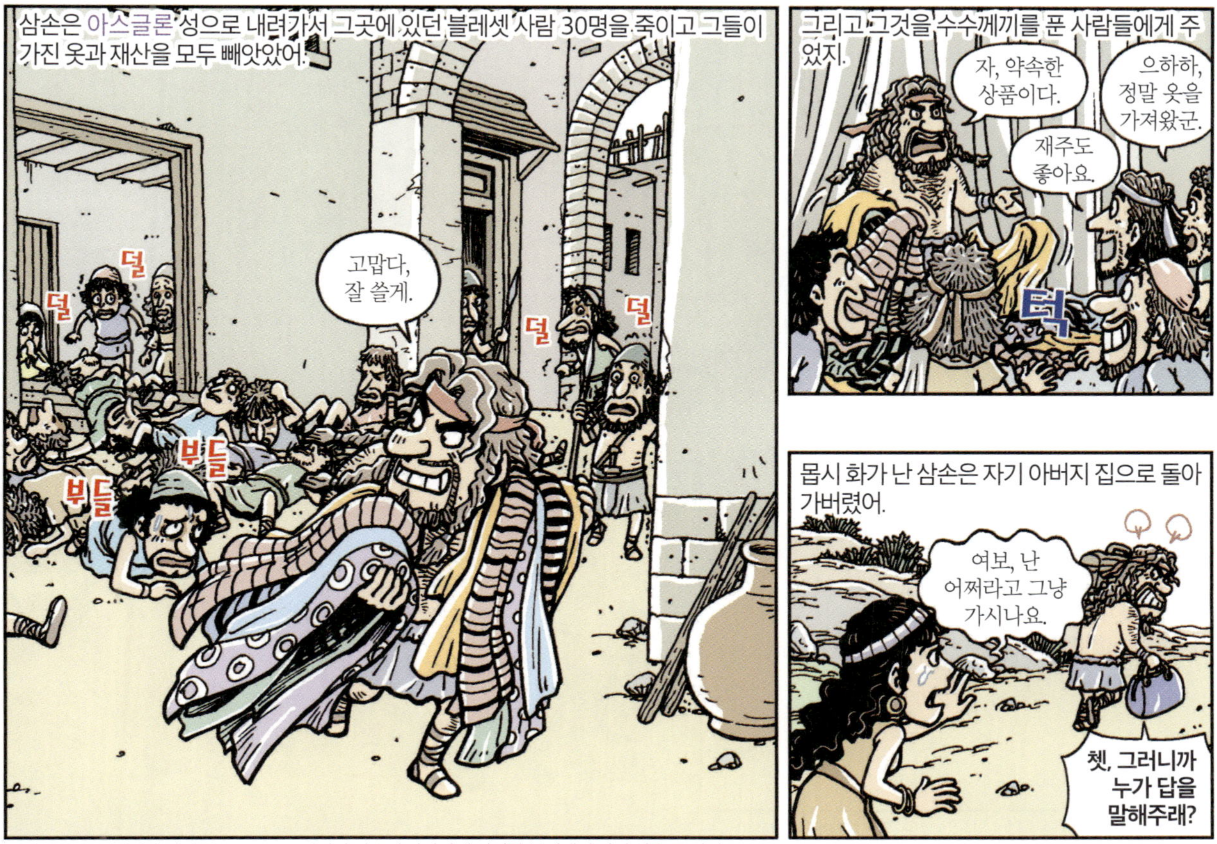
삼손은 아스글론 성으로 내려가서 그곳에 있던 블레셋 사람 30명을 죽이고 그들이 가진 옷과 재산을 모두 빼앗았어.
덜
덜
덜
덜
덜
고맙다, 잘 쓸게.
부들
부들
그리고 그것을 수수께끼를 푼 사람들에게 주었지.
자, 약속한 상품이다.
으하하, 정말 옷을 가져왔군.
재주도 좋아요.
턱
몹시 화가 난 삼손은 자기 아버지 집으로 돌아가버렸어.
여보, 난 어쩌라고 그냥 가시나요.
쳇, 그러니까 누가 답을 말해주래?

※아스글론 : 딤나에서 남서쪽으로 40km 떨어진 지중해 바닷가에 위치한 블레셋의 다섯 성읍 중 하나.

15장 삼손의 복수

시간이 지나 밀을 거둬들일 무렵, 삼손은 새끼 염소를 가지고 자기 아내를 찾아갔지.
시간이 지나니 화가 좀 가라앉았어. 내 아내도 보고 싶고….
메에에~

tip 다시 아내를 찾아간 삼손

팔레스타인 지역의 밀 수확기는 히브리 월력으로 9월경, 태양력으로는 5, 6월경이다. 여기서는 이미 추수 때인 걸로 보아 좀 더 정확하게는 5월 말에서 6월의 건조기였을 것이다.
삼손은 아내를 용서하고 화해하기 위해서 염소 새끼를 가지고 찾아갔다. 유목민인 이스라엘 사람들에게 있어서 염소 새끼는 귀중한 행사 때 주로 사용하던 동물이었다.

하지만 삼손의 장인이 삼손을 가로막고 안으로 들어가지 못하게 했어.
왜 내 앞을 막는 겁니까? 남편이 아내를 만나기 위해서 왔는데.
나는 자네가 내 딸 아이를 미워하는 줄 알았네.
날 배신하고 놈들에게 수수께끼의 답을 알려줘서 화가 난 것뿐입니다. 그녀를 미워하지 않아요.
사실은 자네가 그날 그냥 그렇게 가버리지 않았나.
그래서 결혼식에 참석했던 자네와 제일 친한 친구에게 내 딸아이를 주었네.
켁!

대신 그 아이의 동생이 더 예쁘니 그 애를 데려가는 게 어떤가?
그, 그런 말도 안 되는 소리를…!
이제 내가 블레셋 사람들을 해친다고 해도 내게는 책임이 없습니다!!
사… 사위. 제발 진정을….
삼손은 여우 300마리를 잡아 두 마리씩 서로 꼬리를 붙들어 매고는 그 사이에 홰를 하나씩 매달았어.
캐갱~ 캥
가만히 좀 있어. 이 녀석들아~
화르르

tip 여우와 홰

홰란 '횃불', '불꽃'이라는 뜻으로 싸리나무나 갈대나무에 기름을 묻혀 불이 잘 붙게 만든 것을 말한다.
삼손이 잡은 여우라는 동물은 주로 무리지어 활동하는 자칼일 것으로 예상된다. 팔레스타인에서는 자칼을 여우라고도 불렀기 때문이다.

그리고 홰에 불을 붙인 다음, 여우들을 블레셋 사람의 곡식밭에 풀어놓았지.
자, 가서 확 싸질러버려라!
캐캐캥~
타다다닥

꼬리에 불이 붙은 여우들은 블레셋 사람들의 밭에 들어가 베지 않은 곡식과 베어놓은 곡식 단, 그리고 포도원과 올리브 나무들을 불태워버렸어.
하하하, 아주 활활 잘 타는구나!
화르르륵
캐캐캥~
후다닥

마… 말도 안 돼. 누가 이런 짓을…?
맙소사, 망했다.
이건 틀림없이 삼손이라는 놈 짓이야.
맞아. 나도 이곳에 삼손이 왔다는 소식을 들었어.
삼손의 장인이 딸을 삼손의 친구에게 줬다고 이런 짓을 한 거야.
삼손 그 녀석에게 우릴 건드린 대가가 어떤 건지 똑똑히 보여주자!
삼손의 아내와 장인을 잡아서 본때를 보여주자!

몹시 화가 난 블레셋 사람들은 삼손의 아내와 그녀의 아버지를 불에 태워버렸지.
꺄아아악~
아아악!
하하핫, 꼴 좋다.
삼손이 저 꼴을 봐야 하는데.
우리 밭처럼 잘도 타는군.
엇?
저… 저 녀석은?
척
헉!
엄마야!
너희가 이런 식으로 나왔으니, 나도 너희를 그냥 두지 않겠다!
으르릉
헉, 막아라!
저놈이!
엄마야 미친놈이다!
피해라!
퍼억
크윽!
삼손은 블레셋 사람들을 공격해 많은 사람을 죽였지.
으아악
켁!

사사기

그 후 삼손은 에담 바위 동굴로 내려가 그곳에 머물렀어.
소라 성으로 돌아가면 가족에게 피해가 갈지 모르니 당분간은 여기에 숨어 있자.
그때 블레셋 사람들이 올라와서 유다 땅 레히라는 곳에 진을 치고 있었지.
엄청 몰려왔군.
왜 군대가 온 거지?
이거 불안해서 살 수가 있나.
두려움에 떨던 유다 사람들은 블레셋 사람들의 진영으로 가서 말했어.
그대들은 왜 이곳에 왔습니까? 우리와 싸우려 하는 것입니까?
우리는 삼손을 잡아가려고 왔을 뿐이다.
우리는 삼손이 우리 백성에게 한 그대로 삼손에게 해줄 것이다.
너희들이 가서 삼손을 데려오라. 그래야 우리의 분노를 피할 수 있을 것이다.
빠드득
…음….
유다 사람 3천 명이 에담 바위에 있는 동굴로 가서 삼손에게 말했어.
유다의 지도자여. 내게 무슨 일로 오셨습니까?
삼손, 그대는 블레셋 사람들이 우리를 다스리고 있다는 사실을 모르고 있었는가?
어째서 우리에게 피해가 오게 만드는 것이냐?
흥, 나는 블레셋 사람들이 내게 한 일을 그대로 갚아준 것뿐입니다.
우리가 이곳에 온 이유는 그대를 묶어 블레셋 사람들에게 넘겨주기 위해서라네.
그래요?
알겠습니다. 하지만 당신들이 나를 해치지 않겠다고 약속해주십시오.
우리는 단지 그대를 묶어 블레셋 사람들에게 넘겨주기만 할 것이네.
결코 그대를 죽이지 않을 것이네.
유다 사람들은 튼튼한 새 밧줄 두 개로 삼손을 묶고 바위 동굴에서 데리고 나왔지.
삼손도 이스라엘 백성인데 우리가 살기 위해 그를 적에게 팔아넘기는구나.
삼손은 차마 우리와 싸울 수 없으니까 그냥 잡혀가는 거야.

※에담 : 베들레헴 남서쪽 3km 지점에 있는 바위가 많은 산악 지역. ※레히 : 유다 지역의 산지로 보이나 정확한 위치는 알 수 없다.

삼손이 레히에 도착하자 블레셋 사람들은 기뻐하며 소리 질렀어.
으하하, 아이고, 우리 삼손이 왔구나!
블레셋의 위엄을 보여주자!
저 꼴 좀 보라지!
그때 여호와의 영이 다시 삼손에게 들어왔고, 큰 힘이 생긴 삼손은 자신을 묶었던 밧줄을 불에 탄 실처럼 쉽게 끊어버렸지.
으잉?
아… 아니 저런 발칙한 놈이…!
투둑
투두둑
무식한 놈!
삼손은 죽은 지 얼마 되지 않은 나귀의 턱뼈를 주워들었어.
??
척
자, 해볼까?
두둑
흐흐, 뭐야? 혼자서 그딴 걸로 해보겠다고?
크크, 너무 겁이 나서 정신줄을 놓았나?
삼손은 그날 나귀의 턱뼈로 천 명이나 되는 블레셋 사람들을 죽였어.

나귀의 턱뼈로
무더기 위에
무더기를 쌓았다!
헉
헉
헉
나귀의 턱뼈
하나로 천 명이나
죽였다!

삼손은 이 말을 한 뒤 들고 있던 턱뼈를 손에서 던져버렸어.
이들을 이기게 해주신
하나님을 기념하여 이제
이곳의 이름을 라맛 레히
라고 부르겠다.
툭

※라맛 레히 : '턱뼈의 산', '턱뼈를 버림'이라는 뜻.

매우 목이 말랐던 삼손은 여호와께 부르짖었지.
저는 여호와의 종입니다.
여호와께서 제게 이렇게
큰 승리를 주셨는데,
제가 이제 목이 말라
죽어야 합니까?
이러다 할례받지 않은
블레셋 사람들에게
사로잡혀야 합니까?

삼손의 기도를 들으신 하나님은 레히 땅의 한 곳에 구멍을 내시고 물을 주셨지.
아, 물이다.
물~!
콸
콸
콸
삼손은 그 물을 마시고 다시 기운을 차렸고, 그 샘의 이름을 엔학고레라고 지었어.
주여, 정말
감사합니다.
엔학고레
이후 블레셋 사람들이 다스리던 시대에 삼손은 이스라엘의 사사로 20년을 지냈지.
이 사건을 통해 나는
이스라엘 백성에게
사사로 인정받게 돼.

※엔학고레 : '부르짖는 자의 샘'
이라는 뜻.

※20년 동안 사사로 지낸 삼손의 다른 행적은 언급되어 있지 않다. 다만
16장에서 그의 생애 마지막에 일어난 사건들만이 기록되어 있을 뿐이다.

16장 삼손과 들릴라

어느 날 삼손은 가사에 갔다가 거기서 한 창녀를 만나 그녀의 집을 방문하게 됐어.

어라, 저
녀석은?
어떤 사람이 가사 사람들에게 가서 삼손이 이곳에 왔다고 말했지.
삼손이 이 가사
땅에 왔습니다.
그게
정말이냐!?

※가사 : 블레셋의 주요 5대 도시 중 하나로 삼손의 고향인 소라에서 남서쪽 57km 정도 되는 해안 근처에 있음.

그들은 창녀의 집을 에워싸고 숨어서 숨을 죽인 채, 밤새도록 성문 곁에서 삼손을 기다렸어.
삼손 이 녀석… 제 발로 호랑이 굴에 들어왔겠다.
잠들 때까지 기다렸다가 새벽이 되면 죽여버리자.
한방에 골로 보내 버려야지, 크크.
이 모든 것을 알고 있었던 삼손은 침대에 누워 있다가, 밤 12시가 되자 자리에서 일어났지.

그리고 성문의 문짝과 2개의 문설주와 빗장을 부순 다음….
콰
쾅
히익~ 뭐, 뭐야?
헉, 성문이!!
오메!

그것을 모두 어깨에 메고 헤브론 성이 마주 보이는 헤브론 산 꼭대기까지 가져갔어.
헐~ 와… 완전 괴물이잖아.

※헤브론: 가사에서 약 60km 떨어져 있는 유다 지파의 성읍.

사… 삼손을 그냥 보낼 겁니까?
지, 지금 이라도 공격을 하는 게?
우… 우리가 이길 것 같으냐?
덜덜
덜덜
뭐… 기… 기적이라도 일어난다면야.

이 일이 있은 후, 삼손은 소렉 골짜기에 사는 들릴라라는 여인과 사랑에 빠지게 됐어.
태양처럼 빛나고 보름달처럼 고운 내 여자여… 흐흐.
아이잉~
아니, 저 인간이 나한테 했던 말을 그대로 하고 있잖아.
흐흐
블레셋의 다섯 왕들이 들릴라에게 가서 말했지.
그대는 삼손을 유혹해서 그의 강력한 힘이 어디에서 나오는지 알아내라.
또 그를 붙잡아 묶을 수 있는 방법도 찾아내라.
내가 왜요?

※소렉 골짜기: 예루살렘 서쪽 24km 지점에서 시작해 지중해로 흐르는 개울이 있는 좁은 골짜기.
※들릴라: '약한 자', '애처로운 자'라는 뜻.

그렇게 해주면 우리가 각각 네게 은 1,100세겔 씩을 주겠다.
1,100세겔 x 5 는 5,500세겔… 와우!
톡 톡
어느 날, 들릴라가 삼손에게 물었어.
아이잉~ 삼손~ 삼소오오온~
당신이 그렇게 힘이 센 이유를 가르쳐주세요.
당신처럼 강한 사람은 어떻게 하면 꼼짝 못하게 만들 수 있죠?
아하하… 그건….

※1,100세겔 : 약 12.5kg.

신선한 칡 일곱 개로 나를 묶으면, 나는 보통 사람처럼 약해져 꼼짝 못하게 된다오.
어머, 정말요?
블레셋 왕들은 마르지 않은 푸른 칡 7개를 들릴라에게 가져다주었고, 들릴라는 그것을 가지고 삼손을 묶었지.
드르릉 푸우~
으그, 시끄러.
그때 다른 방에는 블레셋 사람들 몇몇이 숨어 있었어.
크크, 좋아, 좋아.
넌 오늘 죽었다, 흐흐.
삼손!! 삼손!!! 어서 일어나요~!
블레셋 사람들이 당신을 잡으러 왔어요!!
헉!
뭐! 뭐야?
투 둑
삼손을 묶은 칡은 마치 불에 타버린 실처럼 쉽게 끊어져버렸어.
휙
휙
어디? 어디에 있지?
블레셋 놈들이 왔다며?
소리치자마자 도망쳐버렸네요.
헉!
당신은 나를 바보로 여겼어요. 나를 속이다니.
어서 가르쳐줘요. 어떻게 하면 당신을 꼼짝 못하게 만들 수 있죠? 네? 네?
허허, 참 나… 한 번도 쓴 일이 없는 새 밧줄로 나를 묶으면 돼. 그럼 나는 보통 사람처럼 약해져.
들릴라는 한 번도 사용한 적이 없는 새 밧줄을 구해서 그것으로 삼손을 묶었어.
끙 끙
드르릉 푸우~

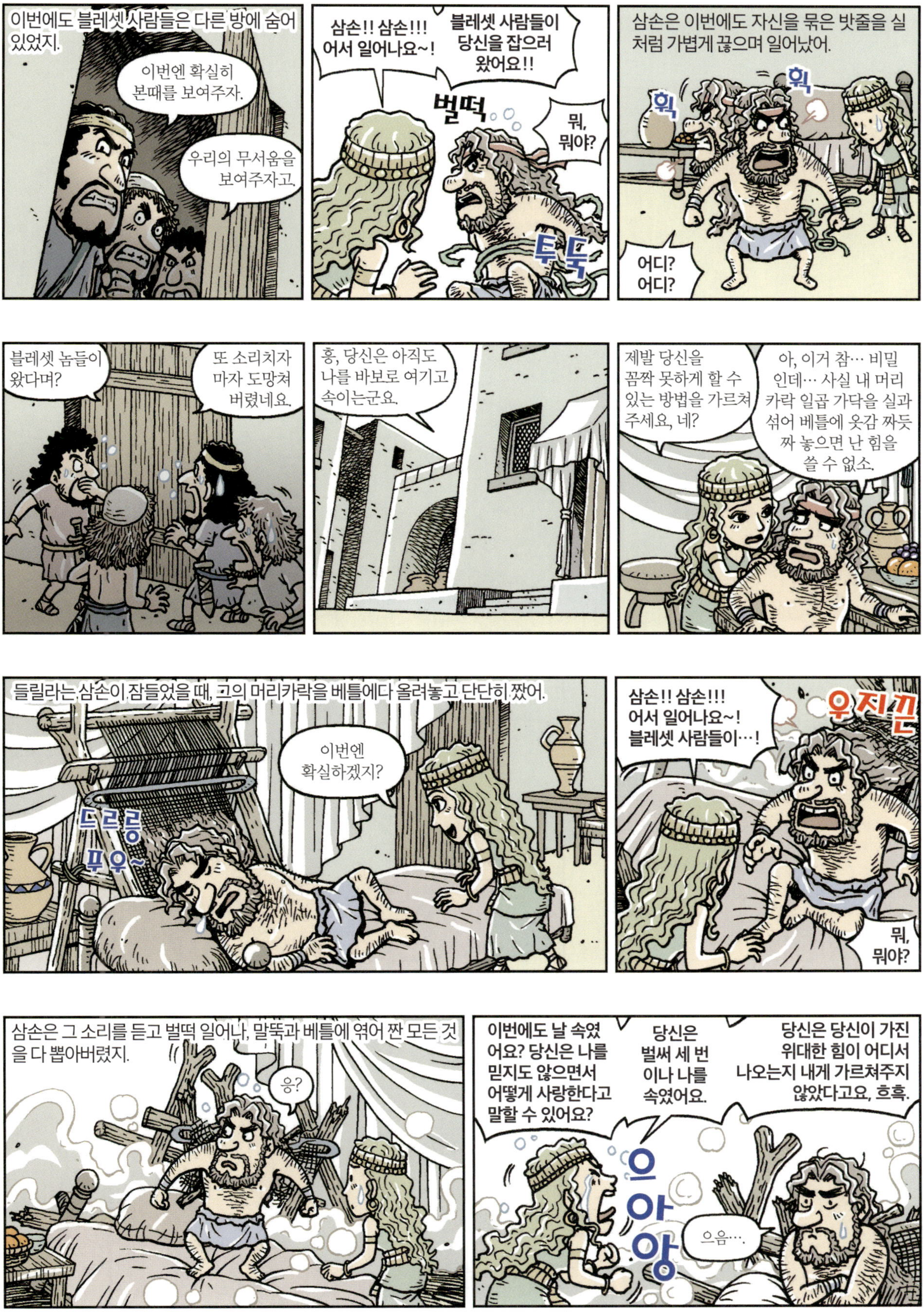
이번에도 블레셋 사람들은 다른 방에 숨어 있었지.
이번엔 확실히 본때를 보여주자.
우리의 무서움을 보여주자고.
삼손!! 삼손!!! 어서 일어나요~!
블레셋 사람들이 당신을 잡으러 왔어요!!
벌떡
뭐, 뭐야?
투둑
삼손은 이번에도 자신을 묶은 밧줄을 실처럼 가볍게 끊으며 일어났어.
휙
휙
어디? 어디?
블레셋 놈들이 왔다며?
또 소리치자마자 도망쳐 버렸네요.
흥, 당신은 아직도 나를 바보로 여기고 속이는군요.
제발 당신을 꼼짝 못하게 할 수 있는 방법을 가르쳐 주세요, 네?
아, 이거 참… 비밀인데… 사실 내 머리카락 일곱 가닥을 실과 섞어 베틀에 옷감 짜듯 짜 놓으면 난 힘을 쓸 수 없소.
들릴라는 삼손이 잠들었을 때, 그의 머리카락을 베틀에다 올려놓고 단단히 짰어.
이번엔 확실하겠지?
드르렁
푸우~
삼손!! 삼손!!! 어서 일어나요~! 블레셋 사람들이…!
우지끈
뭐, 뭐야?
삼손은 그 소리를 듣고 벌떡 일어나, 말뚝과 베틀에 엮어 짠 모든 것을 다 뽑아버렸지.
응?
이번에도 날 속였어요? 당신은 나를 믿지도 않으면서 어떻게 사랑한다고 말할 수 있어요?
당신은 벌써 세 번이나 나를 속였어요.
당신은 당신이 가진 위대한 힘이 어디서 나오는지 내게 가르쳐주지 않았다고요, 흐흑.
으아앙
으음….

들릴라는 매일 그 비밀을 가르쳐 달라고 삼손을 졸라댔지.
말해줘요.
네? 네?
네? 네?
네? 네?
삼손은 귀찮아서 죽을 지경이었어.
정말 이러다 완전히 미쳐 버리겠어요.
음… 이 상태로는 앞으로 석 달을 넘기기가….

결국 삼손은 들릴라에게 모든 것을 가르쳐주고 말았지.
졌소, 내 힘의 비밀을 가르쳐주겠소.
아, 이번엔 진짜겠죠? 또 거짓말을 하면 정말 싫어요.
켕…
나는 아직까지 내 머리카락을 깎은 일이 한 번도 없소. 난 태어날 때부터 나실인으로 하나님께 바쳐졌기 때문이오.
아, 당신의 이 멋진 머리카락이?
슥
내 머리카락을 밀면, 나는 힘을 잃어 보통 사람처럼 약해지게 되오.
아, 그렇군요. 이제 당신의 말을 믿을 수 있겠어요.

※나실인 : 구별하여 하나님께 헌신하는 사람. **Link** 2권 142p

tip 나약한 영웅 삼손

삼손은 태어날 때부터 나실인으로 선택받았고 성령의 능력으로 영웅적인 힘을 얻은 특별한 인물이었다. 그러나 그는 나실인의 규례를 어기고(동물의 시체를 만지고, 기생과 동침하고, 이방 여인과 결혼하는 등) 많은 실수를 저질렀다. 특히, 삼손의 치명적인 약점은 사리분별을 못할 정도로 여자의 눈물과 유혹에 약한 것이었다. 결국 그는 사랑하는 아내에게 배반당해 수수께끼 내기에서 졌으며, 애인인 들릴라에게 자신의 약점을 말해 비참한 처지가 된다.

들릴라는 블레셋 왕들에게 사람을 보냈어.
삼손이 자신의 모든 걸 다 털어 놓았답니다. 이번 한 번만 더 믿고 와달라고 했습니다.
으하하, 여봐라. 어서 들릴라에게 약속했던 은을 준비해 오라!
흐흐, 이번에야말로 삼손을 포획해보자.

들릴라는 삼손을 자기 무릎에 누이고 잠들게 한 후, 사람을 불러 삼손의 머리카락 일곱 가닥을 밀었어.
완전히 빡빡 밀어요.
드르릉
푸우~
그리고 삼손을 건드려보더니 그가 힘이 없어진 것을 알았지.
드르릉
어머머, 예전에 그 단단한 근육이 아니네.
어서 일어나요, 삼손. 블레셋 사람들이 당신을 잡으러 왔어요!
벌떡
뭐? 정말이야?

삼손은 여호와의 영이 이미 자기를 떠난 것을 미처 알지 못했지.
두둥
!!
호호, 잘 잤냐?
자, 일단 좀 맞고 시작하자. 크크.
이노옴!
쳐라!
와아
퍽!
퍽!
우당탕
마침내 삼손은 블레셋 사람들에게 사로잡히고 말았어.
드디어 삼손을 잡았다!
크하하!
뭐, 뭐야? 왜… 왜? 이렇게 힘이 없지?

블레셋 사람들은 삼손의 두 눈을 빼버린 뒤, 가사로 끌고 갔어.
흐흐, 여기가 바로 네놈이 문짝을 부쉈던 가사다.
와아!
와아아!
크으으…

※가사 : 블레셋의 주요 5대 도시 중 하나로 삼손의 고향인 소라에서 남서쪽 57km 정도 되는 해안 근처에 있음.

그리고 삼손을 청동 사슬로 묶어 감옥에 넣고, 맷돌을 돌려 곡식을 갈게 만들었지.
더 빨리 못해? 이 곰 같은 놈아!
착!
쿠르르
크크, 꼴좋다.
천하의 삼손이 맷돌질이나 하고 있다니… 낄낄.

tip 맷돌을 돌리는 일

맷돌을 돌리는 일은 고대에 여자들이 하던 일로 당시에는 가장 수치스러운 노동 중 하나였다. 특히 감옥에서 하는 맷돌질은 노예의 일 가운데서 가장 힘들고 천박한 형벌이었다. 삼손에게 이런 일을 시킨 것을 보면 블레셋 사람들이 삼손을 얼마나 크게 증오했는지 알 수 있다.

사
사
기

삼손의 죽음

그런 와중에 삼손의 머리는 다시 자라고 있었어.
쿠르르
어느 날, 블레셋 왕들이 자신들의 신 다곤에게 큰 제사를 드리기 위해 신전 안으로 모여들었어.

※다곤 : 상반신은 사람이고 몸은 물고기 모양의 신으로 풍요와 번영을 상징함.

블레셋 왕들은 그들의 신인 다곤을 찬양하며 즐거워하며 말했지.
삼손이 우리 땅을 망치고 우리의 많은 백성을 죽였다!
하지만 우리 신께서 우리의 원수인 삼손을 사로잡게 하셨다!
다곤 만세~
삼손을 끌어내 재주를 부리게 하자!
삼손을 끌어내라!
삼손은 불려나와 재주를 부렸고, 블레셋 사람들에게 조롱을 당했어.
이 돼지 같은 놈아 춤이라도 춰봐라!
하하하!
신전은 남자와 여자로 가득 차 있었어. 블레셋의 모든 통치자들도 거기에 있었는데 남자와 여자를 합해 삼천 명 가량 됐지.
하하하, 저 꼴이 정말 삼손이란 말인가?
저런 돼지에게 우리가 벌벌 떨었다니!
낄낄낄, 이놈아 꼴좋구나!
블레셋 사람들은 삼손을 다곤 신전의 두 기둥 사이에 세워 놓았어.
빨리 걷지 못해 이 멍청아!
퍽
그때 눈이 안 보이는 삼손이 자신의 손을 붙잡고 있던 노예에게 말했어.
이 신전을 받치고 있는 기둥 사이로 나를 이끌어 다오. 그 기둥에 기대고 싶구나.
뭐, 그거야 어려운 일이 아니죠.

기둥 사이에 선 삼손은 여호와께 부르짖었지.
나의 주 여호와여. 저를 기억하시고 한 번만 더 힘을 주십시오! 저의 두 눈을 뽑아버린 블레셋 사람들에게 복수를 하게 해주십시오!
삼손은 신전을 버티고 있는 중앙 두 개의 기둥을 양손으로 버티고 섰어.
턱
두 기둥은 신전 전체를 받치고 있었어. 삼손은 두 기둥 사이에 버티고 서서 오른손으로 한 기둥을 잡고, 왼손으로는 다른 기둥을 붙잡았지.
나는 블레셋 사람들과 함께 죽겠다!
저놈이 뭐라는 거야?
우리와 함께 죽겠다는데?
하하하
하하하
하하하
크크, 드디어 미친 건가?
드드드드드드드
크ㅇㅇㅇㅇㅇ!
쩌억!

삼손이 온 힘을 다해 기둥을 밀어내자 신전이 무너지며 그 안에 있던 왕들과 모든 블레셋 백성 위를 덮쳤어.
콰콰콰콰
아악, 신전이 무너진다!
맙소사, 삼손이 기둥을 쓰러뜨렸어!
까아아, 사람 살려!
어떻게 다시 힘이?!

※마하네단 : 에스다올과 소라 사이에 위치, 정확한 위치는 알 수 없다.

3. 민족의 분열과 우상숭배로 인한 타락

17장 미가의 우상

에브라임 산지에 미가라는 사람이 살고 있었어.

※에브라임 산지 : 세겜의 남쪽에 위치한 에브라임 지파의 산지.

tip 미가의 시대

미가의 이야기는 그 시대가 언제인지 알 수 없으나, 모세의 손자 게르손의 아들과 엘르아살의 아들 비느하스 Link 3권 69p 가 언급된 것으로 보아 삼손이 활약하던 때보다 훨씬 이전이라고 추측할 수 있다. 사사기 1장~16장에서 사사들의 활동을 중심으로 보여준 것과 달리, 17장~21장은 이스라엘 백성의 종교적, 도덕적 타락을 중점적으로 보여준다.

하루는 미가가 그의 어머니에게 말했어.
어머니께서 전에 은돈 1,100세겔을 잃어버리신 적이 있죠?
그런데? 왜?

※1,100세겔 : 약 12.5kg.

그 잃어버린 은돈 때문에 어머니께서 도둑을 저주하시는 말씀을 제가 들었습니다.
잡히면 그냥 두지 않을 테다!! 그 돈으로 얼마나 잘 사는지 두고 보자!
@#$%&%$#@ $#%&$#@~!!
탕!
크아아!

저… 사실 그 은돈은 제가 훔쳤습니다. 그 은돈은 저한테 있어요.
뭣?
깜짝
••••••
하하, 아…아들아, 여호와께서 너의 잘못을 복으로 바꿔 주시길 바란다.
정말요?

미가는 은 1,100세겔을 다시 어머니에게 돌려줬어.
아이고, 내 새끼 어디 갔다가 이제 왔냐.
한 푼이라도 모자라면 재미 없어.
삼백사십 넷. 삼백사십 다섯….
아들로부터 다시 은을 돌려받은 미가의 어머니는 200세겔의 은으로 부어 만든 우상을 만들었지.
이 은돈을 여호와께 거룩하게 드리고, 너를 위해 우상을 만들겠다. 그래서 네가 그것을 도로 차지하게 하겠다.
멋진 아이디어네요, 어머니.

※200세겔 : 약 2.3kg.

그렇게 만든 우상들을 미가의 집에 있는 신전에 두었어.
미가는 대제사장의 예복인 에봇과 드라빔도 만들었지.
그러고 나서 자기 아들 한 명을 제사장으로 삼았어.
자, 이제부터 네가 제사장이다.
네? 전 제사 의식에 대해서 꽝인데?
이제부터 배우면 되지, 뭐~.

※드라빔 : 가정을 지키는 수호신인 우상으로 돌이나 나무로 조각해 만들었다.

tip 부어 만든 우상은 왜 하필 송아지일까?

고대 근동 지방에선 대체로 소를 신적인 동물로 봤기 때문이다. 이집트 사람들은 소를 힘의 상징, 부농을 비는 상징으로 섬겼다고 한다. 그런데 이러한 미신은 이집트에만 있는 것이 아니라 농사를 짓는 대부분의 지방에서 찾아볼 수 있다. 그들에게 소는 인간의 생활에 밀접한 친구이자 일꾼으로 소중한 존재였고, 이는 소 숭배의 기원이 되었다. 송아지에 은을 입힌 것은 신을 표현하기 위한 인간의 타락한 생각 때문이다.

이때는 이스라엘에 왕이 없었기 때문에, 사람들은 저마다 자기 하고 싶은 대로 행동했지.
아버지, 이렇게 우리가 만든 신상을 섬겨도 되는 건가요?
글쎄, 뭐 괜찮지 않을까?
이때 유다 땅 베들레헴에는 요나단이라는 한 젊은이가 살고 있었어.

그 젊은이는 베들레헴을 떠나 살 곳을 찾아다니던 중, 에브라임 산지에 있는 미가의 집에 오게 됐지.
당신은 어디서 온 누구요?
저는 유다 베들레헴의 레위 사람으로 머물 곳을 찾고 있는 중입니다.
오오, 레위 사람이라고?!
그렇다면 나와 함께 여기 사는 것이 어떻겠소.
우리 집안의 어른이 돼주고, 또 나를 위해 제사장도 돼주시오.
제사장은 역시 레위 사람이 해야 제 맛이지.
공… 짜로?

※유다 베들레헴의 레위 사람 : 유다 땅 베들레헴에 정착한 레위 사람이라는 뜻.

그… 그럴 리가 있나? 내가 옷과 음식도 제공하겠소.
에이~ 조금 더 써보시지.
또 해마다 은 10세겔을 주겠소.
헉!
열심히 하겠습니다!
넙죽
사장… 아니 어르신…

※10세겔: 약 114g.

그렇게 레위 사람은 미가의 집에 들어가게 됐고, 미가는 그를 제사장으로 삼았어.
10세겔이면 괜찮지?
하하, 네네.
좀 더 튕길걸 그랬나?

tip 한 집안의 제사장이 된 레위 사람

레위 사람이 거주지를 떠난 것은 생활의 어려움을 해결하기 위해서였다. 사실, 레위 사람들은 각 지파의 종교 생활을 지도하기 위해 흩어져 살아야 했기 때문에 땅을 얻지 못했다. Link 3권 58p 레위 사람의 생계는 다른 지파에서 담당해야 했으나, 사람들은 율법이 정한 대로 레위 사람의 몫 Link 2권 176p 인 십일조를 바치지 않았다. 이는 결국 레위 사람들의 생활고로 이어졌고, 레위 사람들은 금전에 의해서 흔들리는 종교관을 갖게 됐다. 이러한 레위 사람들의 방랑은 사사 시대 백성들이 종교적 지도를 받지 못해 타락으로 이어지는 결과를 초래했다. 당시 미가가 유다 땅 베들레헴에서 온 레위 사람에게 우상을 섬기는 제사장 직을 맡긴 일은 이상한 게 아니었다. '나를 위해'라는 말에서 알 수 있듯이 미가는 하나님의 영광이 아닌 자기의 복을 위해 제사장 직을 제안했고, 레위 청년은 생계를 위해 그 제안을 받아들였다. 이스라엘 백성에게 하나님을 알리고 가르쳐야 할 사람이 우상을 섬기는 우두머리가 된 셈이다.

젊은 레위 사람 요나단 역시 미가와 함께 사는 것을 좋아했지.
레위 사람이 내 제사장이 되었으니 이제 여호와께서 내게 복을 주시겠지?
하하, 그럼요.
주인님은 저 레위 지파의 젊은이를 자기 아들처럼 대접하는군.
그러게 말이야.
하하하

18장 미가와 단 지파

그때 이스라엘 사람들에게는 왕이 없었어.
쯧쯧, 허접한 것들. 왕이 없으면 정치적, 사회적, 도덕적으로 강력한 구심점이 없는 거잖아.

당시 이스라엘의 12지파 가운데 하나였던 단 지파의 백성은 아직도 자신들이 살 땅을 찾지 못했지.
자기 땅도 없이 얹혀사는 주제에….
꼬우면 땅을 찾아보든가!
체, 아니 꼬워서….
흑, 내 땅없는 설움이여.
이스라엘의 다른 지파들은 이미 자기 땅을 가지고 있었지만, 단 지파 사람들만 자기 땅이 없었어.
우리는 지금 베냐민과 에브라임 지파의 땅에 섞여 살고 있소. 하지만 이젠 우리 땅을 차지하러 나설 때가 됐소.
우리가 언제까지 천덕꾸러기처럼 남의 땅에 얹혀 살 수는 없소.
어딘가 우리가 살 땅이 있을 거요.

단 지파는 그들의 모든 집안 가운데서 힘이 센 사람 다섯 명을 뽑았어.
우리의 임무는 우리 단 지파가 차지할 땅을 미리 정탐하는 것이다.

tip 소라와 에스다올 땅에 살던 단 지파

단 지파는 아모리 족속과 블레셋 족속의 압력에 의해, 기업으로 받은 땅에 정착하지 못하고 그때까지 동쪽의 베냐민과 에브라임 지파의 땅인 소라와 에스다올 지역에 거주하고 있었다. 그런 이유로 단 지파는 땅을 확장하기 위해 나서게 된 것이다.

Link 3권 65p

정탐을 떠난 용사들이 하루는 에브라임 산지에 있는 미가의 집에서 머무르게 됐지.
오늘 밤은 여기서 쉬었다 가자.

그들은 그곳에서 젊은 레위 사람의 목소리를 들었어.
하나님, 오늘도 우리에게 일용할 양식을 주시고….
어라? 이 목소리는 레위 사람의 억양인데?
여기에 웬 레위 사람이?
그들은 젊은 레위 사람 요나단에게 가서 물었지.
누가 당신을 이곳에 오게 한 거요?
여기에서 무슨 일을 하고 있소?
레위 사람이 왜 여기 와 있는 거요?
조사하면 다 나온다. 빨리 불어.
나를 고용한 사람은 이 집의 주인인 미가입니다. 나는 그의 제사장이고요.
제사장이라고?
오, 그렇다면 부탁 하나만 하겠소.
우리 지파는 지금 살 땅을 찾고 있는데, 그 일이 잘 될지 하나님께 물어봐 주시겠소?
하나님께 여쭤 볼 테니 잠시 기다리시오.
신당에 들어갔다 다시 나온 요나단은 그들에게 말했어.
걱정 마시고 다녀오십시오. 여호와께서 여러분이 가는 길을 지켜주실 것입니다.
오오~
다음 날, 다섯 용사들은 미가의 집을 떠나 라이스로 갔지.
두로
단(라이스)
게데스
바산
악고
갈릴리
그술
나사렛
므깃도
길르앗라못
라이스에 도착해 그 성 사람들을 살펴보니, 그곳 백성들은 아무 걱정 없이 평화롭게 살고 있었어.
정말 평화로운 곳이로군.
전쟁이란 건 상상해보지도 못한 사람들 같아.
깔깔깔
그뿐 아냐. 저기를 좀 봐.

이야~ 저 곡식 수레들 좀 봐. 여긴 모든 것이 풍족하다고.
저들은 이방인도 두려워하지 않는 것 같아.
다른 나라와 교류도 없이 사는 것 같다.
그 말은 전쟁을 도와줄 동맹이 없단 소리?
크크, 그거 좋은 소식인데? 어서 이 소식을 알리자.

tip 라이스

라이스는 당시 시돈의 지배 아래 있었지만, 시돈과의 거리가 멀었고 서북쪽 레바논 산맥에 놓여 있어 거의 간섭을 받지 않았다. 동북쪽으로는 헤르몬 산이 있어서 아람 족속의 영향도 없었다. 이처럼 지형적으로 안전했던 라이스 주민들은 전혀 방어태세를 갖추고 있지 않았으며, 인접 족속과도 동맹을 맺고 있지 않았다. 따라서 단 지파의 정탐꾼들은 라이스를 최소의 희생으로 쉽게 정복하리라 판단한 것이다.

다섯 명의 정탐꾼은 소라와 에스다올에 있는 단 지파로 돌아왔지.
너희는 그 땅에서 무엇을 보았느냐?
완전 짱입니다. 당장 가서 그 땅을 차지해야 합니다!
그 땅은 정말 넓은데다, 없는 것 없이 풍족합니다!
단 지파의 사람 600명은 싸울 무기를 들고 소라와 에스다올을 떠났어.
그곳 백성들은 전쟁이라는 게 뭔지도 모른대.
아주 평화롭게 살고 있다는데.
그럼 그냥 가서 접수하면 그만이겠네.

※소라와 에스다올 : 예루살렘 서쪽에 위치해 있으며 소라는 베냐민 지파의 땅이었고 에스다올은 에브라임 지파의 땅이었다.

그들은 길을 가다가 유다 땅 기랏여아림 서쪽의 마하네단에 진을 쳤지.
끙
끙
뚝딱
뚝딱
그곳에서부터 에브라임 산간 지대로 이동한 그들은 마침내 미가의 집에 도착했어.
이곳이 바로 말씀드렸던 미가의 집입니다.
이곳에 에봇과 조각한 우상, 은을 녹여 만든 우상이 있습니다.
그러니 우리가 이제 어떻게 해야 할지 잘 아시겠죠?
흐흐흐~

※기랏여아림 : 예루살렘 북서쪽 약 13km 지점에 위치. 에스다올에서 두세 시간 정도의 거리에 위치한 도시이다.
※마하네단 : 에스다올과 소라 사이에 위치. 삼손이 죽어 이곳에 묻혔다. Link 3권 165p
※조각한 우상 : 드라빔을 가리킨다.

다섯 용사들은 젊은 레위 사람 요나단이 있는 신당 안으로 들어가 인사를 나누었지.
그동안 잘 지내셨소?
오, 단 지파의 다섯 용사들이로군요. 오랜만이오.
그들은 신당 안에 있던 에봇과 드라빔, 그리고 신상들을 밖으로 가지고 나왔어.
자, 서둘러.
신상에 상처 나지 않게 조심해.
헉, 지… 지금 뭐 하는 겁니까!?

그때 무기를 든 단 지파 사람 600명이 문 앞에 서 있었지.
두둥
아, 아니…!
쉿, 조용~. 아무 말 말고 우리와 함께 갑시다.
넷?
우린 당신이 우리의 어른과 제사장이 되어 주기를 바라오.
한 집안의 제사장이 되는 것과 이스라엘 한 지파의 제사장이 되는 것 중 어느 쪽이 더 낫겠소?
흠… 그야….

레위 사람은 기뻐하며 에봇과 드라빔, 신상들을 받아들고 단 지파와 함께 길을 떠났어.
한 지파의 제사장이 되는 게 더 낫죠.
하하, 잘 생각했소.
헤헤, 충성!
그들은 자녀들과 가축들과 그 밖의 모든 것을 앞장세우고 가던 길을 계속 갔어.

tip 가족과 함께 전쟁터로?

성경에서는 앞서 600명이 무기를 들고 출발했다고 했는데 여기서 갑자기 그들의 가족까지 등장한다. 당시 가족 구성원으로 짐작해보면 성인 남자가 600명이니 함께 이동한 전체 인원은 약 2~3천 명에 이를 것이다. 이 수치는 가나안 땅에 들어갈 당시 6만 4천 명이던 단 지파 사람 중 극히 일부분에 해당한다. 그만큼 라이스 정복 전쟁을 쉽게 생각했고 그래서 가족들까지 함께 간 것으로 보인다.

단 지파 사람들이 미가의 집에서 멀리 떨어진 곳까지 갔을 때였어.
거기 서라~ 이 도둑놈들아~!
미가와 그의 이웃들이 함께 모여 단 지파 사람들을 뒤쫓아온 거야.
헉헉… 멈춰… 너… 너희들….
뭐 때문에 이렇게 많은 사람들을 데리고 온 거요? 무슨 일이 있소?

아니 뭐 이런 뻔뻔한…! 왜 마음대로 남이 만든 신상을 가져가는 거요? 게다가 내 제사장도 데려가는 주제에 무슨 일이냐니?
어딜 함부로 목소리를 높이는 거냐? 우리에게 잘잘못을 따져 보겠다는 거냐? 엉?
아… 아니 그게….
우리 중에 성질 급한 사람이 있소. 당신과 당신 가족의 목숨을 지키려면 조용히 돌아가시오.
으으…
부릅
그런 다음 단 지파 사람들은 가던 길을 계속 갔어.
부들
이… 이런 날강도 같은 놈들…!
부들
자기 힘으로 그들을 이길 수 없다는 것을 안 미가는 결국 집으로 그냥 돌아갈 수밖에 없었지.
저 도둑놈들을 그냥 보내는 겁니까?
그럼 어쩔 거야? 우리가 무장한 저들을 이길 수 있을 것 같아?
버럭
단 지파 사람들은 라이스로 가서 조용하고 평화롭게 살고 있던 그곳 백성들을 칼로 죽이고 성읍을 불태웠지.
와아아!
아아악!
갑자기 쳐들어온 이놈들은 뭐야?
크윽!
라이스는 그들을 다스리는 시돈과는 너무 멀리 떨어져 있었고, 동맹도 없었기에 그들을 구해줄 이가 아무도 없었어.
※시돈 : 베니게의 주요 도시 국가였는데, 지중해 연안에 위치해 무역이 매우 활발했다.
단 사람들은 그 자리에 다시 성을 쌓고 그곳에서 살게 됐어.
이제 깔끔하게 다시 성읍을 건설하자고.
이 성읍의 이름은 뭐로 할까?
쿵쿵쿵쿵
드드드드
'라이스'보다는 우리들의 조상 이름을 따서 '단'으로 하는 게 어때?

단 지파 사람들은 자기들을 위해 단 성에 신상을 세우고, 모세의 손자 게르손의 아들 요나단을 제사장으로 삼았지.
내 자손들도 모두 단 지파의 제사장이 됐지, 흠흠~

그들은 하나님의 성막이 실로에 있는데도 불구하고, 미가가 만든 우상을 섬겼어.
저희들에게 복을 내려주십시오. 팍팍~
사정없이 팍팍!
무조건 팍팍!

※실로 : 예루살렘 북쪽 30km 지점에 위치한 성읍. 사사 시대 동안 이곳은 이스라엘의 종교적 중심지였음.

19장 레위 사람과 그의 첩

이스라엘에 아직 왕이 없을 때, 에브라임 산지 구석에 어떤 레위 사람이 살고 있었어.

tip 타락한 이스라엘

19장은 17, 18장과 함께 사사 시대 당시 이스라엘 백성들의 타락상을 보여주는 또 다른 사건이다. 한 레위 사람을 통해 당시 이스라엘 사회가 얼마나 타락했는지 보여주는 이 사건의 시기는 사사 시대 초기로 추측할 수 있는데, 이는 엘르아살 대제사장의 아들인 비느하스 Link 3권 69p 가 살아 있고 블레셋에 대한 얘기가 없으며 각 지파 사이에 유대관계가 남아 있기 때문이다.

그는 유다 땅 베들레헴 출신의 여자를 첩으로 데리고 살았지.
정말 눈꼴시어서….
흥!

그런데 그 여자는 나쁜 짓을 한 뒤 자기 아버지 집으로 도망쳐버리고 말았어.
일단 튀자. 헥헥.
후다닥

tip 첩을 얻는 행위

레위 사람은 하나님의 법과 질서를 가르치는 일을 하는 사람이었다. 그럼에도 불구하고 이 레위 사람은 하나님의 뜻이 아닌 일부다처제의 영향을 받아 첩을 얻었다. 이 레위 사람의 행위를 통해 당시의 도덕성이 얼마나 타락했는지 알 수 있다.

※에브라임 산지 구석 : 에브라임 북쪽의 가장 깊숙히 뒤쪽으로 들어가 있는 산간 지대를 의미한다.

※나쁜 짓 : 바람을 피운 것으로 볼 수도 있으나, 남편이 화해를 위해 여자를 데리러 간 것으로 보아 단순히 남편에게 반발했던 것으로도 볼 수 있다.

여자는 4개월 동안 베들레헴에 있는 자기 아버지 집에서 지내고 있었지.
이것아, 맨날 컴퓨터만 붙들고 있지 말고 나가라 좀!!
탁
탁

그 여자의 남편인 레위 사람은 하인과 함께 나귀 두 마리를 끌고 그녀를 찾아왔어.
어디보자… 3점, 4점, 났네. 호호.
go go!
에이~ 피박이잖아!

잘 지냈소?
엄마야!!
후다닥
아, 난 당신을 벌하려고 온 게 아니오. 모든 것을 용서할 테니 이제 그만 함께 집으로 돌아갑시다.
저… 정말? 뻥 아니지?
그 여자는 레위 사람을 자기 아버지 집에 데려왔고 여자의 아버지도 그를 반갑게 맞이했지.
오, 사위, 내 집에 정말 잘 왔네.
레위 사람의 장인이 사위에게 자기 집에 머물러 있으라고 권했어.
자네를 위해서 좀 꾸며봤네. 내 집처럼 생각하고 푹 쉬게.
4일째 되는 날, 레위 사람은 아침 일찍 일어나 자신의 집으로 떠나려고 했지.
아니 벌써 가려고?
네, 이제 그만 집으로 돌아가야죠.
에이, 무슨 소리. 섭섭하게. 그러지 말고 음식을 좀 더 먹고 기운을 차린 다음 떠나게.
그… 그럴까요?
헤헤…
그래서 두 사람은 함께 먹고 마셨어.
하하… 늦었는데 오늘 밤도 여기서 묵고 가게. 편히 쉬면서 즐겁게 지내라고~
네네, 알겠습니다, 장인어른.
딸꾹
5일째 되는 날, 레위 사람은 아침 일찍 길을 떠나려 했지만, 여자의 아버지가 또 부탁했어.
에이, 섭섭하게.
그러지 말고 음식을 좀 더 먹고 기운을 차린 다음 떠나게.
그… 그럴까요?
해가 저물어 떠나려 하자 여인의 아버지가 말했지.
하하… 늦었는데 오늘 밤도 여기서 묵고 가게. 편히 쉬면서 즐겁게 지내라고~
네네, 알겠….
딸꾹
가, 가만. 이거 뭔가 그림이 반복되는 것 같은…?
딸꾹
그는 하룻밤을 더 지내고 싶지 않았지.
어서 짐을 챙겨라. 이제는 집으로 돌아가야겠다.
후다닥
아… 아니… 사위.
먼 길을 떠나기에는 너무 늦지 않았나. 오늘 하루 더 머물고 내일 아침 일찍 출발하게.
마음은 알겠지만 이제 그만 떠나겠습니다.

※즐겁게 지내라 : 장인은 딸에 대한 사위의 마음이 풀리지 않았을까 걱정하는 마음으로 계속 머물게 했던 것으로 보인다.

그는 나귀 두 마리에 안장을 지우고, 자기 여자와 함께 그곳을 떠나 여부스 성읍 맞은편에 도착했어.
주인님, 해도 저물어가는데 오늘 밤은 저기 여부스 사람의 성에서 지내는 게 어떨까요?
안 돼. 저들은 이스라엘 사람들이 아니야. 다른 민족의 성 안에서 잘 수는 없다.
어서 기브아나 라마 성읍으로 가도록 하자. 오늘 밤은 그 두 성읍 중 한 곳에서 지낼 수 있을 게다.
에이, 해가 지면 위험할 텐데….

※기브아 : 예루살렘 북쪽 약 6.4km에 위치.
※라마 : 기브아에서 약 3.2km 떨어진 곳에 위치.

tip 여부스 성읍

여부스 성읍은 예루살렘의 다른 이름으로 베들레헴 북쪽 약 10km 지점에 있으며, 여호수아가 정복한 성 가운데 하나였다. Link 3권 48p 하지만 이스라엘 사람들은 그곳에 살지 못했고 여부스 사람들이 차지해 살고 있었다. Link 3권 61p 여기서 레위 사람은 그곳이 이방 민족의 성읍이었기 때문에 다른 곳으로 가려고 했다. 이 성읍은 훗날 다윗에 의해 이스라엘의 수도가 된다. Link 역대상 11장 4-8절

발길을 재촉한 그들이 베냐민 지파의 성읍인 기브아 가까이 이르렀을 때, 해가 저물었지.
기브아

tip 베냐민 지파의 성읍 기브아

기브아는 세 곳이 있는데 ① 에브라임 산지의 기브아 Link 3권 77p ② 유다 산지에 있는 기브아 ③ 베냐민 지파에 속한 도시의 기브아가 그것이다.
여기서 말하는 ③ 베냐민 지파의 성읍 기브아는 예루살렘에서 북서쪽으로 약 6.4km 거리에 있으며 실로와 에브라임 산지로 가는 길 도중에 있다. 이곳은 사울 왕의 출생지 Link 사무엘상 10장 26절 이기도 하다.

그들은 기브아 성으로 들어가 그날 밤을 그곳에서 지내려고 했어.
아이고, 간신히 도착했구나.
하지만 성읍 광장에 앉아 있던 그들을 자기 집으로 데려가 재워주려는 사람은 아무도 없었어.
참 나, 인심 각박하네.
마침 한 노인이 밭에서 일을 하고 돌아오다 광장에 있는 그들을 발견했지.
웬 나그네들이?

노인은 베냐민 지파의 기브아에 살고 있었지만 그의 고향은 에브라임 산지였어.
그대들은 어디에서 온 사람이오? 또 어디까지 가는 거요?
저희는 유다 땅 베들레헴에서 왔습니다. 이제 에브라임 산지 외진 곳으로 가는 중입니다.
아, 고향 사람이구먼.
저희는 여호와의 집으로 가는 중인데 오늘 밤에 묵을 데가 없어요.
하… 지만 우리에겐 부족한 것이 없습니다. 잠자리만 있으면 되죠.

tip 여호와의 집

일반적으로 여호와의 집은 하나님의 성막이 있던 실로를 가리킨다. 여호와의 집으로 간다는 것은 ① 레위 사람이 성막에서 봉사 일을 했기 때문이라는 주장 ② 레위 사람이 첩과 화해한 후 화목제를 드리러 가는 중이었다는 주장 ③ 레위 사람의 집이 여호와의 집이 있는 쪽이라는 주장이 있는데 이는 에브라임 산지 구석이 실로에서 가까울 뿐만 아니라 실로로 가는 길 도중에 위치했기 때문이다. 아무튼 레위 사람의 이러한 대답은 노인에게 좋은 인상을 심어주었다.

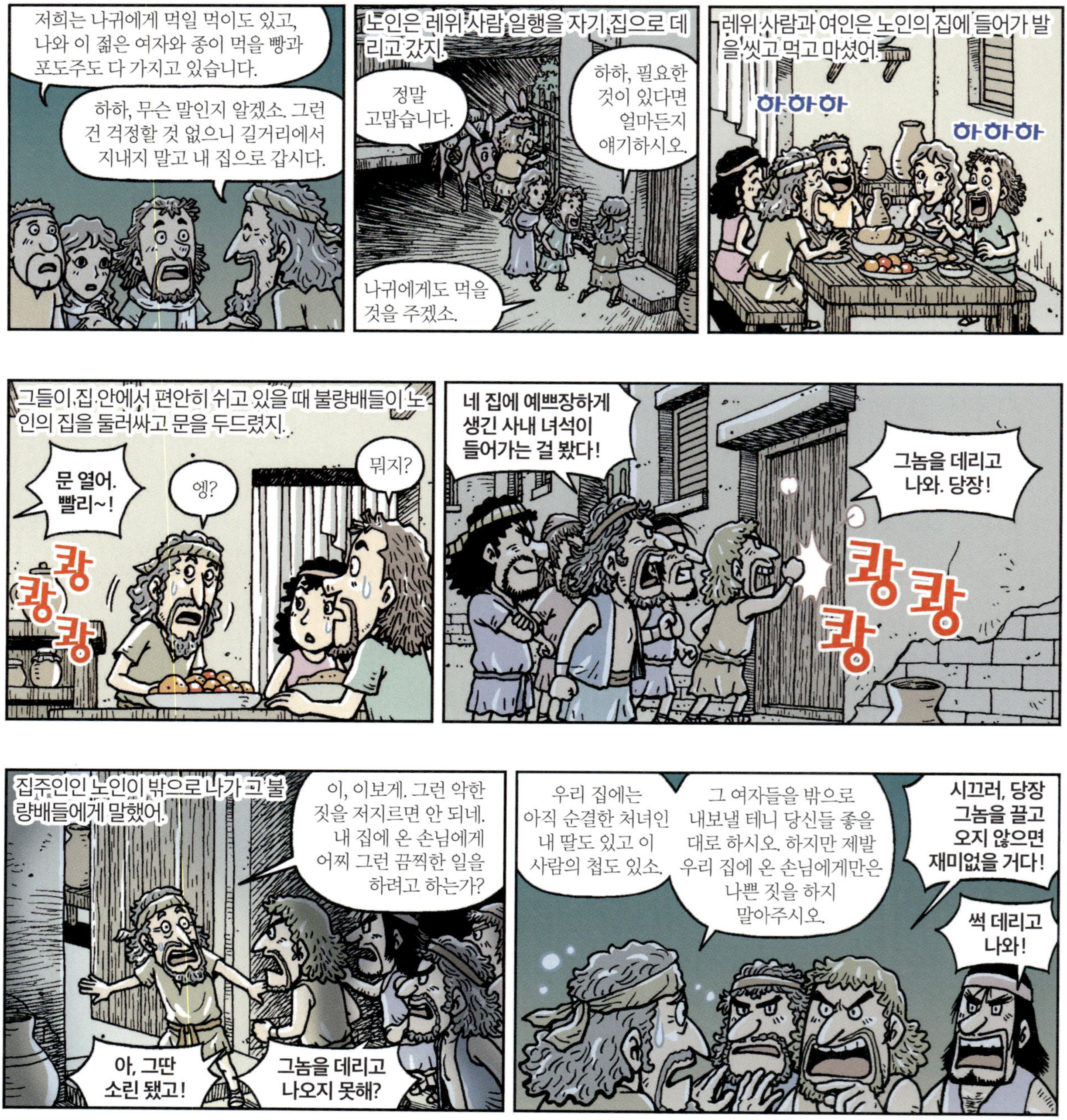
저희는 나귀에게 먹일 먹이도 있고, 나와 이 젊은 여자와 종이 먹을 빵과 포도주도 다 가지고 있습니다.
하하, 무슨 말인지 알겠소. 그런 건 걱정할 것 없으니 길거리에서 지내지 말고 내 집으로 갑시다.
노인은 레위 사람 일행을 자기 집으로 데리고 갔지.
정말 고맙습니다.
하하, 필요한 것이 있다면 얼마든지 얘기하시오.
나귀에게도 먹을 것을 주겠소.
레위 사람과 여인은 노인의 집에 들어가 발을 씻고 먹고 마셨어.
하하하
하하하
그들이 집 안에서 편안히 쉬고 있을 때 불량배들이 노인의 집을 둘러싸고 문을 두드렸지.
문 열어. 빨리~!
엥?
뭐지?
쾅 쾅 쾅
네 집에 예쁘장하게 생긴 사내 녀석이 들어가는 걸 봤다!
그놈을 데리고 나와. 당장!
쾅 쾅 쾅
집주인인 노인이 밖으로 나가 그 불량배들에게 말했어.
이, 이보게. 그런 악한 짓을 저지르면 안 되네. 내 집에 온 손님에게 어찌 그런 끔찍한 일을 하려고 하는가?
아, 그딴 소린 됐고!
그놈을 데리고 나오지 못해?
우리 집에는 아직 순결한 처녀인 내 딸도 있고 이 사람의 첩도 있소.
그 여자들을 밖으로 내보낼 테니 당신들 좋을 대로 하시오. 하지만 제발 우리 집에 온 손님에게만은 나쁜 짓을 하지 말아주시오.
시끄러, 당장 그놈을 끌고 오지 않으면 재미없을 거다!
썩 데리고 나와!

tip 노인의 제안

노인은 자신의 딸과 레위 사람의 첩을 희생시키는 것이 손님에 대한 강제적 동성애 행위보다 덜 흉악한 것으로 받아들였다. 이러한 노인의 제안은 손님을 환대하는 일을 엄수했던 고대 이스라엘의 한 면을 보여준다. 하지만 노인의 제안이 결코 옳은 것은 아니었다. 노인과 레위 사람은 의연히 악한 불량배들에게 대항했어야 마땅하다.

불량배들이 노인의 말을 들으려 하지 않자, 레위 사람은 자기 첩을 그들에게 내보냈어.
꺅~
탁
뭐야, 이거 굉장한 미인이잖아?
이 정도면 괜찮은 걸?
흐흐, 어서 이 여자를 데려가자.
덜덜
아아… 제… 제발…!

tip 이기적인 레위 사람

불량배들이 노인의 제안을 거절하자 레위 사람은 자신을 구할 수단으로 자신의 첩을 내주었다. 이런 행동은 결코 정당화될 수 없을 뿐만 아니라 하나님 앞에서 매우 악한 범죄였다. 비록 첩과 화해를 하고 다시 함께 살기 위해서 집으로 돌아가는 중이었지만, 자신의 안전을 위해 첩을 희생물로 내주었다는 사실은 레위 사람의 이기적인 사랑과 비겁하고 야만적인 잔학성을 그대로 보여준다.

그들은 그 여자를 욕보이고 밤새도록 괴롭힌 다음, 새벽이 되어서야 놓아주었지.
흑흑…
휘청

여인은 자기 남편이 머물고 있는 노인의 집으로 돌아와 문 앞에 쓰러졌어.
털썩
그리고 해가 뜰 때까지 거기에 누워 있었지.
아침이 되자, 레위 사람은 길을 떠나기 위해 집 문을 열었어.
신세 많이 졌습니다.
휴~ 험한 꼴을 보게 해서….
끼익
그곳에는 자기의 첩이 문턱에 손을 걸친 채 문간에 쓰러져 있었지.
엇!
허억!
아이고, 이게 무슨 일이래요.
어서 일어나라. 이제 그만 집으로 돌아가자.
힝… 이미 늦은 것 같네요.
……
레위 사람은 여인의 시체를 나귀에 싣고 자기 집으로 갔어.
따각
따각

사사기

집에 도착한 그는 칼을 꺼내 여인의 몸을 12부분으로 잘랐어.
써걱 써걱
내게 이런 치욕을 주다니… 절대 용서하지 않겠다!
웨엑!!

그리고 그 신체 조각을 이스라엘 12지파의 지도자들에게 각각 보냈지.
특급으로 배달해주시오.
내용물이…?
알면 다친다.

그것을 본 모든 지파의 사람들이 분노했어.
어… 어떻게 이런 일이….
이스라엘 자손이 이집트에서 나온 뒤로 이런 일은 한 번도 일어난 적이 없었소!
흐음… 앞으로 이 일을 어떻게 처리할 것인가 한번 상의해봅시다.

20장 베냐민 지파와의 전쟁

모든 이스라엘 백성은 미스바 성에 모여 여호와 앞에 나왔지.

※미스바 : 예루살렘 북서쪽 8km 지점에 위치, 길르앗 땅의 미스바와 이름은 같지만 다른 지역이다.

이스라엘 모든 지파의 지도자들도 하나님 백성의 총회에 참석했어.
칼을 든 군인도 40만 명이 있었지.
정말 대단하군. 하나님의 모든 백성이 이곳 미스바에 다 모였어.
근데 무슨 일이래?
심심풀이 오징어, 땅콩~
와글
와글
아이스크림 있수~

tip 하나님 백성의 총회

이와 같은 뜻으로 여호와의 총회라는 말이 있는데, 이는 하나님의 백성들의 모임에 붙여지는 특별 칭호로 그 모임의 최고 통치자가 하나님임을 나타낸다. 이스라엘 백성은 예배나 절기 등 특별한 행사 때 전체 총회로 모여서 하나님께 영광을 돌리곤 했다. 총회가 열린 미스바는 예루살렘 북서쪽 8km 지점, 기브아에서 6.2km 떨어져 있고 성막이 있는 실로와 가깝기 때문에 이스라엘 사람들이 이곳에 모인 것이라 짐작된다.

기브아 성이 속한 베냐민 지파 사람들은 모든 이스라엘 백성이 미스바에 모였다는 소식을 들었지만 참석하지 않았어.
당연하지, 우리가 거길 왜 가?
감히 우리 베냐민 지파를 협박하다니….
투덜
투덜

※기브아는 베냐민 지파의 땅이었다.

이스라엘의 지도자들이 첩의 시체를 보낸 레위 사람에게 물어 보았어.
도대체 이런 끔찍한 일이 어떻게 일어나게 된 것이오? 우리에게 얘기해보시오.
귀찮게….
내가 나눠준 그 책을 읽어보세요.
아, 알겠네.
아니 어떻게 이런 일이!
이런 죽일 놈들!
웅성
오, 이 책 괜찮네.
웅성
나도 한 권 주세요!
새치기 하지 마!
저리 비켜, 내가 먼저야!
나도 좀 보자!
줄 서요, 줄!
제가 첩의 시체를 모든 지파에 나눠 보낸 이유는 베냐민 지파가 이스라엘 안에서 음란하고 끔찍한 짓을 저질렀음을 알려드리기 위해서였습니다.
흐음….
이스라엘 사람이 이렇게 모두 모였습니다!
우리가 어떻게 해야 할지 여러분들의 의견을 말해주십시오!
이스라엘 백성이 모두 일어나 외쳤지.
여기 모인 사람들은 이 일이 해결되기 전까지 어느 누구도 집에 돌아가지 않을 거요!!
와아아아
우리는 기브아를 칠 것이며 이 일을 위해서 제비를 뽑을 것이오!!
기브아를 멸망시켜버리자!!

※레위 사람은 자신의 첩을 불량배들에게 내준 비겁한 행위는 감추고 자기의 개인적인 분노를 민족의 차원으로 바꿔 이스라엘 백성의 분노를 극대화시켰다.

그들은 이스라엘 모든 군사 40만 명 가운데 1/10인 4만 명을 제비로 뽑아 식량을 준비하게 했어.
나머지 군사들은 베냐민의 기브아 성으로 가서 징벌을 내리도록 계획을 세웠지. 이스라엘 모든 백성이 기브아를 치기 위해 한마음으로 뭉쳤어.
베냐민의 기브아 사람들에게 그들이 저지른 악한 행동을 되갚아줍시다!!
와아아
와아아

그보다 먼저 이스라엘 지파들은 베냐민 지파에게 사람을 보냈어.
어째서 베냐민 지파에서 이런 끔찍한 일이 일어난 겁니까?
베냐민 사람들은 자기들의 형제인 이스라엘 백성의 말을 들으려 하지 않았어.
기브아에서 그런 짓을 저지른 자들을 우리에게 넘겨주시오!
우리가 그들을 죽여 이스라엘에서 악을 없애겠소!
싫다면?
쿵!
어딜 감히!

감히 우리 베냐민 지파를 껌딱지로 봤겠다?
그냥 앉아서 당할 순 없지!
오히려 그들은 자신들의 성에서 나와 이스라엘 사람들과 싸우기 위해 기브아에 모였지.
모두에게 알려라! 무장을 하고 기브아에 집결해라!
전쟁이다!

tip 전쟁을 택한 베냐민 지파

11지파를 상대로 잘못을 저지른 불량배를 내주지 않고 전쟁을 택한 베냐민 지파의 행동은 이해할 수 없는 일이다. 추측컨대 베냐민 지파는 자신의 지파 사람인 불량배들을 총회에 보내는 것을 자존심 상하는 일이라 생각한 듯하다. 또한 베냐민 지파 사람들은 모두 뛰어난 전쟁 용사였기 때문에 자신의 지파가 우월하다는 생각에 사로잡혀 전쟁이라는 극한 상황을 선택한 것으로 보인다.

그날 기브아에 모인 사람 가운데 칼을 잘 쓰는 사람만 2만 6천 명이었어.
간만에 내 칼이 바빠지겠구나.
네 칼은 계속 한가할 거다. 내가 먼저 다 쓸어버릴 테니.
하하하~

또한 기브아 사람 중 왼손잡이 700명이 뽑혀 나왔는데, 이들은 물매로 돌을 던져 정확하게 맞추는 사람들이었지.
내 물매는 코끼리도 잡을 수 있다고.
오, 정말 대단하군.
휙
새끼 코끼리겠지.

한편 이스라엘 연합군의 수는 베냐민 지파를 빼고도 40만 명이었고 모두 뛰어난 전쟁 용사였어.
크크… 베냐민 놈들이 고작 2만 6,700명이래.
후훗, 귀여운 것들 살살 밟아줘야겠군.
게임 끝이네 뭐.

이스라엘 사람들은 벧엘로 올라가 대제사장 비느하스를 통해 하나님의 뜻을 물어보았지.
하나님께서 우리 가운데 누가 먼저 베냐민 사람들과 싸우라고 하셨소?
유다 지파가 먼저 가서 싸우라고 하셨습니다.

※벧엘 : 벧엘은 '하나님의 집'이라는 뜻으로, 여기서는 성막이 있는 실로를 말한다. 실제, 벧엘은 실로에서 약 11km 떨어져 있었다.

tip 비느하스

비느하스는 모세의 형인 아론의 손자이며 엘르아살의 아들이다. 그는 이스라엘 백성들이 가나안 땅에 들어오기 전에 음란한 짓을 하던 남자와 미디안 여자를 창으로 찔러 죽였던 사람이다. Link 2권 196p 여기서 제사장이 비느하스라는 것과 이런 중요한 일에 여호수아가 없다는 것은 이 사건이 여호수아가 죽고 비느하스가 살아 있던 시기에 일어났음을 말해준다. 이때 하나님의 뜻을 물었던 방법은 대제사장의 우림과 둠밈의 판결법으로 보인다. Link 2권 199p

다음 날 아침, 이스라엘 군대는 베냐민 사람들과 싸우기 위해 기브아 앞에 모여 진을 치고 전투 대형을 갖췄어.
귀여운 것들 겁먹었나?
이놈들아 나와서 놀자!
하하하!

사사기

그때, 갑자기 기브아에서 베냐민 사람들이 돌격해 나왔지.
와아아아
어? 저…
저놈들이!!
뭐… 뭐야
갑자기?!
이 날 전쟁에서 베냐민 사람은 이스라엘 사람 2만 2천 명을 죽였어.
와아아아
후퇴하라
후퇴!
빨리 튀어
이놈들아!
맙소사, 우리가
지다니!!
크흐흑!
전쟁에 패한 이스라엘 사람들은 여호와 앞에 나아가 저녁까지 소리 내어 울었지.
하나님, 우리 형제인
베냐민 사람들과 계속
싸워야 하는 겁니까?
엉엉… 걔들
너무 세요.
하나님께서는
그들과 계속 싸우
라고 하십니다.
아….
그렇군요.
그럼 이번
에야말로….
이스라엘 사람들은 서로 격려하며 용기를 북돋워주었어.
하나님께서
싸우라고 하셨으니
이번엔 승리할 거야.
그래, 저번엔
우리가 너무
방심한 거라고.
둘째 날, 이스라엘 군대는 전날과 같은 대형으로 베냐민을 공격하러 나아갔지.
와아아아
와아아아

기브아 성에서 나온 베냐민 사람들은 이번에도 이스라엘 사람 1만 8천 명을 죽였어.
와아아아, 이번에도 대승이다!

죽은 그들은 모두 칼을 잘 쓰는 군인들이었지.

그러자 이스라엘 모든 백성이 벧엘로 올라가 여호와 앞에 주저앉아 울었어.
우리가 숫자만 믿고 이길 수 있다고 자만했습니다.
하나님께 의지해야 이길 수 있다는 걸 잊었습니다.
주님, 저희를 용서해주세요.

※벧엘: 성막이 있는 실로를 말한다.

그들은 해가 저물도록 아무것도 먹지 않고, 여호와께 번제와 화목제를 드렸지.

tip 번제와 화목제

두 번의 패배로 인해 이스라엘 11지파는 싸우러 나온 사람들뿐 아니라 부녀자, 어린아이, 노인에 이르기까지 모든 백성이 하나님께 나아가 금식하며 기도하고 회개하며 제사를 드렸다. 이 번제와 화목제는 하나님을 떠났던 이스라엘 백성이 자신들의 죄를 깨닫고 다시 하나님과 화목해지고 그 상태를 유지하기 위해서 드렸던 감사의 제사다.

이스라엘 사람들은 다시 벧엘로 올라가 여호와의 뜻을 여쭤봤어.
우리가 다시 가서 우리 형제인 베냐민 사람들과 싸워야 합니까? 아니면 여기서 싸움을 그쳐야 합니까?

여호와께서 말씀하시기를 가서 싸우라 하셨습니다.
이번에도 깨지면 어쩌지?
또 싸우라고?
으아, 안 돼.

걱정할 것 없습니다. 하나님께서 내일은 우리가 베냐민 사람들을 물리치도록 도와주시겠다고 하셨습니다.
분명히 하나님께서 도와주신다고 했겠다?
오오, 정말?

하나님의 응답을 들은 이스라엘 사람들은 기브아 주변에 1만 명의 뛰어난 군인들을 숨겨놓았지.

3일째 되는 날, 이스라엘 군대는 베냐민 사람들과 싸우기 위해 전처럼 전투 대형을 갖췄어.
크크, 저것들 또 왔네.
아직 혼이 덜 났나보군.
오늘은 완전히 씨를 말려주자.
푸하하!

베냐민 사람들이 이스라엘 병사들과 싸우기 위해 또다시 성을 나왔지.
와아아아아
저놈들 벌써 허둥대는구나!
다시는 깐죽대지 못하게 끝장을 내버리자!
이스라엘 군대는 도망치면서, 베냐민 사람들이 성에서 멀리 떨어진 곳까지 쫓아오게 만들었어.
와아아아아
후퇴다~모두 후퇴하라!!

베냐민 사람들은 전에 그랬던 것처럼 이스라엘 사람들을 죽이기 시작했지.
으하하, 그렇게 죽고도 정신을 못 차렸냐?
촤악
크으윽!
그들은 벧엘과 기브아 들로 나눠지는 큰 길목과 들판에서 약 30명을 죽였어.
하하하, 이번에도 우리 승리다! 끝까지 추격해서 한 놈도 남기지 마라!
타다닥

※벧엘 : 믹마스에서 북서쪽 약 5km 지점에 위치. 이번엔 실로가 아닌 실제의 벧엘을 가리킨다.
※기브아 들 : 기브아 북동쪽에 위치한 게바를 가리킨다.

어서 달아나라! 저들을 꾀어서 자기 성에서부터 큰길까지 나오게 하라!
타다닥
이스라엘 병사들은 기브아에서 바알다말까지 후퇴했지.
헉헉, 어디까지 도망가는 거야?
헉헉, 닥치고 뛰어!
타다닥
조금만 더 힘내라! 곧 기브아 성에서 신호가 올 거다!
헉
헉
굼벵이 같은 놈들, 빨리빨리 좀 하지.

※바알다말 : 라마와 벧엘 사이에 있는 드보라의 종려나무 숲 Link 3권 95p 인 듯하나 정확한 위치는 알 수 없다.

베냐민 병사들이 자기 성에서 멀어지자, 기브아 성 주변에 숨어 있던 1만 명의 이스라엘 병사들이 나왔지.
엇!
헉, 저… 저게 어디서 온 군대냐!
와아아
적이다! 적이 쳐들어왔다!
크윽. 억!
그리고 기브아 성에 있는 모든 사람들을 칼로 죽였어.
살아 있는 건 모조리 다 죽여라!
와아아
꺄아악!
적이다!
크윽!
그들은 성 안에서 연기를 피워 성 밖에 있는 이스라엘 군대에게 약속했던 신호를 보냈지.
드디어!
우리가 기브아 성을 점령했다!
베냐민 사람들도 기브아 성 전체에서 연기가 하늘로 치솟아 오르고 있는 걸 발견했어.
헉, 우… 우리의 성이 불타고 있다!
마… 맙소사, 재앙이다!
도망치던 이스라엘 병사들도 그 연기를 발견하고, 뒤돌아 싸우기 시작했지.
이제 반격이다!
저놈들에게 복수를 해주자!
와아아
베냐민 사람들은 겁을 먹었어.
어, 어떡하지!?
와아아
크… 큰일 났다!

그때, 기브아 성을 점령하고 있던 이스라엘 병사들이 성 밖으로 나왔어.
와아아
헉, 뒤에서도!
포위됐다!
앞뒤로 포위를 당한 베냐민 사람들은 엿길 광야로 도망칠 수밖에 없었지.
와아아아
어서 포위를 뚫어.
이대로 있다간 다 죽어.
와아아아
빨리 빨리~
이스라엘 군대는 베냐민을 기브아 동쪽 지역까지 추격했고, 결국 베냐민 사람들 1만 8천 명이 동족에게 죽임을 당했어.
와아아아
베냐민 사람들은 광야에 있는 림몬 바위가 있는 곳으로 도망쳤지.
크윽!
헉헉!
와아아아
이놈들 순순히 목을 내놔라!
이스라엘 병사들은 림몬 바위로 가는 큰 길에서 베냐민 사람 5천 명을 죽이고…
이놈들아 작작 좀 해라!
크아악!
와아아
흥, 어림도 없다!
기돔이라는 곳까지 베냐민 사람들을 뒤쫓아가 2천 명을 더 죽여서 이날 칼을 들었던 베냐민 사람 가운데 2만 5천 명이 죽임을 당했어.
※엿길 광야 : 베냐민 사람들은 기브아와 게바 사이로 도망쳤다.
※기브아 : 여기서는 게바를 가리킨다.
※림몬 바위 : 벧엘 동쪽 6.4km 기브아 북동쪽 11.5km 지점에 위치.
※기돔 : 림몬 바위에서 멀지 않은 곳으로 보이나 정확한 위치는 알 수 없다.

이스라엘 병사들은 베냐민 사람들의 땅으로 돌아와, 베냐민 지파의 모든 성읍들을 불태우고 가축과 사람들을 죽였어.
눈에 보이는 건 다 죽여!
성읍을 모조리 태워라!
베냐민 지파의 씨를 말려라!
아아아악!
으악~

그러나 기브아에서 싸웠던 베냐민 사람 600명은 살아남았지.
쉿, 조용.
들키면 끝장이다.

그들은 광야의 림몬 바위로 다시 도망쳐 넉 달 동안 그곳에 숨어 있었어.
이제 다시는 바깥 세상으로 안 나갈 거야.
나가면 칼에 맞아 죽을 거야.
고작 600명만 남다니.

tip 사사 시대의 혼란과 무질서

19-21장에서 이스라엘은 수없이 많은 동족들을 죽여야 했다. 사사기의 마지막을 장식하는 이 비극적인 이야기는 혼란스러웠던 사사 시대를 대표적으로 말해준다. '이스라엘이 이처럼 혼란에 빠졌던 것은 하나님에 대한 불순종 때문이다.'라는 것이 사사기의 주제이다. 하지만 이스라엘 백성은 이 모든 불행이 왕이 없기 때문이라고 생각하고, 하나님께 왕정체제를 요구하기에 이른다.

21장 베냐민 사람들에게 아내를 구해줌

베냐민 사람들과 싸우기 전, 이스라엘 사람들은 미스바에 모였을 때 맹세했어.
살아계신 여호와 하나님 앞에 맹세합니다!
우리는 그 누구도 베냐민 지파의 남자들에게 딸을 시집보내지 말아야 합니다!
옳은 말씀이오!
찬성입니다!

전쟁이 끝나고 이스라엘 사람들은 벧엘로 가서 하나님 앞에 앉아 저녁까지 큰 소리로 울었지.
어엉엉~
도대체 우리가 지금 무슨 짓을 한 거야?
하나님, 어째서 이스라엘 안에서 이런 끔찍한 일이 일어난 겁니까?
크으, 같은 형제들을 죽이다니!

※벧엘 : 여기서 벧엘은 실로를 가리킨다.

여호와여, 이스라엘의 하나님이시여.
엉 엉
어찌하여 이스라엘의 한 지파가 사라지게 된 것입니까?!
흑흑

다음 날, 이스라엘 백성은 일찍 일어나 제단을 쌓고 번제와 화목제를 드렸어.

이스라엘 사람들은 자기의 친척인 베냐민 지파에 대해 안타까워하며 말했지.
아아… 이제 이스라엘에서 한 지파가 끊어져 버리고 말았소.

베냐민 지파에는 아직 600명의 남자들이 살아 있으니, 그들에게 아내를 구해줘 자손을 이어가게 하면 되지 않습니까?
나 이런….
그걸 지금 말이라고 하는 거요?
우리 딸은 베냐민 사람들과 결혼시키지 않겠다고 여호와께 맹세했잖소!?
그런데 우리가 어찌 그들에게 아내를 구해줄 수 있단 말이오?
거 참….
우리가 전에 미스바에 모였을 때 오지 않은 사람들은 다 죽이기로 맹세하지 않았소?
??
그런데?

※다 죽이기로 맹세 : 성경의 이전 내용에는 이 맹세에 대한 기록이 없다.

그때 그 자리에 오지 않은 사람들이 있습니다.
아니!
그게 누구란 말이오?
바로 길르앗의 야베스에서는 단 한 사람도 미스바 총회에 참석하지 않았소.
오!
그… 그러면 맹세도 지키고 베냐민 지파에게 아내도 구해줄 수 있겠군!

tip 길르앗의 야베스

야베스는 요단 강 동쪽으로 약 3.2km 떨어진 성읍으로 므낫세 반 지파의 영토인 길르앗에 있던 조그만 성이다. 그들이 베냐민 지파를 공격하기 위해 모인 총회에 참석하지 않은 이유는, 그들이 먼 옛날 야곱의 아내들 중 라헬의 자손으로서 (라헬은 요셉과 베냐민을 낳았는데 요셉의 아들이 므낫세이다.) 베냐민 지파와 긴밀한 유대관계를 맺고 있었기 때문일 것이다. 이후에도 야베스 길르앗 주민들과 베냐민 지파와의 친밀성은 계속 유지됐다.

이스라엘 사람들은 맹세대로 미스바의 총회 때 오지 않았던 길르앗의 야베스 사람들을 죽이기로 했어.
여러분은 야베스에 사는 모든 사람을 죽이시오! 남자와 함께 잔 여자와 어린아이들도 모두 다 죽여야 하오!
이스라엘 사람들은 길르앗의 야베스에 용사 1만 2천 명을 보냈지.
와아아아

그 용사들은 길르앗의 야베스에서 남자와 함께 잔 적이 없는 젊은 여자 400명을 찾아냈어.
베냐민 지파 남자들의 신붓감을 구해주려고 또 다른 지파의 동족들을 이렇게 죽여도 되나?
흑흑
알게 뭐야.
그들은 이 여자들을 가나안 땅 실로의 진영으로 데리고 갔지.

※실로 : 예루살렘 북쪽 30km 지점에 위치.

tip 비극의 악순환

이스라엘은 미스바 집회(총회) 때 그 집회에 참석하지 않은 자를 죽이겠다고 맹세했는데, 이는 명백히 잘못된 맹세이다. 하지만 실로에 모인 이스라엘 사람들은 남은 베냐민 사람들에게 아내를 구해준다는 구실로 잘못된 맹세를 실행에 옮기게 된다. 그리하여 야베스 길르앗 주민을 전멸시키고 처녀 400명을 찾아 베냐민 자손에게 아내로 준다.

그 후, 이스라엘 사람들은 림몬 바위에 숨어 있는 베냐민 사람들에게 사람을 보냈어.
이스라엘과 베냐민의 전쟁은 끝났소. 이제 모두에게 평화가 온 것을 선포합니다!
그, 그게 정말이오?
오, 이제 우리는 살았다!

그제야 베냐민 사람들은 다시 돌아왔고,
흑, 모두 다 죽고 폐허가 됐구나.
아, 이제 우리만 남아서 어떻게 살아가나.
이스라엘 사람들은 그들에게 길르앗의 야베스에서 데리고 온 여자들을 주어 아내로 삼게 했지.
저기 오는 여자들이 당신들의 아내가 될 것이오.
잉?
웬 여자들이?!
그런데 남자에 비해서 여자의 수가 많이 부족했어.
제대로 짝이나 맞춰 주던가~
산수도 못해? 남자가 600인데 여자는 400명만 데려오다니!
투덜
투덜
누군 남자고 누군 소냐?

이스라엘 백성들은 베냐민 사람들 때문에 마음이 아팠어. 이는 여호와께서 이스라엘 가운데 한 지파를 갈라 놓으셨기 때문이야.
우리가 베냐민 여자들을 모두 죽였으니, 남은 200명의 베냐민 남자들은 어떻게 아내를 얻을 수 있겠소?
딸을 주지 않기로 한 맹세를 어길 수도 없고….
여자가 자녀를 낳고 가문을 이어야 이스라엘에서 한 지파가 끊어지지 않을 겁니다.
좋은 생각이 있소. 벧엘 북쪽에 있는 실로에서 매년 여호와의 절기가 열리는데 바로 그 축제를 이용해 신붓감을 구하게 하는 겁니다.
호오, 어떻게?
흐흐, 구체적인 계획을 말해보시오.

사사기

tip 여호와의 절기

여호와의 절기란 우리의 명절과 비슷한 의미로 실로에서는 매년 여호와의 절기를 지켰는데 유월절, 무교절, 초실절, 오순절, 나팔절, 속죄일, 초막절 등 7대 절기를 가리킨다. Link 2권 127p 여기에서는 어느 절기를 말하는지 알 수 없다.

이스라엘 장로들이 베냐민 사람들에게 말했어.
그대들은 이번 절기에 실로에 가서 포도밭에 몸을 숨기고 있으시오.
숨어 있다가 뭐하게요?
지나가는 여자를 납치라도 하게요?
그렇소. 축제 때 젊은 여자들이 춤을 추러 밖으로 나오면 포도밭에서 나와 각각 한 여자를 데리고 가시오.
헉!
정말 납치를?

그리고 그대들은 그 여자들을 데리고 베냐민 땅으로 돌아가 살면 되는 거요.
간단하지?
납치범으로 몰아서 우릴 다 죽이려는 거 아냐?
납치범이고 뭐고 그 전에 다 맞아 죽겠다.
수군 수군
아 잠깐, 그 여자들의 오빠나 아버지가 가만히 있겠소?
우릴 죽이려 들 텐데?
다른 속셈이 있는 거 아냐?
그건 걱정 말고 우리에게 맡기시오. 뒷일은 우리가 알아서 하겠소.
여호와의 절기에 맞춰 베냐민 사람들은 이스라엘 장로들이 말한 대로 했어.
호호호
하하하
일사불란하게 움직여야 한다.
미리 데려갈 여자를 점찍어둬.
어디보자~ 제일 예쁜 여자가….
한방에 솔로 탈출이다.
그들은 포도밭에 숨어 있다가 여인들이 춤을 추고 있을 때,
우르르르…
앗!
저게 뭐야?!
어머!

각자 한 명씩 자기 아내로 삼기 위해 여인들을 붙잡아 데려갔어.
빨리 빨리!!
서둘러!!
아아악!
어서 잡아!
카아악!
엄마!
이거 놔!
휘 잉…
베냐민 놈들이 내 누이를 납치해 갔습니다!
그놈들을 그냥 둘 순 없소!
내 딸을 납치한 대가로 목숨을 받아내야겠소!
부탁이오! 베냐민 사람들에게 은혜를 베풀어주시오!
아시다시피 전쟁 때 우리가 베냐민 지파의 여자들을 모두 죽였고, 우리가 그들에게 아내를 구해 줄 수 없었소. 아내를 얻지 못해서 이스라엘의 한 지파가 끊어지게 할 수는 없지 않겠소.
아니… 그건…!
그렇긴 한데….
하지만 우리의 딸을 베냐민 사람에게 주지 않기로 맹세하지 않았소. 우리가 그들에게 딸을 주면 우린 맹세를 어긴 셈이 되오.
그건 걱정할 것 없소.
당신들 스스로가 베냐민 사람들에게 딸을 준 게 아니라, 그들이 잡아간 것이니 여러분들에게는 죄가 없는 것이오.
엥? 그… 그렇기도 하네.
하지만 뭔가 찜찜한데?
거참, 묘한 논리군.
베냐민 사람들은 하나님께서 주신 땅으로 돌아가 다시 성읍을 짓고 살게 됐지.
하하하
하하하
미스바에 전쟁으로 소집된 이스라엘 사람들은 그때 비로소 각자 자기의 지파 하나님께서 주신 땅으로 돌아갔어.
휴우, 이제야 전쟁이 끝난 건가?
빨리 집에 돌아가서 쉬고 싶다.
그때 이스라엘 사람들은 왕이 없었기 때문에 사람들마다 자기가 하고 싶은 대로 했지.

사사기

룻기
●룻
사사 시대에 살았던 여인으로 남편이 죽은 후, 시어머니와 함께 베들레헴으로 이주한 모압 여인이다. 그녀는 다윗의 증조할머니로 훗날 그녀의 후손 가운데 예수 그리스도께서 태어나게 된다.
룻기는 룻이라는 여인의 이름을 붙인 명칭이야.
내가 바로 이 이야기의 주인공 룻이란다.
안녕하세요.
근데 어느 지파 분이세요?
난 이스라엘 사람이 아니라 모압 사람이란다.
앗, 정말요?
그런데 어떻게 성경 속 주인공으로 등장한 거죠?
룻은 이스라엘 역사에서 매우 중요한 위치를 차지하고 있어.
다윗과 예수가 내 후손이거든.
와아, 엄청난 슈퍼스타들의 조상님이시군요.
미리 사인이라도 받아둘까?

※모압 : 현 이스라엘 사해 동쪽 요르단 지역에 살던 민족으로 오랫동안 이스라엘을 괴롭힌 민족.

룻은 라합처럼 이방 여인이었음에도 불구하고 하나님을 믿었고….
나 라합이야. 기억나?
누구세요?
어험, 여기가 어디라고 행인이 끼어들어요?!
기억나지 않으면 이 책 Link 3권 20p 를 봐.
아, 우주 최고의 성경2.0!
예전에 나왔었어? 엑스트라인가?
그로 인해 하나님이 주시는 큰 복을 받았어.
하나님이 주신 복이란 바로 다윗, 그리고 예수의 조상이 되게 하신 거란다.
아 잠깐, 룻 언니도 다윗과 예수의 조상이라고 했잖아요?
앗 죄송. 몰라 뵙고….

※라합 : 여리고 성에서 이스라엘 정탐꾼을 숨겨주었던 여인. Link 3권 20p

나와 라합님은 남남이 아니란다.
라합 언니는 이스라엘이 가나안 땅에 들어오기 전 사람인데…? 룻 언니는 한참 후인 사사 시대 사람이고…?
남남이 아니면 원수?
룻은 내 후손 보아스와 결혼했지.
보아스는 내 두 번째 남편이란다.
아, 그렇군요.
두 번째 남편? 재혼했어요?

tip 라합의 후손 보아스

모압 여인인 룻은 남편을 잃고 이스라엘에 와서 시어머니의 친척인 보아스와 결혼하게 된다. 룻의 남편인 보아스는 살몬과 라합의 자녀로 마태복음 1장 5절과 역대상 2장 11절에 기록되어 있다. 하지만 라합이 살았던 여리고 성의 멸망은 기원전 1405년이며 보아스와 룻이 결혼한 것은 기원전 1160년이다. 라합이 아무리 늦게 보아스를 낳았다 하더라도 245년의 기간 차이를 설명할 수 없다. 따라서 보아스는 살몬과 라합의 자녀가 아니라 후손으로 보는 것이 타당하다.

룻이 다윗과 예수님의 조상이 된 것은 우연이 아니야. 하나님은 룻이나 라합 같은 특별한 여인들의 혈통을 통해 세심하게, 또 계획적으로 예수님이 태어나도록 하셨지.
근데 왜 하나님은 이스라엘 사람들을 두고 이방인을 선택하신 걸까요?
어이구, 복잡해라.
하나님은 이스라엘 사람이 아니어도 그분을 믿고 따르는 사람은 누구든지 백성으로 받아들이신단다.
아, 그렇구나.
너무나 맘씨 좋으신 하나님!

tip 룻을 통한 하나님의 섭리

하나님께서는 만왕의 왕이 되실 예수를 룻처럼 과거 이방인이었으나 개종한 여인들의 몸에서 나도록 하심으로써 전 구속사에 걸쳐 모든 죄인에게 동일하게 적용된 뜻과 원리를 보여주시려고 하셨다. 따라서 구원은 이스라엘 백성뿐만 아니라 모든 사람들에게 동일하게 적용되며, 회개하고 하나님께 돌아오는 사람들 모두 하나님의 일에 쓰임 받는 자격을 얻게 됨을 알려주고 있다.

룻기는 보잘것없던 이방 여인을 통해 다윗 왕권, 더 나아가 메시야 왕권을 준비하시는 하나님의 놀라운 섭리를 보여줄 거야.
베들레헴
자, 룻기의 배경인 베들레헴으로 가볼까?
네에!
참, 그런데 누나가 룻기를 쓴 건가요?
아니. 사실 룻기는 누가, 언제 썼는지 알 수 없어. 다만 다윗 왕 시대에 누군가 썼을 거라고 추측할 뿐이란다.

※구속사 : 하나님이 인간을 구원하기 위한 모든 행위의 역사를 말한다.

※메시야 : 기름부음 받은 자라는 뜻으로 성서에서는 구세주이신 예수님을 가리킴.

1. 헌신적인 룻의 사랑과 신앙

1장 나오미와 그녀의 며느리 룻

사사들이 이스라엘을 다스리던 시대 큰 흉년이 든 때가 있었어.
베들레헴
그때 유다 지파의 땅인 베들레헴 출신의 에브랏 사람 엘리멜렉은 가족들을 데리고 모압 지방으로 갔어.
요단강
길르앗
세겜
브니엘
실로
벧엘
길갈
랍바
기브온
여리고
암몬
예루살렘
에스본
베들레헴
헤브론
염해 (사해)
모압
요단 강만 건너면 모압이니까 멀지 않아.
일단 가뭄을 피하도록 하자.
얼마 후 그곳에서 나오미의 남편 엘리멜렉이 죽고, 나오미와 그의 두 아들 말론과 기룐만 남게 됐어.
뭐예요!? 여기까지 데리고 와서!?
죽는 사람이 알게 뭐야.
나오미의 두 아들은 모압 여자들과 결혼했는데, 아내의 이름은 각각 오르바와 룻이었지.
룻
오르바

※베들레헴(에브랏) : '빵집'이라는 뜻으로, 예루살렘 남쪽 10km에 위치. 예수 그리스도의 탄생지. 베들레헴의 옛 이름은 에브랏이었다.
※모압 : 아르논 강과 세렛 강 사이의 가나안 동쪽에 위치. 르우벤 지파의 땅의 경계에 맞닿는 곳이다.

그런데 그들이 모압에서 10년 정도 살았을 때, 나오미의 두 아들 말론과 기룐도 죽고 말았어.
이제 두 아들과 남편을 잃고 혼자가 됐구나. 아이고, 내 팔자야.
남자 셋이 다 죽고, 박복한 여자 셋만 남았구나.
그러게… 흑흑.
그러던 어느 날, 나오미는 하나님이 유다 땅 베들레헴에 풍년을 들게 하셨다는 소식을 들었어.
풍년입니다. 아주 대풍이에요~
어머니, 뉴스 들으셨어요?
그래, 어서 고향 땅으로 돌아갈 준비를 하자.

그래서 나오미는 살고 있던 모압을 떠나, 고향인 유다 땅으로 돌아가려고 길을 나섰지.
너희는 각자 너희 어머니 집으로 돌아가거라.
네엣?

너희가 나와 죽은 내 아들을 잘 보살펴 줬으니, 여호와께서 너희를 잘 보살펴 주시기를 바란다.
또한 여호와께서 너희에게 새 남편과 새 가정을 주시기를 바란다.
어머니… 그게 무슨 말씀이세요.
우리는 어머니의 나라, 어머니의 고향으로 함께 가겠습니다!

나오미가 두 며느리에게 입을 맞추자, 오르바와 룻은 큰 소리로 울었어.
내 딸들아, 너희 집으로 돌아가거라. 왜 나를 따라 가려고 하느냐?
흑흑!
어머니!

난 너무 늙어 다른 남편을 맞아들일 수 없다. 혹시 내가 오늘 밤에 다른 남편을 맞아들여 아들을 낳는다 해도 그게 무슨 소용이 있겠느냐? 그 아이가 클 때까지 오랜 시간을 너희가 남편 없이 지내며 기다릴 수 있겠느냐?
흑
흑

tip 계대 결혼

나오미가 지금 하는 말은 계대 결혼에 대한 이야기다. 계대 결혼이란 형이나 아우가 자녀를 낳지 못하고 죽으면 그 부인이 남은 형제에게서 자녀를 낳아 집안을 잇는 풍습을 말한다. Link 1권 134p 여기서 두 명의 며느리가 계대 결혼을 하기 위해서는 나오미가 다시 결혼을 하고 아이를 낳은 후 그 아이가 클 때까지 기다려야만 한다.

너희는 내 말대로 해라. 여호와께서 나를 치셨기 때문에 마음이 정말 아프단다.
어머니!
흑흑!

tip 여호와께서 나를 치셨다

여호와께서 나를 치셨다고 말한 것은 나오미 자신이 하나님의 뜻대로 살지 못한 탓에, 하나님의 징계를 받아 큰 슬픔과 고난을 당했음을 인정하는 신앙 고백이다. 나오미는 하나님이 주신 베들레헴 땅을 떠난 것과 자식을 이방(모압) 여인과 결혼시킨 것에 대해 하나님께 불순종했다고 생각한 것으로 보인다.

그들은 다시 한 번 큰 소리로 울었고, 오르바는 시어머니 나오미에게 입을 맞춰 작별 인사를 했지.
흑, 어머니….
그래 그래 네 맘 잘 안다. 부디 행복하게 잘 살거라.

봐라, 얘야. 오르바는 자기 백성과 자기 신들에게로 돌아갔다. 너도 그녀의 뒤를 따라가거라.
어머니, 저더러 돌아가라고 하지 마세요.

저는 어머니가 가는 곳에 가고, 어머니가 사는 곳에 살겠어요. 어머니의 백성이 제 백성이고, 어머니의 하나님이 제 하나님이세요.
얘가 정말 말 안 듣네. 맞고 갈래? 그냥 갈래? 응?
퉷

전 어머니가 가시는 곳에서 죽고 거기에 묻힐 거에요. 만약 제가 이 맹세를 지키지 않는다면, 여호와께서 제게 무서운 벌을 내리셔도 좋아요.
죽음만이 우릴 갈라놓을 수 있을 것입니다.
허 참, 누굴 닮아서 이렇게 똥고집이야? 응?
털썩
나오미는 룻이 굳게 마음먹은 것을 보고 더 이상 아무 말도 하지 않았어.
하나님께 맹세까지 했으니 어쩔 수 없구나. 나와 함께 베들레헴으로 가도록 하자.
허락하실 줄 알았어요!
폴짝

나오미가 베들레헴에 돌아오자 성읍 전체가 그들 때문에 떠들썩해졌지.
어? 엘리멜렉의 아내 나오미 아냐?
한 10년 전쯤에 남편하고 떠났는데…

tip 떠들썩한 성읍

엘리멜렉의 친척 보아스가 이 지역에서 상당한 지위를 차지하고 있었던 점으로 보아 엘리멜렉 또한 이곳에서 나름대로 명망 있는 사람이었을 것이다. 이런 엘리멜렉 가문의 귀향은 화젯거리가 되기에 충분했다. 게다가 모든 재산을 잃고 남편과 두 아들마저 잃은 채, 이방 여인 한 명을 데리고 돌아온 나오미의 모습은 더욱 그랬을 것이다.

이제 저를 나오미라고 부르지 마세요. 전능하신 하나님께서 저를 슬프게 만드셨으니 마라라고 부르세요.
넷?
마라?

※나오미 : '감미로운' 이라는 뜻.
※마라 : '괴로움', '쓰라림'이라는 뜻.

제가 이곳을 떠날 때는 가진 것이 많았지만, 여호와께서는 저를 빈털터리로 돌아오게 하셨습니다. 여호와께서 저를 괴롭게 만드셨고, 큰 고통을 주셨는데 어떻게 저를 나오미라고 부르십니까?
어머니 제가 있잖아요.
아… 네.
미… 미안해요.
나오미가 모압을 떠나 베들레헴에 돌아온 그때는 보리 추수가 막 시작될 무렵이었지.
끌끌, 안됐네.
그러게. 고생을 많이 했나본데.

2장 보아스를 만난 룻

베들레헴에는 보아스라는 엘리멜렉 가문의 부유한 사람이 살고 있었어. 그는 나오미의 가까운 친척이기도 했지.
보아스, 다음이 네 차례야.
벌써?
분장실

어느 날, 룻이 나오미에게 말했지.
어머니, 저 밭에 다녀올게요. 혹시 친절한 사람을 만나게 되면 그 사람을 따라가 이삭을 주워오겠습니다.
그래, 내 딸아. 잘 다녀오너라.

※이스라엘 사람들은 가난한 사람들을 돕기 위해 추수할 때 일부러 곡식 단을 남겨주기도 했다. Link 레위기 19장 9,10절

밭으로 나간 룻은 곡식을 거두는 일꾼들을 따라다니며 그들이 남긴 이삭을 주웠어.
밀레
그 밭은 보아스란 사람의 것이었는데, 마침 보아스가 와서 일꾼들에게 인사하고 있었지.
여호와께서 언제나 당신들과 함께 계시기를 바라네.
여호와께서 주인님께 복 주시기를 바랍니다.
보아스님이 나오셨어!
안녕하세요~ 주인님!
보아스는 일꾼들을 감독하는 자기 종에게 물었어.
저기 저 여자는 누구인가?
아, 저 여자는 나오미와 함께 모압 땅에서 온 여자입니다.
흐음… 엘리멜렉의 며느리로군.
그녀는 추수하는 사람들을 따라다니며 이삭을 줍도록 해달라고 하더니, 아침부터 지금까지 저렇게 계속 이삭을 줍고 있습니다.

보아스는 룻에게 말했지.
내 딸아, 내 말을 잘 들어라.
네?

tip 내 딸아

히브리어로는 '빗티'라고 하며 자기 딸을 부를 때만 사용된 호칭이 아니다. 지체 높은 어른이 손아래 여인에게 이야기를 건넬 때나, 나이 많은 사람이 젊은 여인을 부를 때도 흔히 이 호칭을 사용한다. 보아스는 룻이 나오미의 며느리임을 알았기 때문에 자신의 신분에 맞게 '내 딸아'라고 부른 것이다.

이삭을 줍기 위해 다른 사람의 밭에 가지 말고 내 일꾼들 뒤만 따라다니면서 줍도록 해라. 그들이 가는 밭을 잘 보고 그 뒤를 따라가라. 내 일꾼들에게 너를 건드리지 말라고 말해두었단다.
아, 감사합니다. 정말 감사합니다.

혹시 목이 마르거든 저기 보이는 물 항아리에 가서 일꾼들이 채워 놓은 물을 마시거라.
역시 물은 셀프군요.
……
저는 이방 사람인데 어째서 이런 은혜를 베푸시는 거죠?
네가 남편이 죽은 후에 시어머니에게 정성을 다한 일과, 부모와 고향을 떠나 아는 사람 하나 없는 이 나라에 온 것을 다 들었단다.

작은 새가 자기 어미 날개 아래로 피하듯 여호와께 왔으니, 하나님께서 네가 한 일을 네게 넉넉히 갚아주실 것이다.
내 주여. 제가 당신께 은총을 입길 바랍니다. 저는 당신의 종들 중 하나와 같은데도, 당신은 이렇게 저를 위로해주시고 다정하게 말씀을 해주시는군요.
어느덧 식사할 시간이 되자, 보아스는 룻을 자기 곁으로 불러 함께 식사할 것을 권했어.
자, 여기 이 빵을 식초에 찍어 먹거라.
감사합니다. 너무 맛있겠어요.

룻이 일꾼들 옆에 앉자 보아스가 룻에게 볶은 곡식을 주었지.
자, 이것도 먹어라.
헉..요즘 다이어트 중인데...

tip 볶은 곡식

볶은 곡식은 떡과 함께 서민들이 애용하던 주식이다. 밀 이삭이 완전히 여물지 않았을 때 좋은 이삭만을 골라 냄비나 철판에 볶아서 만들었다. 이것을 씹을 때는 우유 빛 밀의 상큼한 맛과 신선한 껍질의 향기를 느낄 수 있다고 한다.

그 곡식은 룻이 배불리 먹고도 남을 정도로 양이 많았어.
이렇게 먹다가는 뚱땡이가 될 거야. 남은 것은 가져가야겠어.
꺼억

룻이 다시 이삭을 주우려고 일어나자, 보아스가 일꾼들에게 말했어.
저 여자가 곡식 단 사이에서도 이삭을 주울 수 있도록 내버려두게.
그녀가 주워갈 수 있도록 오히려 곡식단에서 얼마를 남겨두도록 하고, 그것을 줍는다고 창피를 주거나 꾸짖어서는 안 되네.
알겠습니다. 주인님.
룻은 저녁까지 밭에서 이삭을 주웠지.
까악, 언제 이렇게 많이 모았지? 1에바 정도는 될 것 같아!
마을로 돌아간 룻은 자신이 모은 것과 배부르게 먹고 남은 볶은 곡식을 시어머니께 꺼내 드렸어.
어머니 대박이에요. 이것 좀 보세요. 하하하!
아니, 뭘 그렇게 많이?!

※1에바 : 약 22리터.

룻기

어머니 이제 한동안 먹을 걱정은 없겠어요. 하하하!
도대체 어느 밭에서 일했기에 이렇게 많은 이삭을 주웠느냐? 너를 도와준 사람에게 복이 있기를 빈다.
오늘 제가 일한 밭의 주인은 보아스란 분이었습니다.
헉!
보아스라고?
네, 중후하고 부드럽고 멋진 분이었어요.
여호와의 복이 그에게 있기를 빈다. 그가 죽은 우리 식구들에게 친절을 베풀더니 살아 있는 우리에게도 그칠 줄 모르는구나.

네? 예전부터 알던 분인가요?
보아스는 우리의 가까운 친척이란다. 우리 가족의 땅을 사서 되돌려 줄 수 있는 사람이야.
아… 그렇군요. 그분은 제게 수확이 끝날 때까지 자기 일꾼들 가까이에서 계속 일하라고 말씀하셨어요.
그래, 그 사람의 여종들 가까이에서 일하는 것이 좋겠다. 네가 다른 밭에서 희롱을 당하지 않아도 되니 말이다.

tip 우리 가족의 땅을 사서 되돌려줄 수 있는 사람

당시 이스라엘에는 친척들 사이에서 지켜야 할 권리와 의무를 정해둔 '고엘제도 Link 3권 203p'가 있다. 이 제도에 의해 엘리멜렉 가문의 땅은 그들의 친척에게 팔았다가 이후에 그 값을 치르고 돌려받거나 희년 Link 2권 129p 이 되면 돌려받을 수 있다. 원래 엘리멜렉 가문의 땅은 엘리멜렉의 아들들의 소유였으나 그들이 모두 죽었기에 그 소유권은 남은 아내인 룻에게 있었다. 그러나 룻에게는 자식이 없었고, 이는 가문을 이어갈 사람이 없다는 뜻이기에 친척에게 판 땅을 되돌려 받을 수 없음을 의미한다. 엘리멜렉 가문이 판 땅을 돌려받기 위해서는 반드시 룻이 자식을 낳아야 했다. 나오미가 말한 '땅을 사서 되돌려줄 수 있는 사람'이라는 것은 보아스가 '계대 결혼법을 통해 엘리멜렉의 땅을 돌려줄 뿐 아니라 엘리멜렉의 후손을 이어줄 자격도 있는 사람'이라는 것이다.

룻은 보아스의 일꾼들 가까이에서 보리와 밀 추수가 끝날 때까지 이삭을 주웠지.
만세! 이제 완성이야!
그런데 저 사람은 도대체 누구야?
자칭 슈퍼스타 밀레라고 하던데?

그렇게 룻은 시어머니 나오미와 함께 살았어.
오… 이것도 괜찮은데?
그만하고 집에나 가!

룻기

2. 보상받은 룻의 사랑과 신앙

3장 룻의 청혼

어느 날 시어머니 나오미가 룻에게 말했어.
얘야. 이제 너도 알맞은 가정을 찾아야 하지 않겠니? 너도 행복하게 살아야지.
아녜요. 전 지금 이대로가 좋아요. 왜 갑자기…?
말했다시피 네가 함께 일하고 있는 일꾼들의 주인인 보아스는 우리의 가까운 친척이란다. 그가 오늘 밤 타작 마당에서 일할 거다. 너는 가서 목욕을 하고 몸에 향수를 바르고 옷을 갈아입은 다음 그곳으로 가거라.
넷? 그게 무슨…??

그 사람이 먹고 마시기를 끝낼 때까지 그의 눈에 띄지 않도록 주의해야 한다.
어… 어머니 왜 그런…??
보아스가 잠자리에 들면 그가 누운 자리로 가서 그의 발치에 누워라. 그럼 그가 네가 할 일에 대해 말해줄 것이다.
하… 하지만, 전 이대로가….

tip 나오미의 제안

시어머니가 며느리에게 외간 남자가 자는 곳 발치에 누우라고 말하는 것은 부도덕한 일처럼 보이지만 이스라엘의 문화에 비추어 해석하면 당연한 일이다. 왜냐하면 이스라엘에서는 자식 없이 죽은 가족에 대해서 가장 가까운 친척이 종족을 유지시켜주어야 하는 계대 결혼법이 있었기 때문이다. 나오미는 친척인 보아스에게 의무를 상기하고 이행할 수 있도록, 룻을 그에게 보내려고 한 것이다.

얘야. 제발 내 말을 그대로 따르거라.
…….
어머님이 말씀하신 대로 하겠습니다.
룻은 시어머니가 말한 대로 타작마당으로 내려갔어.

한편, 일꾼들과 함께 먹고 마시기를 마친 보아스는 기분이 좋아서 곡식 더미 옆에 누웠어.
음냐, 음냐~
얼마간 시간이 지난 후,
살금
살금
쿨쿨
룻이 조용히 그에게 다가가 이불을 들치고 그의 발치에 누웠지.
쿨쿨
스윽
한밤중에 잠자리에서 뒤척이던 보아스는 자기 발 아래 어떤 여자가 누워 있는 것을 알고 놀랐어.
아니… 거기 누구요?
저는 당신의 종 룻입니다.
룻?
스윽
당신의 이불로 제 몸을 덮어주세요. 당신은 저희 가족의 땅을 사서 돌려주실 분이지 않습니까?
아, 그… 그런 거로군.

내 딸아, 여호와께서 네게 복을 주시기를 진심으로 바란다. 넌 가난하든 부유하든 젊은 남자를 찾아갈 수도 있었는데 그렇지 않았구나.
그것이 네가 지금까지 보여준 성실함보다 더 크다. 네가 바라는 것을 들어줄 테니 걱정하지 마라.
또 네가 현숙한 여자라는 것은 마을 사람들이 다 알고 있다.

tip 보아스의 감동

'땅을 사서 돌려주실 분'이라는 것은 가문을 이을 아들이 없는 룻의 상황에서 보자면 자식을 낳게 해달라는 뜻과 같다. 젊은 여인인 룻은 당연히 젊은 남자를 좋아했을 터. 그러나 그녀는 시어머니의 뜻을 따라 자기 아버지뻘 되는 보아스에게 계대 결혼을 요구했다. 룻이 젊은 남자를 찾아 떠나지 않고 첫 남편의 가문을 잇기 위해 자신에게 청혼한 것에 보아스는 큰 감동을 받았다.

그런데 네게 나보다 더 가까운 친척 한 사람이 있는데, 알고 있느냐?
아… 모… 몰랐어요.
오늘 밤은 여기서 지내도록 하라. 내가 아침이 되면 그 사람이 너희 가족의 땅을 사서 돌려줄 뜻이 있는지 알아보겠다.
그… 그가 저희 땅을 산다면 어떻게 해요?
만약 그가 책임을 진다면 그의 뜻을 따르겠다.
아… 그… 그러면 안 되는데.
당연하잖아.

룻기

하지만 그가 너희 가족의 땅을 사서 돌려줄 뜻이 없다면 여호와 앞에 맹세하건대, 내가 그 일을 할 것이다!
아, 너무 멋져~
불끈
룻은 새벽까지 보아스의 발치에 누워 있다가, 아직 어두워서 사람들이 서로 알아보기 어려울 때 일어났지.
이 여자가 여기 타작마당에 와 있었음을 아무에게도 알리면 안 된다, 알겠느냐?
네, 알겠습니다.
당신이 입고 있는 겉옷을 여기에 펼치시오.
어머머… 여기서 이러시면… 부끄럽게….
무슨 생각을 하는 거냐?
아얏!
꿍
보아스는 룻이 입고 있던 겉옷 위에 보리 여섯 되를 담아주었어.
아… 넹
시어머니께 빈손으로 돌아가서는 안 된다. 이것을 가지고 가거라.
마을로 돌아온 룻은 보아스가 한 일 모두를 시어머니 나오미에게 자세히 말했지.
얘야, 일이 어떻게 될지 가만히 기다려 보자꾸나. 보아스는 가만히 있지 않고 오늘 안으로 이 일을 결정할 게다.
네, 어머니.

4장 보아스와 룻이 결혼함

보아스가 성문에 올라가 앉아있을 때였어.

tip 성문에 올라 앉은 보아스

성문에 올랐다는 것은 실제 문 위에 올라 간 것이 아니라 재판 장소로 나아갔음을 뜻한다. 여기서 성문은 성문 입구의 넓은 장소를 가리키며 예로부터 백성들의 모임 장소였다. 특히 소송 문제나 일상의 어려운 문제들을 처리하는 재판 장소로 이용되었고, 경제의 중심지인 시장터로 사용되기도 했다.

드디어 보아스가 룻에게 말했던 가까운 친척이 그 곳을 지나갔지!
이거 보아스가 아닌가. 오래간만이로군.
그동안 잘 지냈는가?
보아스는 성에 있는 장로 10명을 불러 그 자리에 함께 앉도록 했어.
성의 장로들까지 부르다니 내게 중요한 할 얘기가 있나 보군.
하하, 사실 그 일 때문에 여기서 자넬 기다리고 있었지.
무슨 일이야?
모압 지방에서 돌아온 나오미가 우리 형제 엘리멜렉의 땅을 팔려 하니, 여기 앉아 있는 장로들 앞에서 내게 말해주게.
자네가 원한다면 그 땅을 사게. 하지만 그걸 원치 않는다면 내게 말해주게.
흠… 엘리멜렉과 그 아들들은 죽었잖아.
그 땅을 사들여 나오미에게 돌려줄 수 있는 첫 번째 사람은 자네고, 그 다음엔 내가 살 수 있기 때문이네.
나오미는 나이가 많고 돌려주려 해도 자식이 없으니.

tip 고엘제도

고엘은 히브리어로 '친척'이라는 뜻인데, 좀 더 깊은 의미로는 '친척으로서 행동하는 자'라는 뜻이 있다. 고엘제도란 친척들 사이에서 지켜야 할 권리와 의무에 관한 제도를 가리킨다.

1. 가난한 형제가 빚 때문에 종으로 팔려가게 될 경우 가까운 친척이 그 빚을 갚아 그를 종에서 해방시켜주어야 한다.
   Link 레위기 25장 47-55절
2. 형제가 자신의 토지를 팔 경우 가까운 친척이 땅을 사주어야 하며 땅의 원래 주인에게 돈이 생기면 언제든 그 값을 치르고 다시 토지를 돌려받을 수 있다. 만약 돈이 없어 땅을 다시 살 수 없어도 희년이 되면 돌려받을 수 있다.
   Link 2권 130p, Link 레위기 25장 23-28절
3. 형제가 죄를 지었을 경우 친척은 그 형제의 죗값을 치를 의무를 진다. 반대로 형제가 피해를 받았으나 보상받을 수 없는 경우에도 친척이 대신 보상받을 수 있다. Link 2권 142p
4. 친척 중에 한 사람이 누군가에 의해 살해된 경우 가까운 친척이 그를 위해 피의 보복을 할 수 있다. Link 2권 212p
5. 형제가 자식이 없이 죽었을 경우 가까운 형제 순으로 남겨진 미망인과 계대 결혼을 하여 그 가문이 존속되게 해야 한다. Link 1권 134p

좋아. 내가 그 땅을 사서 돌려주겠네.
자네가 나오미의 땅을 사겠다면, 엘리멜렉의 죽은 아들의 아내인 모압 여자 룻을 아내로 맞아들여야 해.
끄덕
어? 그래?
나오미가 그 땅을 관리하지만 주인은 룻이라네. 엘리멜렉의 아들이 죽었으니 그 아들의 땅은 아내였던 룻의 것이지.
뭐야? 그럼 룻이 자식을 낳으면 그 땅을 다시 엘리멜렉 가문에 돌려줘야 하잖아.
당연한 것 아닌가?
그렇게 해야 그 땅이 죽은 사람 집안의 땅으로 남게 되니 말이네.
맞아, 계대 결혼 제도가 그래서 있잖아.
웅성
웅성

그렇다면 난 그 땅을 사서 돌려줄 수 없네. 그렇게 했다가는 오히려 내 재산만 손해볼 것 같으니 자네가 그 일을 하게.
좋아. 그러지.
오래전부터 내려오는 이스라엘의 관습에 따라 이번 거래의 증거로 내 신발을 가져가게.
기왕이면 좋은 신발 좀 신고 다녀.
보아스는 장로들과 모든 마을 사람들에게 이렇게 말했어.
이제 이 일에 대해서 여러분이 증인입니다!
이 사람 참… 그러면 손해라니까 그러네.

나는 엘리멜렉과 그의 아들인 기룐과 말론의 모든 재산을 나오미에게 사겠습니다. 또한 말론의 아내인 모압 여자 룻도 아내로 맞아들이겠습니다. 룻이 자식을 낳아 가문을 이으면 죽은 말론의 재산이 그 집안에 계속 남아 있을 것입니다. 또한 그의 이름이 그의 집안에서나 그의 땅에서 영원히 끊어지지 않게 하겠습니다.
여호와께서 당신 집에 들어가는 여자에게 많은 자녀를 낳게 하여, 이스라엘을 세운 라헬과 레아처럼 되게 해주시기를 빕니다.
당신도 에브랏에서 잘 되고 베들레헴에서 이름을 떨치기를 바랍니다.
당신 가문도 베레스의 집안처럼 되기를 원합니다.
또한 다말이 유다의 아들 베레스를 낳았듯이 여호와께서 그 여자를 통해 많은 자손을 주시기를 바랍니다!

tip 라헬과 레아 그리고 베레스

라헬과 레아는 야곱의 두 아내 Link 1권 104p 로 이스라엘 12지파의 시조인 아들들을 낳은 어머니들이다. 다말은 가나안 여인으로 유다의 첫째 아들 엘의 아내가 되었으나, 자식이 없는 상태에서 남편 엘이 하나님의 진노를 받아 죽었다. 엘의 동생 오난 또한 계대의 의무를 거부하다가 하나님의 진노를 받아 죽었다. 이에, 시아버지 유다는 셋째 아들 셀라를 그녀의 남편으로 주기로 약속했으나 이를 지키지 않았다. 이에 창녀로 변장한 다말이 유다와 동침하여 쌍둥이 형제인 베레스와 세라를 낳게 된다. Link 1권 136p

※에브랏 : 베들레헴의 옛 이름이다. 에브랏과 베들레헴을 한 문장에 사용한 것은 유사한 단어를 반복 사용함으로써 특정 내용을 강조하는 히브리 문학의 수사법이다.

그렇게 해서 보아스는 룻을 아내로 맞아들일 수 있었던 거야.
나오미는 그 아기를 받아 품에 안아 돌보았고 이웃 사람들은 그 아기에게 오벳이라는 이름을 지어주었어.
여호와를 찬양합니다. 그분께서 오늘 당신의 가문을 이어갈 아이를 주셨어요.
호호, 이 아이가 이스라엘에서 유명해 지기를 바랄게요.
이 아이는 당신에게 삶의 의미를 주고 당신이 늙었을 때 당신을 보살펴줄 겁니다.
여호와께서 룻에게 임신하게 해주셨고 룻은 아들을 낳았지.
응애
응애
아자!! 이건 분명히 아들이다!!
당신 며느리는 당신을 많이 사랑하고 아들까지 낳아주었으니, 그녀는 일곱 명의 아들보다 나아요.
모두들 고맙네.

※오벳 : '섬기는 자', '봉사하는 자'라는 뜻으로 아마도 외할머니인 나오미를 봉양할 자라는 의미에서 붙여진 이름일 것이다.

tip 일곱 명의 아들보다 나은 며느리

이 표현은 그동안 룻이 시어머니를 잘 공경하고, 헌신적으로 순종해온 사실에 근거해, 지극한 효성이 열매를 맺게 된 사실을 칭찬한 것이다. 특히 히브리 식의 사고에서 일곱이라는 숫자는 완전과 충만을 상징하는데 이 숫자보다 더 귀하다고 표현한 것은 그만큼 룻의 효행을 높게 평가했기 때문이다.

소문 들었어? 나오미가 아들을 낳았대.
뭐야? 나오미 나이가 몇인데 아들을 낳아? 나오미가 아들을 낳으면 나도 낳겠다.
룻의 아들 오벳이 바로 이새의 아버지이며 다윗의 할아버지였어.
골리앗
끙, 내 원수의 집안이로군.

자, 그럼 마지막으로 다윗이 태어난 베레스의 자손들을 한번 살펴볼까?

나의 아버지는 유다야.
베레스
헤스론
람
난 아론의 장인.
암미나답
나손
나는 여리고 성에 살았던 라합과 결혼했지.
살몬
이방인이었던 룻이 나의 부인이야.
보아스
오벳
내가 이스라엘 제2대 왕 다윗의 아버지야.
이새
예수 그리스도는 바로 나의 후손이야.
다윗

참고 도서 및 자료 목록

《개역개정 컬러성경》, 대한성서공회, 아가페, 2006.
《구약 이스라엘사》, 김희선, 총신대학교 출판부, 1981.
《구약 핸드북》, 길버트 비어스, 이윤기 옮김, 성서교재간행회, 1988.
《구약성경의 탐구》, 로버트 D. 브렌슨·짐 에들리 외, 박철우 옮김, 물가에 심은 나무, 2006.
《그랜드 종합 주석》, 성서원 편집부, 성서교재간행사, 1996.
《그림성경》, 아이브아 호스·앙드레 르블랑, 성서교재, 1987.
《그림으로 보는 세계 생활사》, 앤 밀라드·패트리샤 바나스·조지프 매큐언, 창해, 2007.
《더 바이블 맵》, 김주현·정영주, 디자인 토제, 2012.
《바이블 그림 탐정》, 피터 마틴·피터켄트, 권기대 옮김, 베가북스, 2012.
《바이블 문화코드》, 남병식, 생명의 말씀사, 2006.
《백투더 바이블》, 장종길, 그리심, 1996.
《성경의 맥을 잡아라》, 문봉주, 두란노, 2007.
《성경의 비밀을 푸는 생활풍습 이야기, 열린다 성경》, 류모세, 두란노, 2010.
《성막》, 강문호, 한국가능성계발원, 1993.
《성서 속의 도시 이야기》, 이원희, 민영사, 2006.
《성서사전》, 길버트 비어스, 권호덕 옮김, 성서교재간행회, 1988.
《성서이야기》, 편집부, 계몽사, 2011.
《성전》, 강문호, 한국가능성계발원, 1994.
《손에 잡히는 성경 지도》, 폴 라이트, 이용중 옮김, 부흥과개혁사, 2009.
《쉬운성경》, 아가페편집부, 아가페, 2005.
《신약 핸드북》, 길버트 비어스, 이윤기 옮김, 성서교재, 1986.
《아가페 성서 지도》, 요하난 아하로니·미카엘 아비요나, 문창수 옮김, 아가페, 1988.
《어? 성경이 읽혀지네》, 이애실, 성경방, 2005.
《에센스 명화 성경》, 이동진, 해누리, 2007.
《예수를 만나러 유럽에 간다》, 신동운, 스타북스, 2008.
《와! 성경이 살아 있다》, 데니스 존스, 성서유니온 선교회, 2007.
《우리들 성경》, 팻 알렉산더, 두란노, 1994.
《우리말 성경》, 두란노서원 성경출판팀, 두란노, 2007.
《위대한 바이블 연대기》, 토마스 로빈슨, 엄재호 옮김, 안국문화, 1993.
《헬라어직역신약성경》, 생명의말씀사 편집부, 말씀의집, 2010.
《황금의 집》, J. 로우, 황인출·오진관 옮김, 전도출판사, 1981.
《히브리어직역구약성경》, 생명의말씀사 편집부, 말씀의집, 2006.
<예수그리스도 족보>, 기독교대백과사전편찬위원회, 기독교문사, 1993.